우리는 말하고 싶다

우리는 말하고 싶다

현장 르포: 분투하는 아시아의 자유언론

초판 1쇄 인쇄 2018년 12월 22일
초판 1쇄 발행 2018년 12월 27일

지은이 박성현 · 김춘효
펴낸이 여승구
디자인 박애영

펴낸곳 이루

출판등록 2003년 3월 4일 제 13-811호
주소 서울 마포구 서교동 410-3 (와우산로 15길 10) 201호
전화 (02)333-3953
팩스 (02)333-3954
이메일 jhpub@naver.com

ISBN 978-89-93111-37-8 (03070)

이 책은 자유언론실천재단이 기획하고
한국언론진흥재단의 지원을 받아 제작되었습니다.
—
가격은 뒤표지에 있습니다.
파본은 교환해 드립니다.

우리는 말하고 싶다

현장 르포 : 분투하는 아시아의 자유언론

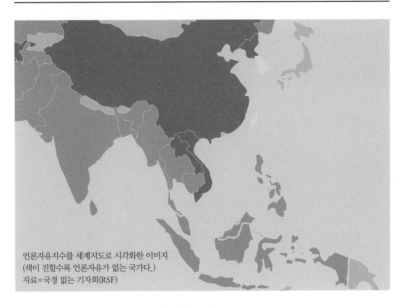

언론자유지수를 세계지도로 시각화한 이미지
(색이 진할수록 언론자유가 없는 국가다.)
자료=국경 없는 기자회(RSF)

박성현 · 김춘효 지음

이루

차례

서문

———

이 책은 동남아시아 국가의 언론 상황과 언론인들의 자유언론 투쟁에 관한 취재 기록이다. 각 나라가 처한 정치·경제적 상황과 역사적 맥락 속에서 언론의 역할은 무엇이었으며 권력과 어떤 관계를 맺어왔는지도 함께 탐구했다.

동남아시아 언론은 '개발언론'이라 불린다. 언론은 국가의 경제 발전과 국민 통합 그리고 공공복지를 위해 비판을 자제하고 국가기관과 협력해야 한다는 입장이다. 언론이 시민의 이익보다는 국가의 이익을 위해 언론의 자유를 유예해야 한다는 이론이다. 즉, 언론의 사회 감시 기능이 제거된 것이다. 정치권력이 언론의 비판에 재갈을 물린 형태를 '아시아적 가치'라는 이념으로 포장한 것이 개발언론이다.

동남아시아 각국이 다양한 종교와 인종 그리고 언어를 갖고 있다 할지라도, 동남아시아 언론은 권력 편향적이라는 점에서 획일적이다. 언론이 시민들의 이익을 대변하기보다는 소수 권력자의 입장만을 견지해왔기 때문이다. 가장 큰 이유는 2차 세계대전 이후부터 1960년대 후반까지 이어진 공산주의와 자본주의의 이념투쟁이 군부독재나 권위주의 독재 정치 체제로 귀결되었던 점에서 찾을 수 있다. 베트남 등 인도차이나 반도는 공산주의 체제를, 싱가포르와 말레이시아 등 믈라카(말라카) 해협의 국가들은 소수 엘리트 위주의 권위주의 체제를 그리고 필리핀은 군부독재 체제를 1990년대까지 유지했다. 시장주의가 동남아시아 지역을 휩쓸면서 국민들의 민주화 요구가 거세졌지만, 기존의 기득권 세력은 여전히 맹위를 떨치고 있다. 이러한 제왕적 정치권력은 동남아시아 언론을 정권 유지의 수단으로 활용하고 있다.

이 책은 총 6개의 장과 특별 대담으로 구성되었다. 특별 대담은 서론을 대신해 아시아 언론 전문가인 존 렌트(John A. Lent) 미국 템플대학 매스컴 석좌교수의 인터뷰를 실었다(김춘효). 각국의 상황을 살피기에 앞서, 독자가 동남아시아 언론 전반에 걸친 개요를 이해하는 데 도움이 될 것이라 판단해서다. 1장 필리핀, 2장 베트남, 3장 미얀마, 4장 말레이시아는 박성현이 집필했고, 5장 싱가포르와 6장 인도네시아는 김춘효가 집필했다.

박성현이 집필한 1~4장의 경우 이론적·학술적 접근보다 르포르타주적인 접근을 통해 현장의 생생한 목소리를 담는 데 중점을 두었다. 필리핀이 다른 나라에 비해 월등히 많은 분량을 차지한 이유는 세계에서 가장 많은 언론인이 살해되는 국가들 중 하나이고 취재 내용도 상대적으로 많았기 때문이다. 그런 상황을 고려해 국가별 분량상의 불균형을 무릅쓰고 그대로 싣기로 했다. 나라마다 독자적인 특색이 있었지만 베트남이 인상에 좀 더 남았던 이유는 베트남 공안의 눈을 피해 007작전같이 비밀스럽게 인터뷰 상대들과 접촉하고 긴장감 속에서 만나야 했던 현지 상황 때문이다.

한편, 지난한 민주화투쟁의 역사를 가진 미얀마의 경우 현재 국제사회의 비판을 받는 로힝야 학살의 원인을 살펴보고 이에 대한 언론인들의 생각을 담았다. 또한, 취재 당시 61년 만의 정권교체로 나라 전체가 희망에 차 있었던 말레이시아는 이전 정권에 의한 언론탄압의 실상을 다루었다. 필자는 취재 과정 내내 한국 사회와 이들 사회를 관통하는 하나의 공통된 논리가 있음을 절감했다. 독재권력이 식민지 유산을 계승하고 활용하는 방식, 언론을 탄압하는 방식이 그러하다.

김춘효가 쓴 5장과 6장은 영국 등 유럽의 해협식민지 경험을 공유한 인도네시아와 싱가포르 언론 상황을 정치경제학적으로 분석한 글이다. 분석 결과, 양국 언론은 독재정권에 의해 언론자유가 심각하게 침해당했다는 공통점을 갖고 있었다. 권위주의적 정권하에서 양국 언론인들은 공산주의자로 몰려 살해 또는 가택연금 당했다. 하지만 폭압에 대한 양국 언론인들의 태도는 달랐다. 싱가포르 언론인들은 독재자의 회유에 무릎을 꿇은 반면, 인도네시아 언론인들은 저항을 포기하지 않았다. 언론의 자유가 민주주의의 전제조건인 점에 비춰보면, 향후 인도네시아가 싱가포르보다 조금 더 민주적인 사회를 만들 가능성이 높아 보였다.

필자가 인도네시아의 민주주의 가능성을 더 확신할 수 있었던 곳은 양국의 국립도서관이었다. 인도네시아 국립도서관은 독재정권에 비판적인 보도를 하다 폐간된 진보적인 신문들을 모두 보관하고 있었다. 그리고 폐간된 신문들을 찾아주는 사서의 눈빛에서 자유언론 투쟁 역사에 대한 자부심을 느꼈다. 하지만 싱가포르 국립도서관은 폐간된 신문들을 보관하지 않고 있었다. 저항의 역사 자체가 국립도서관에서 제거된 것이다. 자유언론 투쟁의 역사를 기억하고 보존하는 나라가 그렇지 않은 나라보다 더 민주적이라고 말하는 것은 너무도 당연한 것이 아닌가.

마지막으로, 비록 그들이 이 책을 읽지는 못하겠지만, 무엇보다도 취재에 협조해주고 인터뷰에 응해준 각국의 언론인들에게 큰 감사를 표하고 싶다. 또한 이 프로젝트의 아이디어를 내고 함께 의논해준 자유 언론실천재단 김종철 이사장을 비롯한 기획편집위원회의 위원들, 전체 과정을 총괄해준 권정숙 기획편집위원장과 박강호 이사 그리고 취재 준비에 도움을 준 국경 없는 기자회에도 감사드린다.

2018년 11월

글쓴이 박성현, 김춘효

존 렌트 미 템플대 매스컴 석좌교수 인터뷰

억압의 역사에 짓눌린 동남아시아 언론

존 렌트(John A. Lent) 매체정치
경제학자가 2018년 8월 초 한
국에 왔다. 미국 동부 필라델피
아의 템플대학 매스컴 석좌교
수인 그는 지난 1960년대부터
아시아의 신문, 방송 그리고 영
화 등의 대중매체를 정치경제
학적인 관점에서 연구해 왔다.
렌트 박사가 이번에 한국을 방
문한 이유는 시사 만화가들을
인터뷰하기 위해서다. 80살이

존 렌트 교수

넘은 고령임에도 불구하고 직접 자료 수집을 하고 있는 그는 현재 '아
시아 만화가들'이란 프로젝트를 진행하고 있다. 이 프로젝트는 인도를

중심으로 한 남부아시아, 말레이시아를 포함하는 동남아시아, 한국과 중국 등이 위치한 동북아시아 출신 만화가들의 작품 세계를 책으로 묶어 내는 것을 목표로 하고 있다. 자유언론실천재단은 렌트 교수와의 인터뷰를 통해 동남아시아 언론의 역사성과 특징, 언론 상황에 관한 그의 의견을 들었다.

질문 동남아시아 언론의 역사성을 어떻게 규정하겠는가?

렌트 동남아시아 언론은 '억압'(repression)의 역사라고 말할 수 있다. 다양한 문화와 언어 그리고 인종이 살고 있는 동남아시아 지역이지만, 언론은 다양하지 못하다. 억압의 역사성 때문이다. 식민지의 잔재와 그 위에 세워진 독재자의 언론 탄압 법제화가 억압을 심화시켰다. 언론의 억압이 심화되면서 기자들의 자기 검열 기제가 심하게 작동했고, 지금도 다른 나라에 비해 기자들의 비판의식이 조직화되지 못하고 있다. 역사 속의 억압성이 기자들의 무의식을 통제하고 있다.

이 억압은 크게 3가지 요소에 의해 형성됐다. 첫 번째 요소는 이 지역은 영국과 네덜란드 그리고 미국 등 서구 제국주의자들에게 오랜 세월 수탈당했다. 수탈의 역사가 각국의 언론 역사와 연결돼 있다. 제국주의자들은 동남아시아인들의 자유로운 의사 표현과 자주 독립을 탄압·금지하기 위해 폭압적인 언론 법과 제도를 시행했다. 그 식민지 잔재가 그대로 자국의 통치자들에 의해 활용됐다. 각종 미디어 규제들이 철폐되지 않고 그대로 사용되거나 심지어 악용된 경우도 있다.

예를 들면, 싱가포르 정부는 언론의 식민지 잔재를 청산하지 않고 적극적으로 활용하고 있다. 1920년 영국 제국주의자들이 말레이시아와 싱가포르 언론을 통제하기 위해 도입한, 발행 허가를 해마다 받도록 한 규정을 그대로 유지하고 있다. 만약 발행인이 이 규정을 어겼을 경우 2년 동안 감옥에 구류할 수 있고 5만 미국달러 벌금을 물어야 한다. 또한 신문사들이 매년 면허 갱신을 할 때 어떤 부분이 심사기준인지에 대한 명확한 법적 규정도 없다. 애매한 법적 기준이란 뜻은 법령이 싱가포르 당국에 의해 이현령비현령으로 해석할 수 있다는 의미이다. 이 방식은 제국주의자보다 더한 언론 탄압이다.

또한 동남아시아의 방송 통신 도입 역사는 식민지 시대에 시작됐다. 유럽과 미국 등 제국주의자들은 식민지 자원을 원활히 본국에 보내기 방송과 통신 시설이 필요했다. 여기에 방송 통신 장비들은 식민지 지주들과의 전략적 동맹 도구이기도 했다. 방송 통신 시설을 관리 운영할 현지인이 필요했기 때문이다. 예를 들면, 아시아의 최초 단파 방송은 네덜란드가 인도네시아에 설립했다. 인도네시아 지하자원을 빠르게 본국에 보내기 위해서였다. 미국 백화점 유통업자는 매출을 올리기 위해 라디오 방송국을 필리핀에 설립했다. 필리핀에선 라디오 기기를 팔기 위해 영국 〈비비시〉(BBC) 방송 프로그램을 모방해 방영했다. 실제로 2차 세계대전이 끝나기 전에 미국 자본가들은 4개의 필리핀 라디오 방송사를 소유했다. 제국주의자들과 식민지 지주와의 전략적 동맹은 해방 이후까지 사업적 동반자로 연결됐다.

두 번째 특징은 공산주의와 자본주의의 이념 대립인 냉전 사상이 언론을 탄압하는 데 악용됐다는 점이다. 즉, 반공사상이 언론에 재갈을 물리는 이념으로 작용했다. 제국주의자들이 물러난 뒤 동남아시아는 독립국가의 길을 걸었다. 그 과정에서 각 나라들은 언론법과 제도들을 정착시켰다. 그 과정에서 베트남 등 인도차이나 반도는 공산화의 길을 걸었다. 철저히 공산당이 언론을 장악하는 시스템을 정착시켰다.

영국이 지배했던 해협식민지들의 통치자들은 자신들의 정권에 비판적인 언론들을 공산주의자로 내몰았다. 인도네시아의 진보적 언론인들은 살해되거나 실종되기도 했다. 말레이시아와 싱가포르의 중국어 신문들은 공산주의 이념을 전파하는 매체라고 규정돼 폐간됐다. 잔인한 반공주의 이념은 베를린 장벽이 무너지기 전까지 동남아시아 언론사를 폐간하고 언론인들을 살해하고 감옥에 보내는 이념으로 작용했다.

세 번째 특징은 식민지 잔재와 반공이념이 법제화 과정을 거치면서 언론 검열이 제도화된 점이다. 제국주의자가 떠나면 언론과 사상의 자유가 올 것으로 기대했던 동남아시아 민중들은 언론 탄압 과정에 또다시 절망했다. 자기편인 줄 알았던 독립운동가 출신 통치자들이 사회 안정과 국가 개발이란 이름으로 언론을 탄압했기 때문이다. 일반 국민들이 언론 탄압 과정을 지켜보면서 독립운동가가 독재자임을 확인했기 때문이다.

질문 설명을 듣다 보니 내가 동남아시아를 너무 좁게 생각했다는 생각이 든다. 동남아시아의 특징과 언론 탄압 법제화를 연관해서 설명해달라.

렌트 동남아시아 언론의 특징을 설명하기 위해 이 지역을 3가지로 나눠서 생각하면 이 지역의 특징을 쉽게 이해할 수 있다. 동일한 식민지 경험을 갖고 있다 할지라도 통치자의 나라가 다름에 따라 언론 통제 방식이 다르기 때문이다. 그래서 나는 동남아시아 언론의 특징을 인도차이나, 영국령 해협식민지 그리고 미국의 지배를 받은 필리핀 등으로 범주화하고 싶다.

첫 번째 범주는 프랑스 등의 지배를 오랫동안 받은 베트남과 라오스 등 인도차이나에 속하는 국가들이다. 이들은 해방 이후에 잠깐의 언론 자유를 누렸다. 하지만 베트남 전쟁 이후 이 지역은 공산화됐다. 공산화 이전과 이후의 언론 상황을 비교했을 때 가장 큰 차이는 소유 구조의 차이다. 나머지는 국가가 강하게 통제했다는 점은 동일하다. 공산화 이전에는 개인들이 신문사를 소유할 수 있었지만 이후에는 국가 소유였다. 개인들이 신문사를 소유 경영했다 할지라도 엄격한 규제를 받았다. 공산화 이전 베트남 모든 언론인들은 정부에서 발급하는 '프레스카드'를 소지해야 했다. 또한 모든 신문사는 보증금 4만7000미국달러를 정부에 의무적으로 납부해야 면허증을 발급받을 수 있었다. 더욱이 발행하는 신문 100부는 반드시 정부에 제출해야 했다. 남부가 공산화된 1976년 이후, 모든 신문은 국가 소유였다. 이후 발행되는 신문의 종류는 공식적인 정부 일간지, 공산당보, 군대일간지, 학회지 등이다. 미얀마도 비슷하다. 모든 일간지는 국가 소유이며 같은 정보원에게서 나온 똑같은 뉴스를 국민들에게 내보내고 있다. 라오스와 캄보디아는 다른 나라에 비해 늦게 공산화가 됐다. 그래서 약간의 차이점을 보였다. 정부가 신문사의 오너이며 소수의 사람만이 언론사를 소유할 수 있었다. 공산화 이전 라오스 신문은 도시 중심적이며 엘리트주의적이었다. 공산화가 된 이후에도 이 패턴은 동일하게 유지됐다. 다시 말하면, 인도차이나에 속한 언론들은 식민지 잔재와 공산화 과정을 거치면서 일반 민중의 목소리를 전달하는 언론이 아니라 국가 통치자와 정당의 목소리만을 선전하는 매체로 전락했다. 이 같은 국가 통제 언론의 잔재는 현재까지 유효한 것으로 알고 있다.

두 번째 범주는 인도양과 태평양을 연결하는 곳에 위치한 인도네시아, 말레이시아, 싱가포르, 티모르 그리고 브루나이 등의 영국과 네덜란드 지배를 오랫동안 받은 해협식민지 국가들이다. 이들 국가의 언론 통제 방식은 인도차이나와는 상이하다. 두 가지 차이점이 있다. 신문시장을 모두 시장에 공개하는 시장의 논리를 언론법제화한 점과 국가가 미디어를 대주주로서 직접 소유하고 있다는 점이다. 동남아시아에서 최초로 복합 미디어 기업이 출연한 말레이시아와 싱가포르를 예를 들어 설명해 보겠다. 모든 신문사들은 국가에서 매년 면허 갱신을 의무적으로 받아야 한다. 또한 외국인들은 자국의 신문 주식을 가질 수 없다. 더욱이 모든 신문사들은 주식 시장에 공개하도록 했다. 이로 인해 말레이시아의 대부분 신문은 정당이나 정부기관 소유가 되었다. 예를 들면, 3개의 일간지와 다수의 잡지를 발행한 뉴 스트레이츠 타임스 그룹(New Straits Times Group)은 집권여당과 연관돼 있는 정부의 무역회사가 최대 주주가 됐다. 그 외에도 정부여당과 가까운 말레이 중국 연합과 말레이 인도인 연합이 주요 일간지의 최대 주주가 됐다. 특히, 동부 말레이시아 지역 신문의 경우 거의 대부분이 정부여당 소유가 됐다. 뉴 스트레이츠 타임스 그룹은 1980년대 싱가포르와 말레이시아에서 동시에 신문을 발간하던 관행을 깨고 독자적인 길을 걸었다. 이들 국가에서 신문 허가가 취소되면 법원에 항소할 수 없도록 언론법에 규정돼 있다. 신문사 폐쇄 후에도 새로운 출판 허가를 신청할 수 없다. 또한 신문 발행허가권은 언론사가 여론을 왜곡하거나 공동체의 분노를 자아내는 기사를 내보낼 경우 취소하도록 했다.

마지막 범주는 미국의 식민지였던 필리핀이다. 필리핀을 별도로 분류하는 것은 식민 지배자가 유럽국가 아닌 미국이라는 점과 독재자 마르코스와 소수 가족들의 권언 유착 관행이 영국의 해협식민지 국가들에 비해 심하다는 점이 다르다. 필리핀은 1972년부터 모든 신문사는 자국인만 소유하도록 했다. 또한 모든 신문사는 정부의 허가를 받아야 한다. 더욱이 친여권 성향의 기자들이 정부 위원회 임원으로 활동하며 기사 내용을 검열하고 규제한다. 그렇지만 필리핀의 언론 상황은 상대적으로 인도차이나나 해협식민지에 비해 정치적 비판 기사를 더 쓸수 있다. 하지만 신문시장 자체가 소수의 가족에 의해 통제되고 있어, 기자들의 자기 검열이 심하다. 필리핀 신문을 통제하고 있는 가문은 로페즈(Lopez), 소리아노(Soriano), 엘리잘데(Elizalde) 그리고 로체스(Roces) 등이다. 이들 가문과 함께 1972년 당시 최고통치자인 마르코스는 정당한 법적 절차 없이 몇몇 대형 언론사 자산을 동결한 다음, 하나의 가장 강력한 언론사를 만들어 그의 측근들에게 경영하도록 했다. 예를 들면, 마르코스는 '필리핀 데일리 익스프레스 컴퍼니'(Philippines Daily Express Company)를 로베르토 베네딕토에게 넘기면서, 그의 비자금으로 이 신문사를 운영하게 했다. 이와 유사한 형태의 언론사들은 〈불러틴〉(Bulletin), 〈이브닝 포스트〉(Evening Post) 그리고 〈오리엔트 익스프레스〉(Orient Express) 등이다. 이들 언론사 모두 실질적 오너는 마르코스이며 그의 측근들인 정치인이나 기업가들이 대리운영 했다.

질문 영국 해협식민지 국가들은 언론에 아시아적 가치를 더해야 한다고 주장한다. 정치 경제적인 토양이 다른 동남아시아에서 서구의 언론자유 사상을 그대로 수용하는 것은 무리가 있다고 주장하는데, 이에 대해 당신은 어떻게 생각하는가.

렌트 이 같은 주장은 개발언론관이다. 이 주장의 핵심은 언론은 국가 발전을 위한 수단이어야 한다는 점이다. 언론의 가치는 숭고한 것이지만 경제 발전을 위해 정부를 보조하는 데 주력해야 한다는 내용이다.

정부를 비판하는 경우에도 지나치지 않아야 하며, 자국의 문화적 가치, 경제적 조건, 사회 정치적 구조 등을 종합적으로 고려해서 한다는 주장이다. 한마디로 언론은 정치권력과 소수의 기득권 세력들을 비판하지 말라는 것이다. 어떤 이념이 나오면 누가 그것을 만들었는지 살펴봐야 한다. 사회적 약자가 어떤 주장을 하면 귀를 기울일 필요가 있지만, 권력을 가진 통치자 언론에 대해 어떤 이념을 주장한다면 비상등을 켜고 들어야 한다. 연구 경험상 대부분 언론 탄압용이다. 싱가포르와 말레이시아가 여기에 속한다고 할 수 있다. 싱가포르 국부인 리콴유가 대표적으로 아시아적 가치를 강조했다. 그는 철저하게 언론에서 비판을 거세한 언론 탄압자다. 인도네시아 언론들은 건국이념인 '판차실라'에 복종하도록 강요되고 있다. 통일된 인도네시아 건설을 위해 언론인들이 사회 안정을 해치는 기사를 내보내는 것은 국가의 건국이념을 어긴 것이라며 처벌하고 있다.

인간이 마시는 물과 공기가 세계 지역에 따라 다른 기능을 한다고 생각하는가. 언론의 기능도 마찬가지다. 나타나는 양태는 다를 수 있지만 본질은 하나다. 언론은 오염되지 않은 정보를 시민들에게 제공해야 한다. 그래야 그 사회 공동체 구성원들이 자신들의 목소리를 표현하고, 의견의 다름을 인지하며, 그 간격을 좁힐 수 있는 기회를 갖기 때문이다. 그래서 자유로운 정보의 흐름이 중요한 것이다. 하지만 독재자들은 정보의 흐름을 통제하고 싶어 한다. 가장 크게 내세우는 명분은 국가 발전과 사회 안정을 위해서 언론인은 권력의 감시견이 아닌 애완견이 되어야 한다고 주장한다. 이것이 바로 개발언론관이다. 이 이념은 독재자가 자신의 이익을 위해 언론을 검열하겠다는 의도를 우아하게 표현한 것에 불과하다.

질문 동남아시아는 식민지 시대부터 라디오 등 통신 시설을 이용했다고 얘기했는데, 해방 이후에 제국주의자들의 영향력이 지속됐는가.

렌트 그렇다. 영상 대중매체는 산업 자본주의에서부터 등장했다. 대량생산과 대량소비가 산업 자본주의 체제를 유지하는 하나의 시스템이다. 자본가들은 계속해서 상품을 대량으로 생산하고 광고와 홍보를 하며 대중들에게 그들의 상품을 알리고 판매한다. 특히 영상 매체는 광고의 통로일 뿐만 아니라 매체 기기와 영상 콘텐츠가 상품이다. 돈으로 만들 수 있다는 이야기다. 즉, 다국적 기업들이 방송통신 장비, 전자제품 그리고 그들의 미디어 콘텐츠를 동남아시아에서 판매하고 많은 수익을 올릴 수 있게 됐다는 의미다. 다국적 기업과 동남아시아 정권 실세들이 결탁해 미디어 기기와 콘텐츠 판매를 통해 막대한 부를 독점했다. 한국의 박정희가 재벌들에 독점적 특혜를 베풀면 일정 비율을 비자금으로 상환하는 정경유착 관계가 다국적 기업들과 각국의 정권 실세들 사이에서도 있었다고 이해하면 된다.

필리핀 텔레비전 산업과 인도네시아 위성통신 산업을 예로 들어 설명해 보겠다. 1970년 후반 필리핀 페르디난도 마르코스 정권은 텔레비전 수상기 제조 산업을 과밀 규제 사업으로 지정하면서 신규 사업자 선정을 금지했다. 그러면서 마르코스는 그의 측근들과 일본 다국적 기업들이 협력회사를 만들도록 했다. 이렇게 만들어진 회사가 빅터 컴퍼니(Victor Company)이다. 이 회사는 일본 다국적 기업에서 전자부품을 수입해 텔레비전 수상기를 조립 판매했다. 이 과정에서 이 기업은 면세와 세제 혜택을 동시에 받았다. 이는 시장에서 가격 경쟁력을 갖게 했다. 기존의 다른 기업들은 세금 때문에 빅터에서 만든 텔레비전 수상기보다 비쌌기 때문이다. 또한 국영 방송사의 장비로도 사용하도록 지정했다.

즉 마르코스는 다국적 기업과 그의 측근들에게 제품 생산에서 판매까지 특혜를 베푼 것이다. 유사하게, 인도네시아 수하르토 정권은 위성과 통신사업 분야에서 다국적 기업들과 제휴를 강화했다. 수하르토 가족과 휴스전자(Hughes Electronics), 포드 항공(Ford Aerospace)과 루슨트 테크놀로지스(Lucent Technologies)는 국가 소유 위성방송회사 팔라파(Palapa)를 함께 설립했다. 하지만 인도네시아 국민들은 이 비싼 위성방송을 이용할 수 없었다. 이용자는 없는데 위성방송사만 설립한 것이다. 인도네시아 정부는 비싼 통신장비 구입과 유지 보수를 국민들의 세금으로 충당했다. 그 비용은 고스란히 미국 기업의 주머니로 들어갔다. 1990년대 국영 통신사 민영화 과정에서 팔라파는 수하르토 둘째 아들에게 넘어갔다.

방송통신 하드웨어에도 다국적 기업과 정권 실세들의 결탁이 작용했다. 미국과 유럽과 연합한 기업들, 영화 배급업자들, 텔레비전 프로그램 제작자들은 아시아 극장에, 텔레비전 화면에, 신문 의견란 만화페이지에 그들의 문화상품을 판매했다. 또한 개인의 전화선 개통 설비자금은 모두 외국 자본과 기술에 의존했다. 1990년대까지 동남아시아와 동북아시아는 미국 문화상품의 하나의 시장이었다.

또한 이들 나라는 규제 완화와 공기업 사기업화를 통해 자국의 독과점 방송과 통신 시장을 개방했다. 그 결과, 방송 채널 수는 증가했고, 소유권을 외국인과 공유했으며, 그 과정에서 토착자본과 외국자본이 결합한 형태의 아시아 복합 미디어 기업들이 등장했던 것이다. 시장이 미디어에 자유를 줄 것이라고 주장했지만 시장을 장악하고 있던 큰손들인 다국적 기업과 토착자본들만 자유롭게 된 것이다.

질문 미디어의 역할은 무엇이라고 생각하는가.

렌트 미디어는 형식상으론 '중개자'다. 사람과 사람, 사람과 단체, 단체와 공동체 그리고 공동체와 사회가 서로 만나서 의견을 나눌 수 있도록 하는 매개자의 역할을 한다. 이는 눈에 보이는 기능이다. 눈에 보이지 않는 기능은 소개시킨 사람과 조직들이 건강하게 의사 소통을 할 수 있도록 건강한 정보들을 지속적으로 공급해야 한다. 그래서 기자들은 불의에 무릎 꿇지 않을 지적 분별력과 사회적 책임의식을 가져야 한다. 그래야 상이한 이해관계가 얽힌 사회적 사항에 대해 정확하게 취재 보도할 수 있다. 이런 정신을 가진 기자들이 많은 사회가 건강한 사회다. 여기에서 기자의 역할이 미디어의 역할이다. 진실을 찾아내고 이를 정확하게 사회에 전달하는 것이 미디어의 역할이기 때문이다. 쉽게 말해, 미디어는 진실의 통로여야 한다고 생각한다.

질문 자본의 언론시장 통제가 심화되면서 저널리즘 위기를 지속적으로 이야기한다. 이에 대해 어떻게 생각하는가.

렌트 저널리즘의 수준은 그 사회 수준과 비례한다. 저널리즘이 위기에 빠진 것은 언론이 제대로 감시견 구실을 하지 않았다는 뜻이다. 특히 독재정권 시대에는 기자들 사이에서 민주 투사가 많이 나왔다. 하지만 언론 상업화가 심화될수록 위기에 저항하는 기자들의 행동이 아니라, 저널리즘 위기 담론만 나온다. 자본 독재에 저항하는 언론인의 의거는 나오지 않는다. 특히, 기존 독재 정치세력과 결합한 복합 미디어 기업들이 등장하면서 신문 지면과 방송 화면이 권력자들의 결투장이 됐는데도 이를 지적하고, 대안을 찾는 언론인 단체들이 부족해 보인다. 글은 행동하지 않으면 설득력을 가질 수 없다. 기자들이 자본 독재에 저항하는 행동을 먼저 취하라고 말하고 싶다. 싸우면서 답을 찾아보라고. 현재 저널리즘 위기는 외부에서 온 것이 아니라 내부의 저항이 멈춰서 악화되고 있다고 보기 때문이다. 위기는 항상 있었다. 지금도 위기다. 앞으로도 저널리즘은 위기일 것이다. 그러니 말만 하지 말고, 먼저 행동하라. 움직여야 한발이라도 나아갈 수 있다.

Global Impunity Index 2018

CPJ's Impunity Index calculates the number of
unsolved journalist murders as a percentage of
each country's population. Only those nations
with five or more unsolved cases are included.

11 Russia

6 Afghanistan
Pakistan

2 3 Syria

9

12 Bangladesh

Iraq

14 India

7 Mexico

13 Nigeria

4

1 Somalia

5 Philippines

8 Colombia

South
Sudan

10 Brazil

1장

필리핀

목숨을 담보로 한 필리핀의 언론자유

국제 비영리 독립기구인 '언론인보호위원회'(Committee to Protect Jour-
nalists, CPJ)의 2018년 '세계불처벌지수'(Global Impunity Index)는 언론
인 살해 사건의 범죄자들이 처벌을 받지 않고 자유로이 활보하는 현
실을 보여준다. 이 지수는 미해결된 언론인 살인 건수를 각국 인구 대
비 백분율로 계산해 순위를 매긴 것으로, 부분적인 처벌이 이뤄진 경
우는 제외되며 5개 이상의 미해결 사건이 있는 국가만 포함된다. 여기
에서 살인 건수는 언론인이 자신의 일과 관련해 고의적으로 살해된 경
우만 계산하고 전투나 위험한 취재를 하다가 사망한 것은 포함되지 않
는다. CPJ가 2008년 9월 1일부터 2018년 8월 31일 사이에 발생한 언
론인 살해 사건 중 용의자·피의자가 전혀 처벌을 받지 않고 미해결 상
태로 남은 경우를 조사해 발표한 2018년의 지수에서, 필리핀은 세계
5위를 차지하고 있다.

출처 : 언론인보호위원회(CPJ) 데이터(2008년 9월 1일~2018년 8월 31일)

그러나 다음의 표에서 볼 수 있듯이, 필리핀이 인구 비율로는 5위이지만 처벌받지 않고 미해결로 남은 사건의 수만으로는 가장 많은 40건을 기록하고 있다. 게다가 CPJ의 조사는 한계가 있어 실제로 벌어지고 있는 언론인 피살 사례를 다 포함하지는 못하기 때문에 언론인 살해와 불처벌의 실제 건수는 더 많다고 할 수 있다. 이후에 살펴보겠지만, 필리핀 국내에서 언론단체에 의해 뒤늦게 발견된 사건도 있다.

그런데 언론인이 많이 살해되고 범죄자가 처벌을 받지 않는다는 것이 언론의 자유가 적은 정도와 비례하는 것은 아니다. 언론인들이 아예 목소리를 내지 못하거나 두려움으로 인해 목소리를 내지 않는 쪽을 스스로 택했다면 살해될 이유도 없을 것이다. 필리핀의 언론인들은 목소리를

표1 세계불처벌지수 순위

(인구 단위 : 백만)

	미해결 사건	인구	변화	지수출현 연수	유네스코*
1. 소말리아	25	14.7	개선	11	부분 응답
2. 시리아	18	18.3	악화	5	무응답
3. 이라크	25	38.3	개선	11	무응답
4. 남수단	5	12.6	개선	4	무응답
5. 필리핀	40	104.9	개선	11	응답
6. 아프가니스탄	11	35.5	악화	10	응답
7. 멕시코	26	129.2	악화	11	응답
8. 콜롬비아	5	49.1	개선	8	응답
9. 파키스탄	18	197.0	개선	11	무응답
10. 브라질	17	209.3	개선	9	응답
11. 러시아	8	144.5	개선	11	응답
12. 방글라데시	7	164.7	변화 없음	8	응답
13. 나이지리아	5	190.9	개선	6	응답
14. 인도	18	1339.2	악화	11	무응답

출처 : 언론인보호위원회(CPJ) 데이터, 완전히 불처벌된 언론인 살해 자료(2008년 9월 1일~2018년 8월 31일)[1]
[* 유네스코 항목은 각국이 살인사건의 상태에 대해 유네스코의 불처벌책임메커니즘에 응답을 했는지를 뜻한다.]

많이 낸다. 그리고 그 대가로 매년 살해된다. 2인용 자전거에 앞뒤로 나란히 앉아 있는 모습을 뜻하는 'riding in tandem'이라는 문구는 필리핀에서 2014년 '올해의 단어'에 선정될 만큼 사회적 문제가 되는 범죄 현실을 표현하고 있다. 다른 나라에서라면 원래의 뜻대로 2인용 자전거

---

[1] https://cpj.org/reports/2018/10/impunity-index-getting-away-with-murder-killed-justice.php

(tandem)를 타고 있는 평화로운 상태를 가리키겠지만, 필리핀 영어에서는 오토바이 2인조에 의해 공공연히 자행되는 범죄를 가리키며 이는 언론인 살해의 대표적 방식이기도 하다. 언론인 살해 범인들이 처벌되지 않아 세계불처벌지수에 매년 나라 이름을 올리지만, 필리핀의 언론인들은 비판의 목소리를 내는 것을 중단하지 않는다.

1

정권과 언론

마르코스에서 두테르테로

1) 독립 이전 시기

필리핀은 오랜 식민지 시기를 겪은 나라로, 필리핀 자유언론의 전통은 나라의 독립을 위한 투쟁 속에 그 뿌리를 두고 있다고 볼 수 있다. 1521년 이래 스페인의 식민지로 살아온 필리핀은, 스페인-미국 전쟁이 벌어지던 1898년, 독립을 위해 미국의 편에서 전쟁에 참여했고 그해 6월 12일 독립을 선언했다. 그러나 스페인과의 전쟁에서 승리한 미국은—당사자인 필리핀의 의사와는 아무 상관 없이—파리조약(1898.12.10)에 따라 필리핀을 스페인으로부터 양도받는다. 꾸준히 독립투쟁을 해왔던 필리핀의 혁명세력은 1899년 1월 23일 에밀리오 아기날도(Emilio Aguinaldo, 1869~1964)를 대통령으로 하는 아시아 최초의 공화국을 건설하지만 공화정부는 결국 미국에 의해 해체되고 말았다. 3년간(1899~1902) 지속된 반미전쟁으로 100만명 이상의 젊은이들을 잃은 필리핀은 이후 1942년 일본의 지배하에 들어갈 때까지 미국의 식민지가 되었고, 일본의 패망 후 약 1년이 지난 1946년 7월 4일에야 마침내 독립을 회복하게 된다.

1889년 2월 15일 스페인의 바르셀로나에서 창간된 〈라 솔리다리다드〉(La Solidaridad, 연대)는 스페인에 거주하는 필리핀인들의 조직인 '라 솔리다리다드'가 발행한 신문으로, 스페인의 식민지 통치에 대항해 필리핀의 요구를 알리는 선전 역할을 수행했다. 1898년 9월 3일 처음 발간된 〈라 인데펜덴시아〉(La Independencia, 독립)는 비록 1900년 11월 11일을 마지막으로 폐간되었지만 스페인에 대항하는 필리핀 혁명의 목소리였고 미국에 대항하는 필리핀 공화국의 목소리였다. 미군과 함께 영자신문들이 들어오고 필리핀에도 영국인, 미국인 자본에 의해 〈마닐라 타임스〉(Manila Times, 1898년), 〈마닐라 데일리 불러틴〉(Manila Daily Bulletin, 1900년, 〈불러틴 투데이〉로 개명되었다가 현재 〈마닐라 불러틴〉으로 바뀜)이 생겨났다. 주목할 신문은 1920년 당시 상원의장이던 마누엘 케손(Manuel L. Quezon)의 주도로 창간된 〈헤럴드〉(Herald)로, 외국인 소유 언론의 반필리핀적 성향에 대항하는 민족주의적 언론이었다. 이후 필리핀의 언론은 일본의 통치하에서 게릴라신문들을 발행하고 지하언론을 통해 독립을 향한 투쟁을 계속해 나가게 된다. 이 저항정신은 마르코스 독재정권의 계엄령 당시 확산되었던 '모스키토 프레스'(Mosquito Press, 모기 언론)로 계승되어 오늘날 필리핀의 자유언론을 이끄는 바탕이 되고 있다.

2) 마르코스와 두테르테, 계엄령하의 언론인들

페르디난드 마르코스(Ferdinand Marcos, 1917~1989)는 1965년 12월 30일

부터 1986년 2월 25일 '피플 파워'로 불리는 국민의 저항에 밀려 사임할 때까지 20년 이상 대통령직을 고수했다. 그가 1972년 9월에 선포한 계엄령은 1981년에야 해제되었다. 계엄령 초기, 언론에 관계된 몇몇 특징을 살펴보면 다음과 같다.

• **1972년 9월**

계엄령 선포와 더불어 대부분의 언론사들이 폐쇄당하고 단 3개의 일간신문과 몇 개의 텔레비전, 라디오 방송국만이 운영됨. 군 정보부가 언론에 대한 일련의 심문을 진행. 언론에 대한 통제가 이루어져 모든 출판은 허가를 받아야 했고, 마르코스에 반대하는 언론인들은 군부대로 끌려가 조사를 받고 구금됨.

• **1972년 10월**

"전단지 및 기타 자료의 인쇄, 소지 및 배포, 심지어 정부의 통합성을 해치는 낙서도 처벌"하는 대통령령 33호가 발표됨.

• **1972년 11월**

정부 전복 기도를 의심받은 모든 대중매체들의 사업권과 시설 허가가 취소됨. 신문, 라디오 및 텔레비전에 "인가증명서"(certificates of authority)를 부여하기 위해 매스미디어협의회가 만들어짐.

• **1973년**

매스미디어협의회를 폐지하고 미디어자문위원회를 설립하는 대통령령 191호가 발표됨.

• 1974년

대통령령 576호에 따라 미디어자문위원회와 매스미디어표준국이 폐지됨. 11월 9일 대통령령 576-4를 통해 인쇄 및 방송 매체에 대한 규제위원회의 조직을 승인.

마르코스 계엄령하의 언론은 철저히 통제되었고 미디어의 소유권은 그의 가족과 친척, 친구들 손에 집중되었다. 이른바 마르코스의 '크로니 프레스'(Crony Press, 친구/패거리 언론)라 불린 친정부 민영언론과 정부 소유의 미디어 기반시설에 의해 대량생산된 선전선동에 맞서기 위해 '대안언론'이 1980년대에 등장하게 된다. 이 대안언론은 '작지만 따끔하게 쏘아 무는 모기 같다'는 뜻에서 '모스키토 프레스'(Mosquito Press, 모기 언론)라 불렸다. 80년대에 전국적으로 독자층을 확보했던 대안언론매체로는 〈베리타스 뉴스위클리〉(Veritas NewsWeekly)[2], 자매지 〈위 포럼〉(WE Forum)이 폐간당한 후 영어로 발간된 〈말라야〉(Malaya), 〈미스터 앤드 미즈〉(Mr. & Ms. Special Edition), 〈비즈니스 데이〉(Business Day) 등이 있었다. 한편, 〈필리핀 컬리지언〉(Philippine Collegian) 같은 대학생 간행물들도 모스키토 프레스에 참여했다. 모스키토 프레스는 관제언론이 제공하지 않는 올바른 정보를 사람들에게 제공함으로써 필리핀 국민의 정치화를 촉발했다. 대안언론이 출현하는 데는 여성 언론인들의 역할이 컸다. 독재 정권 시기 오랫동안 지속되었던 자유언론투쟁은 1986년 마르코스 정권의 붕괴와 더불어 언론 민주화의 길로

---

2 공식 명칭은 〈베리타스 뉴스위클리〉지만, 보통 〈베리타스〉나 〈베리타스 위클리〉(Veritas Weekly)로 불렸다.

나아가게 된다.

한편, 사람들에게 마르코스 시절을 종종 환기시키는 필리핀의 현 대통령 로드리고 두테르테(Rodrigo Duterte, 1945~)는 22년간에 걸쳐 민다나오(Mindanao)섬에 있는 다바오(Davao)시의 시장을 지냈다 (1988~1998, 2001~2010, 2013~2016, 1990년 휴직). 그가 연임 제한 규정에 걸려 잠시 부시장으로 재직할 당시 그를 대신했던 시장은 그의 딸 사라 (Sara) 두테르테였고 그녀는 현 다바오 시장이기도 하다(2010~2013, 2016~현재). 로드리고 두테르테의 장남 파올로(Paolo) 두테르테 역시 한때 다바오 부시장(2013년 6월 30일~2018년 1월 5일)을 지낸 사실에서도 엿볼 수 있듯이, 다바오에 대한 두테르테의 영향력이 막강함을 알 수 있다.

로드리고 두테르테가 22년간 시장을 지낸 다바오 시청 (이하 출처 표시를 따로 하지 않은 모든 사진은 필자가 취재 중 찍은 것임을 밝혀 둔다.)

사실, 로드리고 두테르테의 아버지 비센테(Vicente) 두테르테 역시 변호사 출신의 정치인으로, 한때 세부주 다나오시(Danao, Cebu)의 시장을 지냈고 이후에는 당시 아직 분리되지 않은 상태였던 다바오주(Davao province)의 주지사(1959~1965)를 역임했다. 로드리고 두테르테의 사촌 로날드(Ronald) 두테르테와 그의 아버지 라몬(Ramon) 두테르테도 세부 시장을 지낸 경력이 있어, 한마디로 두테르테 집안은 세부에 기반을 둔 정치가문이라 할 수 있다.

로드리고 두테르테는 2016년 5월 31일 대통령 당선자 신분으로 한 기자회견에서 언론에 다음과 같은 경고를 한다. "당신이 만약 개자식이라면, 단지 언론인이기 때문에 암살에서 면제되지는 않는다. 당신이 만약 뭔가 잘못된 일을 했다면, 표현의 자유가 당신을 도울 수는 없다." ("Just because you're a journalist you are not exempted from assassination, if you're a son of a bitch. Freedom of expression cannot help you if you have done something wrong.")

2017년 5월 23일 두테르테는 필리핀 군대와 이슬람 무장조직 간 분쟁이 있는 민다나오섬에 계엄령을 선포했다. 민다나오는 원래 무슬림 지역이었지만 미국의 지배기를 거치면서 주민들이 대량학살을 당했고, 이후 필리핀 정부하에서 가톨릭교도인 주류 필리핀인들이 다수 유입되어 현재 무슬림들은 민다나오 전체 인구의 약 20%를 차지한다. 역사적으로 불평등한 대우를 받아온 무슬림들 사이에서 이슬람 분리주의 단체들이 생겨났는데, 가장 과격한 단체인 아부사야프(Abu Sayyaf) 그룹이나 마우테(Maute) 그룹은 급진적 이슬람주의 무장조직인 IS(이슬람국가)[3]의 추종세력으로 알려져 있다.

반면, 이들보다 훨씬 전인 1972년에 조직된 '모로민족해방전선'

(Moro National Liberation Front, MNLF)과 거기에서 분리되어 나온 '모로 이슬람해방전선'(Moro Islamic Liberation Front, MILF)은 모로족의 독립운동세력으로, IS와는 전혀 상관이 없다. 모로(Moro)[4]족의 독립운동 역사는 1898년 스페인-미국 전쟁에서 미국이 승리함에 따라 필리핀이 합병되었던 때로 거슬러 올라간다. 스페인의 식민지 시절에도 강력한 항거로 지배를 받지 않았던 모로족은 민다나오와 술루(Sulu)가 미국의 필리핀 자치령에 포함되면서 재정착 정책으로 인한 역사적 소외를 겪었고 필리핀 정부군과 모로족 반군 사이에는 적대적 관계가 형성되었다.

모로 출신의 필리핀군 훈련병 수십 명이 마르코스 정권에 의해 살해당한 1968년의 '자비다(Jabidah) 학살'[5]을 계기로, 필리핀 대학교 교수였던 누르 미수아리(Nur Misuari)는 '모로민족해방전선'을 조직했다. 이후 모로민족해방전선(MNLF)에서 모로이슬람해방전선(MILF)을 비롯한 여러 분파가 분리되어 나가게 된다. MNLF는 1996년에 필리핀 정부와 평화협정을 체결한 적이 있고, MILF도 자치권 획득을 조건으로 필리핀 정부와 2014년 평화협정을 체결했다. 2018년 7월에는 '방사모로 자치 지역'을 자율적인 정치적 독립체로 건설하기 위한 '방사모로

---

3 '이라크-시리아 이슬람국'(The Islamic State of Iraq and Syria, the Islamic State of Iraq and al-Sham, ISIS), 이라크-레반트 이슬람국(The Islamic State of Iraq and the Levant, ISIL) 등으로 불리는 수니파 과격 이슬람 무장단체

4 필리핀 내 무슬림 인구를 가리키며 여러 종족들로 구성되어 있다. 이들은 방사모로 (Bangsamoro)라고도 불리는데, '방사(Bangsa)'는 말레이어로 '나라/민족'을 뜻하고 '모로 (Moro)'는 이베리아반도의 무슬림들을 가리키던 스페인어 명칭 '무어인(Moor)'에서 왔다.

5 보르네오섬의 북쪽에 위치한 사바(Sabah, 현 말레이시아령)를 놓고 말레이시아와 영토분쟁을 벌이던 마르코스 필리핀 군부가 모로 젊은이들을 모병해 사바에 침투시키려는 비밀 군사작전 과정에서 발생한 학살이다. 기록들이 파괴되어 학살 원인을 두고서는 여러 가지 설이 있으나, 모로(무슬림)에 대한 차별이 이슈로 표면화되어 모로족의 저항을 가져왔다.

민다나오섬 제너럴산토스 외곽지대 계엄군 체크
포인트

기본법'(Bangsamoro Organic/Basic Law, BOL/BBL)이 필리핀 상·하원에서 비준되고 두테르테 대통령에 의해 서명되었다.

2017년 두테르테가 계엄령을 선포한 배경에는 위에서 언급한 아부사야프와 마우테 그룹이 있다. 2017년 5월 23일 필리핀군이 과격파 이슬람 무장단체인 아부사야프의 지도자 이스닐론 하필론(Isnilon Hapilon)의 은신처를 급습하자, 하필론[6]을 구하기 위해 출동한 마우테 반군은 마라위(Marawi, 남라나오주의 주도) 시청과 교도소를 비롯한 주요 시설들을 점거하고 방화를 하는 등 반격에 나섰다. 당시 러시아를 방문 중이던 두테르테 대통령은 즉시 민다나오 지역에 계엄령을 선포했는데, 이 계엄령은 1987년에 개정된 필리핀 헌법에 따라 기간이 60일로 제한되어 있었다. 그러나 두테르테는 2017년 7월 23일 상·하원의 승인을 얻어 계엄령을 2017년 12월 31일까지 1차 연장했고, 2017년 12월 13일 다시 의회의 찬성을 받아 2018년 12월 31일까지 2차 연장을 했다.

현재 필리핀의 자유언론을 주도하는 중진 언론인들은 대부분 마르코스 계엄령 시대에 학생이었거나 언론인 경력을 막 시작한 젊은 기자들이었다. 마르코스의 계엄령 시기를 거치면서 사회현실을 인식하고 언론인의 책무를 배울 수밖에 없었던 그들은, 몇몇 대통령들을 지나,

---

6 하필론은 2017년 10월 16일 마라위 전투에서 필리핀군에 의해 마우테 그룹의 지도자 오마르 마우테(Omar Maute)와 함께 사살당했다.

민다나오섬 제너럴산토스 외곽지대 계엄군과 마긴다나오 학살 언론인 유가족(맨 오른쪽). 체크포인트 통과시 사진 촬영에 대한 허가를 받았다.

이제 마르코스의 망령을 상기시키는 두테르테 행정부의 계엄령과 '마약전쟁'의 시대에 그 어느 때보다 극심한 '미디어 킬링'(Media killings)을 경험하고 있다. 그들이 회고하고 비교하는 마르코스 계엄령 시대와 두테르테 시대는 다음과 같다.

멜린다 킨토스 데 헤수스 Melinda Quintos de Jesus, 74세, 미디어자유 · 책임

센터Center for Media Freedom and Responsibility, CMFR 소장

"나는 마르코스의 계엄령 이전부터 티브이 다큐멘터리 팀에서 일하기 시작해 계엄령 당시 잡지 편집자로 일했다. 마르코스는 군대의 합법적 구조들을 이용해 모든 것을 통제했는데, 1981년 그가 계엄령을 해제하자 언론의 자유를 보이기 위해 신문 〈불러틴 투데이〉

(Bulletin Today, 1972~1986, 〈마닐라 데일리 불러틴〉의 후신이자 현 〈불러틴〉의 전신)의 편집장이 여성 언론인들을 초대해 칼럼을 쓰게 했다.

이 시기는 동남아시아의 언론 역사상 중요한 통과 시기였다. 여성 언론인들은 매우 강한 목소리로 마르코스를 비판했다. 나는 정치평론가가 될 계획이 없었지만, 그들이 우리에게 칼럼을 그만 쓰라고 했을 때 나는 대안언론에 속해 있었다. 계엄령하에서 주류언론의 모든 언론인들이 정부와 군대에 반대하는 비판적인 보도를 전혀 하지 않아 소위 '마르코스 패거리언론'(Marcos Crony Press)이라고 불리는 것이 계속될 때, 대안언론은 뉴스의 새로운 흐름을 시작했다. 그것은 작은 주간신문들이었지만, 우리는 대중으로부터 매우 많은 지지를 받았고 차츰 시위와 운동의 목소리가 되었다. 우리는 정부에 도전할 준비가 되어 있는 시민들의 거리 의회의 목소리가 되었고 마침내 1986년 '피플 파워'(민중의 힘)[7]가 발생하는 데 일조했다."

1983년 다른 여성 언론인들과 함께 〈불러틴 투데이〉의 칼럼니스트 지위를 박탈당한 그녀는, 대안언론의 선두에 있던 〈베리타스 뉴스위클리〉(Veritas NewsWeekly)의 부편집장 겸 칼럼니스트로 일하다가 1986년부터 이 뉴스잡지가 폐간되던 1988년까지 편집장을 지냈다. 동시에 주류 일간지 매체에 칼럼을 쓰고 텔레비전, 라디오 토크쇼 해설자로도 활동하다가 1989년 미디어자유 · 책임센터(CMFR)를 설립했다.

---

7 '피플 파워 혁명'(People Power Revolution)은 1986년 2월 22일~25일 마르코스 독재정권을 몰아낸 필리핀 국민의 민주화혁명을 가리킨다.

"내가 속해 있던 뉴스매거진 〈베리타스 뉴스위클리〉는 당시 가톨릭교회에 의해 운영되던 라디오 방송 〈라디오 베리타스〉(지금도 있음)에서 이름을 따온 것이었다. 우리는 완전히 독립적인 언론이었고 가톨릭교회가 운영하거나 경제적 지원을 한 것은 아니었다. 〈베리타스 뉴스위클리〉는 〈라디오 베리타스〉와 전혀 상관이 없었지만 가톨릭교회 미디어의 이름을 따와서 사용함으로써 정부가 우리를 그 일부로 생각하기를 바랐다. 정부가 우리를 가톨릭교회와 동일한 것으로 간주하면 우리를 공격하지 않을 거라서 스스로를 보호하기 위한 자구책이었다. 추기경도 우리가 그 이름을 사용하는 것을 지지했다. 뉴스매거진은 전국적으로 유통되었고 부수가 점점 증가했다. 사람들은 그들의 뉴스를 위해 더욱 대안언론을 찾았다.

마르코스 시기, 언론이 통제되던 수십년 동안 사람들은 서로 의견을 표현하고 토론하길 원했다. 니노이 아키노(Ninoy Aquino)[8]가 살해되자 비판적이던 여론은 더욱 비판적이 되었다. 언론의 역할은 단지 뉴스를 전달하는 보도가 아니라 사람들로 하여금 우리가 왜 정권에 반대하는지 생각하게 하는 것이었다. 나라의 문제들과 다른 선택지들에 대해 생각하게 하고 결정하게 하는 것, 지금도 그것이 언론의 역할이라고 생각한다. 그러나 지금은 언론도 대중도 더 이상 그러려고 하지 않는다.

마르코스는 자신이 민주주의자로 보이기를, 자신의 비판자들에

---

8 필리핀 상원의원 베니그노 아키노 주니어(Benigno Aquino Jr.)를 가리킨다. 마르코스 독재정권에 대항해 투쟁하다가 1972년 구속되었고, 1983년 미국 망명길에서 귀국하던 날 마닐라 국제공항에서 암살당했다. 11대 대통령 코라손(Corazon) 아키노의 남편이자 15대 대통령 노이노이(Noynoy) 아키노(베니그노 아키노 3세)의 아버지다.

게 자유주의자로 보이길 원했고, 세계가 자신을 수용하길 원했다. 그러나 두테르테는 다르다. 그는 세계에 대해—그의 반미정책으로 인해 자신을 좋아하는 중국과 러시아를 제외하고는—상관하지 않는다. 그가 연방제(federalism)를 만들겠다고 했을 때 어떻게 연방제를 실현할 것인지를 물어본 언론은 없었다. 그가 '마약과의 전쟁'으로 수천명을 죽이니 사람들은 두려워서 항복하고 재활 프로그램을 원한다고 말한다. 그러나 '재활 프로그램'은 없다. 살인으로는 마약도 마약밀매도 없앨 수 없다. 그들은 그냥 항복하는 사람들을 데려가지만 언론은 여기에 질문이 없다. 언론은 살해된 인원을 세지만 분석 기사를 쓰지는 않는다.

두테르테에 대한 빈민층의 지지가 떨어지고 있지만—그에게 투표한 게 빈민층이라 하지만 사실은 엘리트층이 많았다—신문에는 실리지 않는다. 지지도에 대한 2개의 여론조사가 있었지만 발표되지 않았다. 빈민들은 주위에서 공격당하는 것을 보고 있다. 어떤 지역에서는 빈민들이 지역사회가 조용해졌다고 하지만 그건 사람들이 두려워서 실내에 있기 때문이다. 상대적으로 안전하지만 두려운 것이다. 다음에는 누가 타깃이 될지? 사람들이 두려워한다면 여론조사가 어떻게 지지도를 제대로 측정할 수 있겠는가? 임의로 집에 찾아와 질문하면 사람들이 자신이 느끼는 것을 진실로 말할까? 나는 지금이 필리핀 언론의 시험 기간이라 생각한다. 사람들로 하여금 그들의 목소리를 내게 하고 질문과 비판의 소리를 내게 하는 것, 그 목소리를 지배적인 소리로 만드는 것이 얼마나 가능할까? 내가 이 말을 하는 것은 현재 상황이 계엄령 선언 없이 계엄령에 직면해 있는 것과 같기 때문이다. 정부는 통제를 하고 사람들이 두려워하는 것을 알고 있다. 몇몇 소수를 제외하고 우리는 이미 두려움의 상태에 있다. 도전을 두려워하고 목소리 내는 것을 두려워하고 있다."(멜린다 킨토스 데 헤수스)

다음은 계엄령이 내려진 민다나오의 다바오시에서 활동하는 언론인들의 목소리다.

메델 에르나니Medel Hernani, 65세, 〈다바오 투데이 닷컴〉DavaoToday.com[*] 사진기자 [*이하 〈다바오 투데이〉로 표기]

"마르코스 계엄령 당시 나는 고등학생이었는데 계엄령이 얼마나 잔혹한지 보았다. 계엄령 당시 사람들은 밤 10시까지는 귀가해 있어야 했다. 나는 항구마을에 살았는데, 경찰과 군대, 그리고 이웃들을 살피는 '파라밀리터리'(paramilitary, 준군사조직)가 있었다. 그들은 누구든 집 밖에 있는 걸 보면 마구 두들겨 패고 체포했다. 이것은 지금 두테르테 정권하의 마닐라에서 벌어지고 있는 일과 매우 흡사하다.

나는 그날 밤 내 이웃이 잡혔던 걸 기억한다. 그는 경찰에게 집 안이 너무 더워서 잠시 집 밖으로 나온 거라고 설명하면서 사정했지만, 그들은 전혀 들으려 하지 않았다. 그들은 그에게 무릎을 꿇게 한 후 국가를 부르라고 했다. 조금이라도 실수를 하면, 가사의 단어 하나라도 틀리면, 그들은 권총을 사용해 그를 쳤고 결국은 정신을 잃을 때까지 두들겨 팼다. 또 다른 이웃 한 명은 자기 집 위층에서 자는 척하고 있었다. 하지만 경찰이 그를 끌어내 무릎을 꿇리고 돌투성이 길 위를 기게 했는데, 그것은 그에게 매우 고통스러운 일이었다. 그러고 나서 그에게도 역시 국가를 부르게 했다. 그것은 잔인한 고문이었고 마침내 그 남자를 울게 만들었다. 매우 잔혹한 일이었다.

그런데 지금 일어나고 있는 일들과 비교해 본다면, 두테르테의 명령으로 더 나쁜 상황이 벌어지고 있다. 단지 마닐라의 거리를 배회하거나 술을 마시거나 날이 너무 더워 길가에 앉아 바람을 쐰다는 이유로 경찰이 사람들을 체포한다. 기록을 보면 체포된 인원도 마르코스 시절보다 지금이 훨씬 많다. 마닐라의 경우, 단지 길거리를 배회한다는 이유로 단 1주 동안 약 8000명이 체포당했다. 그러니 얼마나 잔인한지 알 수 있다. 마르코스 시절보다 지금이 더 나쁜 상황이라고 말하는 또 하나의 이유는, 시골지역의 주민들이 군대의 강력한 공습을 겪고 있다는 것이다. 마르코스 시절에는 두테르테하에서 벌어지는 그런 사건들, 공격이 지금처럼 많지는 않았다.

나는 1979년 대학을 졸업한 후 민다나오 지역에서 언론활동을 시작했다. 두테르테가 선거에서 이긴 것은 그가 좋은 목표들을 제시했고 나라의 문제들을 해결하고 싶다고 말했기 때문이다. 그러나 사람들은 두테르테가 살인을 저지르는 것을 보고 있고 그가 당선된 이래 지난 2년 동안의 일들이 바르게 되지 않았음을 천천히 알아차리고 있다. 언론은 두테르테와 그의 행정부에 의해 통제되고 있고 소수의 언론인들만이 그를 비판한다. 하지만 사람들은 경제적, 정치적 어려움에 대해서도 인식해가고 있다."

징징 발레Gingging Valle, 60세, 기자 출신, 〈선스타 다바오〉Sunstar Davao 신문 칼럼니스트, 〈다바오 투데이〉 기고가

"1972년 계엄령 전 필리핀 언론은 비판적이었고 아시아에서 가장 자유로운 것으로 간주되었다. 하지만 마르코스가 계엄령을 선포했

을 때 그는 언론을 주저앉히는 게 적합하다고 생각했다. 모든 뉴스가 통제되고 신문, 텔레비전도 사라졌다. 모든 뉴스는 정부 방송국으로부터 나왔다. 나는 시골에 살아서 뉴스도 없었고 활동가들은 도시에 있었다. 몇 년 후 내가 고등학교에 들어갔을 때 주위 상황에 대해 인식하게 됐다. 1979년에 나는 다바오시로 왔고 대학에서 학생출판운동에 참여해 '필리핀 대학편집인 길드'라는 진보학생조직에서 활동했다.

70년대 말 80년대 초 당시 마르코스의 계엄령은 사그라져 가고 있었다. 대중운동이 활발했고 모든 사람이 사안들을 비판적으로 보기 시작했다. 시골이든 도시든 전국적으로 살인이 확산되어 있었고 많은 활동가들이 살해되고 있었다. 당시 언론의 자유는 없었지만, 계엄령이 쇠락해가던 시기에 대안언론이 생겨나기 시작했고 심지어 '모스키토 프레스'가 발생했다. 주류언론이 없어졌을 때 이들이 대신 주위에서 무슨 일이 일어나고 있는지를 보도해 사람들이 알게 한 것이다.

당시의 계엄령과 지금을 비교한다면, 현재의 계엄령은 민다나오섬 내의 군대 주둔으로 특징지어진다. 두테르테는 여기에 많이 의존하고 있는데, 국가권력을 군대에 많이 소모하고 있기 때문이다. 군 병력의 거의 70%가 민다나오에 배치되어 있다. 여기 다바오시에서는 그들을 볼 수 없다. 다바오는 필리핀에서 가장 안전한 곳이다. 여기에서는 범죄 발생 소식을 들을 수 없다. 그러나 저 위쪽, 원주민이 살고 있는 시골지역으로 가면 조상들의 묘가 내몰리고 학교가 폐쇄당하고 있다. 그러나 이를 보도하는 신문은 거의 없다. 신문은 도시에 있으니 도시에서는 보도가 되지 않는다. 약간의 라디오 방송국들이 이에 대해 말하긴 하는데, 그들도 군대에 대한 두려움이 있다. 방송을 못하게 할 것이기 때문이다.

마르코스의 계엄령과 현재의 계엄령은 차이가 좀 있다. 현재의 계엄령 상황은 두테르테가 국민을 배신한 것이다. 그는 선거 당시 모로족(필리핀 내 무슬림 종족들)과 원주민들에 대한 역사적 불의를 바로잡고 싶다고 말했다. 하지만 임기 첫해가 끝나기도 전에 무슨 일들이 일어났는지 알 것이다. 현재의 계엄령은 훨씬 위협적이다. 이 몇 년, 아니 몇 달 사이에 이 계엄령이 누구를 희생자로 원하는지를 보라. 단지 길거리를 돌아다닌다는 이유로, 길에 서 있다는 이유로, 8000명이 마닐라에서 잡혔고 심지어 어린아이들도 잡혀갔다. 이는 매우 위험한 일이다.

언론에 대해 말한다면, 마르코스 시절과 두테르테 시기는 큰 차이가 있다. 마르코스는 언론이 총살당해야 한다고 생각했지만, 두테르테는 언론을 길들여야 한다고 생각한다. 대단히 적은 수의 언

징징 발레, 〈선스타 다바오〉 칼럼니스트

론을 제외하고는 대부분의 언론인들이 두려워하고 있다."

필리핀 언론인들은 '미디어 킬링'으로 표현되는 '언론인 살해'가 마르코스부터 두테르테까지 모든 정권들의 공통점이지만 그 숫자에서 차이가 있음을 지적하고 있다(아로요 대통령 시절에 발생한 마긴다나오 학살은 예외적인 경우로, 다른 절에서 따로 다루기로 한다). 다음 절에서 우리가 살펴볼 두테르테 행정부하의 언론인 살해 사건들은 필리핀 언론인들이 현재 얼마나 위험한 처지에 놓여 있는지 여실히 보여준다.

2

언론의 자유를 위한 대가,
'미디어 킬링'

1) 필리핀의 언론인 살해 현황

'국경 없는 기자회'(Reporters Sans Frontières/Reporters Without Borders, RSF/RWB)는 2002년부터 7가지 지표(다원주의, 언론의 독립성, 환경과 자기 검열, 입법 틀, 투명성, 기반시설, 인권침해)를 기준으로 언론자유지수를 집계해 180개국의 순위를 매기고 있다. 수치(0~100)가 클수록 언론의 자유도가 낮고 국가 순위는 하위권으로 가게 된다. 2002년부터 2018년까지 필리핀의 언론자유지수를 도표로 정리하면 다음과 같다.

필리핀 언론이 오랜 민주화운동의 전통 속에서 발전해왔고 현재 많은 언론매체와 자유로운 미디어 시스템이 있는 것에 비해, 위의 표에서 보이는 필리핀의 언론자유지수는 꽤 낮은 편이다. '언론인 살해' 국가의 순위로는 문제가 훨씬 더 심각해 세계적으로 언론인에게 가장 위험한 나라들 중 하나로 꼽힌다. 유네스코(UNESCO)의 〈표현의 자유

표2 필리핀의 언론자유지수

연도	색인 점수	국가 순위	연도	색인 점수	국가 순위
2002년	29.00	89위	2010년	60.00	156위
2003년	35.25	118위	2011/2012년	64.50	140위
2004년	36.63	111위	2013년	43.11	147위
2005년	50.00	139위	2014년	43.69	149위
2006년	51.00	142위	2015년	41.19	141위
2007년	44.75	128위	2016년	44.66	138위
2008년	45.00	139위	2017년	41.08	127위
2009년	38.25	122위	2018년	42.53	133위

자료 출처 : 국경 없는 기자회(https://rsf.org)[9]

와 미디어 발전의 세계 추세 : 글로벌 리포트 2017/2018〉(World Trends in Freedom of Expression and Media Development, Global Report 2017/2018)에 따르면, 2012~2016년 사이 국가별 피살 언론인 수는 시리아 86명, 이라크 46명, 멕시코 37명, 소말리아 36명, 파키스탄 30명, 브라질 29명, 필리핀 21명으로, 필리핀이 7위를 차지하고 있다.

그러나 '필리핀전국언론인노조'(National Union of Journalists of the Philippines, NUJP)[10]의 조사에 의하면, 2012년부터 2016년까지 살해된 필리핀 언론인은 공식적으로 조사되어 밝혀진 사람만 25명이다. NUJP 는 1986년부터 현재까지 살해된 언론인들을 조사해 자료화하고 있다.

---

9 https://rsf.org/en/ranking# https://rsf.org/en/philippines

10 NUJP(National Union of Journalists of the Philippines)는 한국의 전국언론노동조합처럼 기업별노조들이 하나로 모인 산별노조가 아니어서 국내에서 보도할 때 '연합'이나 '연맹' 으로 번역하는 경우도 있으나, 이 단체의 궁극적 목적이 노조활동이기 때문에 이 책에서 는 '필리핀전국언론인노조'로 번역한다.

표3 NUJP의 '미디어 킬링'Media Killings 데이터베이스 일부*

No	Name	Affiliation/s	Position	Age
1	Pete F. Mabazza	Manila Bulletin	Reporter	
2	Wilfredo "Willy" Vicoy	Reuters	Photographer	
3	Florante "Boy" de Castro	DXCP	Lawyer, Broadcaster	
4	Dionisio Perpetuo Joaquin	Olongapo-Zambales News Forum	Associate Publisher, Business Manager	
5	Narciso Balani	DXRA	Technician	
6	Rogie Zagado	DXRA	Commentator	
7	Leo Palo	DXRA	Commentator	
8	Cesar Maglalang	DXRA	Radio Anchor	50
9	Martin Castor	Pilipino Ngayon	Photographer	
10	Ramon Noblejas	DYVL	Production Supervisor, Radio Commentator	42
164	Samuel Oliverio	Radyo Ukay, Supreme Radio	Commentator	
165	Nilo Baculo	DWIM	Radio Anchor	67
166	Maurito Lim	dyRD	Broadcaster	71
167	Melinda Magsino	Philippine Daily Inquirer (former)	Former reporter	40
168	Gregorio Ybanez	Kabuhayan News	Publisher	65
169	Teodoro Escanilla	dzMS	Radio Anchor	59
170	Cosme Maestrado	dxOZ	Broadcaster	46
171	Jose Bernardo	DWBL, DWIZ Radio, Bandera Pilipino	Reporter, Correspondent, Columnist	
172	Elvis Banggoy Ordaniza	dxWO Power99 FM	Reporter	
173	Alex Balcoba	People's Brigada	Reporter	56
174	Larry Que	Catanduanes News Now	Publisher	
175	Joaquin "Jun" Briones	Remate	Columnist	
176	Rudy Alicaway	DXPB 106.9 Radyo ng Bayan Molave	Radio Anchor	46
177	Leodoro Diaz	Sapol Newspaper, Radio Mindanao Network	Columnist, Broadcaster	
178	Christopher Iban Lozada	DxBF Prime Broadcasting Network	Broadcaster	29
179	Marlon Muyco	dxND Radyo Bida	broadcaster	
180	Mario Cantaoi	Church-owned dzNS Radio Station	Former reporter	
181	Carlos Matas	DxCA	Broadcaster	
182	Edmund Sestoso	dyGB 91.7 FM	Broadcaster	
183	Dennis Denora	Trends and Times	Publisher	
184	Apolinario Suan	Real FM Radio	Broadcaster	

1986년부터 2018년 6월까지 업데이트된 피살 언론인 목록으로, 파란색으로 표시된 이름은 두테르테 행정부하에서 살해된 언론인들이다. 2018년 7월 20일에 살해된 조이 라냐는 185번에 기록될 것이다. 이 자료는 필리핀의 언론인 살해가 지속되는 한, 아무리 업데이트를 해도 늘 미완의 상태로 남게 된다. [* 분량이 방대해 시작과 끝부분만 축소된 형태로 싣는다.]

Municipality	Province	Island Group	Medium	Date killed	Administration
garao City	Cagayan	Luzon	Print	1986.4.24	Corazon Aquino
garao City	Cagayan	Luzon	Wires	1986.4.24	Corazon Aquino
al Santos City	South Cotabato	Mindanao	Radio	1986	Corazon Aquino
apo City	Zambales	Luzon	Print	1987.4.12	Corazon Aquino
City	Davao del Sur	Mindanao	Radio	1987.8.27	Corazon Aquino
City	Davao del Sur	Mindanao	Radio	1987.8.27	Corazon Aquino
City	Davao del Sur	Mindanao	Radio	1987.8.27	Corazon Aquino
City	Davao del Sur	Mindanao	Radio	1987.8.27	Corazon Aquino
	Metro Manila	Luzon	Print	1987.8.28	Corazon Aquino
an City	Leyte	Visayas	Radio	1987.8.28	Corazon Aquino
City	Davao del Sur	Mindanao	Radio	2014.5.23	Benigno Simeon Aquino III
an City	Oriental Mindoro	Luzon	Radio	2014.6.9	Benigno Simeon Aquino III
aran City	Bohol	Visayas	Radio	2015.2.14	Benigno Simeon Aquino III
gas City	Batangas	Luzon	Print	2015.4.14	Benigno Simeon Aquino III
City	Davao del Norte	Mindanao	Print	2015.8.19	Benigno Simeon Aquino III
ona	Sorsogon	Luzon	Radio	2015.8.19	Benigno Simeon Aquino III
z City	Misamis Occidental	Mindanao	Radio	2015.8.27	Benigno Simeon Aquino III
n City	Metro Manila	Luzon	Radio	2015.10.31	Benigno Simeon Aquino III
	Quezon	Luzon	Radio	2016.2.16	Benigno Simeon Aquino III
	Metro Manila	Luzon	Print	2016.5.27	Benigno Simeon Aquino III
	Catanduanes	Luzon	Print	2016.12.20	Rodrigo Duterte
te City	Masbate	Luzon	Print	2017.3.13	Rodrigo Duterte
e	Zamboanga del Sur	Mindanao	Radio	2017.8.6	Rodrigo Duterte
ent Quirino	Sultan Kudarat	Mindanao	Print, Radio	2017.8.7	Rodrigo Duterte
City	Surigao del Sur	Mindanao	Radio	2017.10.24	Rodrigo Duterte
awan City	Cotabato	Mindanao	Radio	2017.2.2	Rodrigo Duterte
ngal	Ilocos Sur	Luzon	radio	2017.1.7	Rodrigo Duterte
gan	Zamboanga del Sur	Mindanao	radio	2018.5.12	Rodrigo Duterte
guete City	Negros Occidental	Visayas	radio	2018.5.1	Rodrigo Duterte
o City	Davao del Norte	Mindanao	Print	2018.6.7	Rodrigo Duterte
City	Surigao del Sur	Mindanao	Radio	2016.7.28	Rodrigo Duterte

2018년 6월 기준, NUJP가 업데이트한 엑셀 자료 '미디어 킬링'의 마지막 번호 184번에는 뒤늦게 발견·조사된 기록을 볼 수 있다. 남수리가 오주 비슬릭의 라디오 방송 진행자 아폴리나리오 수안(Apolinario Suan) 사건인데, 그는 2016년 7월 14일 매복 습격을 받고 혼수상태에 빠졌다가 2주 후인 7월 28일에 사망했다. 그러나 습격사건 이후 아무도 그의 죽음을 보도하지 않아 누락되었다가 나중에 NUJP의 수리가오 지부를 통해 사망 소식이 알려져 2018년 피살 언론인들의 뒤에 기록이 덧붙여졌다.

한편, 2018년 7월 20일 알바이주 다라가(Daraga, Albay)의 라디오 방송 진행자 조이 랴나(Joey Llana)가 14발의 총알을 맞고 사망함으로써 현재까지 두테르테 행정부하에서 살해된 언론인은 총 12명, 1986년 이래 현재까지는 총 185명으로 집계되고 있다. 2018년 6월 7일 살해된 북다바오주 파나보시(Panabo City, Davao del Norte)의 지역 주간신문 〈트렌즈 앤드 타임스〉(Trends and Times)의 발행인 데니스 데노라(Dennis Denora)와 앞서 언급한 조이 랴나에 대한 경찰의 수사는 아직 완료되지 않아 NUJP의 사건개요(case profiles) 자료에 업데이트되지 못한 상태다.

다른 한편, 언론매체들과 '언론인보호위원회'(Committee to Protect Journalists)에 보도된 마누엘 락사마나(Manuel Lacsamana, 중앙루손미디어협회 이사장)의 피살은 처음에 NUJP의 피해자 명단에 포함되었다가 나중에 제외되었다. 그는 2018년 6월 23일 누에바에시하주 카바나투안(Cabanatuan, Nueva Ecija)에서 살해되었는데, NUJP는 이 사건을 면밀히 검토한 결과, 그가 그 지역의 미디어 조직을 지원하긴 했지만 미디어 업무에는 관여하지 않았고 그를 살해한 동기가 업무와 관련이 없다는 지부의 평가에 따라 언론인 살해 기록에서 제외하는 등 엄밀한 기록

표4 로드리고 두테르테 행정부하 필리핀 내 미디어 킬링 리스트[*]

이름	소속	직위	피살 일자	사건 장소
라리 케 (Larry Que)	카탄두아네스 뉴스 나우 (Catanduanes News Now)	발행인	2016년 12월 19일	카탄두아네스주 비라크 (Virac, Catanduanes)
호아킨 브리오네스 (Joaquin Briones)	레마테 (Remate)	칼럼니스트	2017년 3월 13일	마스바테주 밀라그로스 (Milagros, Masbate)
루디 알리카웨이 (Rudy Alicaway)	DXPB 106.9 바얀 몰라베의 라디오 (Radyo ng Bayan Molave)	라디오 앵커	2017년 8월 6일	남삼보앙가주 몰라베 (Molave, Zamboanga del Sur)
레오도로 디아스 (Leodoro Diaz)	사폴 뉴스페이퍼 (Sapol Newspaper), 라디오 민다나오 네트워크 (Radyo Mindanao Network)	칼럼니스트, 라디오 앵커	2017년 8월 7일	술탄쿠다라트주 프레지던트 키리노 (President Quirino, Sultan Kudarat)
크리스토퍼 로사다 (Christopher Lozada)	DxBF 프라임 브로드캐스팅 네트워크 (Prime Broadcasting Network)	방송진행자	2017년 10월 24일	남수리가오주 비슬릭 (Bislig, Surigao del Sur)
마리오 칸타오이 (Mario Cantaoi)	가톨릭교회 소유의 라디오 방송국 dzNS	전직 기자	2017년 1월 7일	남일로코스주 마그싱갈 (Magsingal, Ilocos Sur)
마를론 무이코 (Marlon Muyco)	dxND 라디오 비다 (Radyo Bida)	방송진행자	2017년 2월 2일	키다파완시 (Kidapawan City)
아폴리나리오 수안 주니어 (Apolinario Suan Jr.)	리얼 에프엠 라디오 (REAL FM Radio)	방송진행자	사건 : 2016년 7월 14일, 사망 선고 : 2016년 7월 28일	남수리가오주 비슬릭 (Bislig, Surigao del Sur)
에드문드 세스토소 (Edmund Sestoso)	dyGB 91.7 FM	방송진행자	사건 : 2018년 4월 30일, 사망 선고 : 2018년 5월 1일	두마게테시 (Dumaguete City)
카를로스 마타스 (Carlos Matas)	dxCA	방송진행자	2018년 5월 12일	남삼보앙가주 라방간(Labangan, Zamboanga del Sur)
데니스 데노라 (Dennis Denora)	트렌즈 앤드 타임스 (Trends and Times)	발행인	2018년 6월 7일	북다바오주 파나보시 (Panabo City, Davao del Norte)

자료 출처 : 필리핀전국언론인노조(NUJP) 미디어안전국
[* 2018년 6월까지 업데이트됨 – 필자]

작업을 진행하고 있다. 이상에서 알 수 있는 사실은, 필리핀의 상황이 내일이든 언제든, 혹은 지금 이 순간에라도, 또 누군가 언론인이 살해되었다는 소식이 들려올 수 있다는 것이고 그런 소식이 들려와도 놀랍지 않을 것이라는 점이다.

다음의 내용은 NUJP가 두테르테 행정부하에서 살해된 언론인들의 사건 개요를 작성한 자료이다. 2018년 5월 3일 '세계 언론자유의 날'을 기준으로 그 이전까지의 사례들이 기록되었고 그 이후에 살해된 언론인은 포함되어 있지 않다.

두테르테 행정부하에서 살해된 언론인들/세계 언론자유의 날,

2018년 5월 3일 – 필리핀전국언론인노조 NUJP

• 남일로코스주에서 살해된 방송진행자 – 대학교수

2017년 1월 7일 밤 남일로코스주 마그싱갈 타운(Magsingal town)의 산라몬(San Ramon) 바랑가이[11] 내 국도에서 마리오 칸타오이(Mario Cantaoi)가 오토바이를 탄 무장괴한이 쏜 총에 맞아 죽었을 때, 북루손섬은 두테르테 행정부하에서 첫 번째 언론인을 잃었다.

칸타오이는 가톨릭교회 소유의 라디오 방송국인 dzNS에서 일하는 것 외에도 북부 필리핀 대학의 교수이기도 했다.

한 뉴스 보도는 주정부 경찰국장 상급감독관 레이 데 페랄타(Rey de Peralta)의 말을 인용했는데 그는, 지금까지 당국이 살해 동기를

---

11 바랑가이(barangay) : 필리핀 행정구역의 최소 단위로 '마을', '지구', '지역'을 뜻하며, 우리의 동/리에 해당한다고 볼 수 있다.

결정하지는 못했지만, 언론인으로서의 칸타오이의 일이 이 방송진행자를 살해한 이유로 보이지는 않는다고 말했다. 희생자의 아내도 그녀의 남편에게 알려진 적들은 없었다고 말했다.

그러나 환경보호단체인 칼리카산[12] 국민환경네트워크(Kalikasan PNE, Kalikasan People's Network for the Environment)는 칸타오이가 환경 파괴와 광산에 반대한 지역주민들의 군사화에 반하는 논평들을 한 것이 살해로 이어졌다고 믿고 있다.###[13]

• 행정감찰관(옴부즈만)이 비슬릭 시장을 축출한 다음날 라디오 방송 진행자가 총 맞아 사망

프라임 브로드캐스팅 네트워크(Prime Broadcasting Network, PBN) 의 dxBF방송국 프로그램 진행자인 크리스토퍼 로사다(Christopher Lozada, 29세)는 비슬릭 시장 리브라도 나바로(Librado Navarro)가 2012년 1470만 페소 가격의 유압굴착기를 구매했다는 의혹으로 기소되는 데 관여되었다.

2017년 10월 23일, 행정감찰관 사무소는 나바로와 11명의 다른 사람들을 혐의가 제기된 변칙 업무로부터 해고시켰다.

다음날 밤 9시경, 로사다가 집으로 운전해 가고 있을 때 밴을 타고 있던 무장괴한들이 사격을 가해 그를 살해했다. 그와 사실혼 관계에 있는 아내 허니 페이스 인독(Honey Faith Indog)이 공격 중에 부상당했다.

---

12 칼리카산(kalikasan) : 타갈로그어로 '자연'을 뜻함
13 원문에서 '끝'을 표시하기 위해 사용된 부호를 번역문에서도 그대로 두었다.

그의 누이*에 따르면, 살해되기 전 로사다는 알지 못하는 번호로부터 일련의 살해 협박을 받고 있었다. 그 문자들 중 하나는 "너에게 95일이 남았다. 비슬릭을 떠나라. 그러지 않으면 내가 너를 죽일 것이다"라고 씌어 있다.

그녀는 의심되는 살인자들인 롤리 마힐럼(Rolly Mahilum)과 펠릭스베르토 빌료시노(Felixberto Villocino), 그리고 그의 가족이 로사다 살해 명령자라고 비난했던 나바로를 고소할 수 없었는데 이는 전 시장이 그들을 지켜보고 있기 때문이라고 말했다.

주요 증인으로 로사다의 동거인인 허니 페이스는 법무부의 증인보호 프로그램에 등록되었지만, 그녀의 가족은 나바로가 그들을 감시하고 있기 때문에 공포 속에 살고 있는 것으로 보도되었다.

전하는 바에 따르면, 행정감찰관의 해고 결정이 나기 전 나바로가 로사다에게 사건을 철회하는 대가로 자동차 한 대와 월 5만 페소를 제안했지만 이 방송진행자는 "비록 우리가 가난할지라도, 나는 부정행위로 그렇게 많은 돈을 벌고 싶지 않다"고 말하며 거절했다고 한다.

로사다는 나바로의 기소에 대해 강경했다. "설령 내 목숨을 비용으로 치르더라도, 나는 옳은 일을 할 것입니다."###

* 보안을 위해 이름을 밝히지 않음

• 마스바테주의 직설적인 칼럼니스트 총격에 쓰러져 사망

〈레마테〉(Remate) 칼럼니스트이자 전 dyME방송국 해설자인 호아킨 브리오네스(Joaquin Briones)는 2017년 3월 13일 오전 8시 45분경 귀가하던 중 밀라그로스(Milagros) 타운의 바콜로드(Bacolod) 바랑가이,

시티오[14] 피더로드(sitio Feeder Road)의 봄봄다리(Bombom Bridge) 위에서 오토바이를 탄 킬러들이 쏜 총을 맞고 쓰러져 사망했다.

뉴스 보도에 따르면, 밀라그로스 경찰 안셀모 프리마(Anselmo Prima) 조사관은 살해 동기가 현지의 정치나 개인적인 원한으로 보인다고 말했다.

그러나 같은 보도에서 인용된 〈레마테〉 편집장 리디아 부에나(Lydia Buena)는 불법 낚시, 불법 도박 및 마약 거래와 같은 민감한 주제들에 대한 브리오네스의 직설적인 보도가 살인을 촉발했을 것이라고 말했다. 브리오네스는 피살되기 전 살해 협박을 받아왔다.

한편, 브리오네스 살인 용의자로 판도이(Pandoy)라고도 불리는 레오나르도 델 로사리오(Leonardo del Rosario) 자신도, 아버지와 다른 동행인들과 함께, 경찰이 그들을 체포하려고 할 때 살해당했다. 델 로사리오는 마스바테에서 범죄조직을 이끈 것으로 전해졌다.

마스바테의 언론인들은 그들의 동료의 운명을 비사법적 살인이라고 묘사했다. 그러나 브리오네스 가족은 아직 용의자들을 고소하지 않고 있다.

다른 한편, 브리오네스의 딸*은 경찰이 즉각 아버지를 병원으로 옮겼다면 그가 살아남았을 수도 있었다고 말한다. 기록에 작성된 사망 원인은 발사된 탄환들이 아니라 과다출혈이었다.

그녀는 자신의 아버지가 마을 광장 주변으로 옮겨졌고 병원으로 실려 가기 전 경찰이 마을사람들에게 보여주었던 것이라고 주장한다.###

---

14 시티오 : 바랑가이의 일부를 형성하는 집단거주 지역

* 보안을 위해 이름을 밝히지 않음

• **카탄두아네스주 신문 발행인 피살**

지역신문 〈카탄두아네스 뉴스 나우〉(Catanduanes News Now)의 발행인이자 칼럼니스트인 라리 케(Larry Que)는 두테르테 행정부하에서 사망한 두 번째 언론인이다. 라리 케는 2016년 12월 19일 오전 9시 30분경 비라크(Virac)에 있는 그의 사무실로 들어가던 중 오토바이를 탄 킬러들에게 암살당했다.

죽기 얼마 전 케는 지역 내에서 주요 의약품 제조시설이 발견되었음에도 이를 무시한 지역공무원들을 비난하는 칼럼을 썼다.

2017년 5월2일, 케의 동거인인 에드랄린 팡길리난(Edralyn Pangilinan)은 마닐라에 있는 법무부에 카탄두아네스 주지사 조세프 쿠아(Joseph Cua), 경찰관 빈센트 타코르다(Vincent Tacorda), 쿠아의 보좌관 프린스 림 수비온(Prince Lim Subion) 및 여러 명을 살인 혐의로 고소했다.

타코르다는 경찰의 마약 반대 '토크항 작전'(Operation Tokhang)[15]을 가장해 케를 죽이라는 쿠아의 명령을 수비온을 통해 전달받았음을 인정한 것으로 알려졌다. 수비온은 케를 죽이기 전 살해 협박을 보낸 것으로 전해졌다.

케의 동료이자 친한 친구인 마를론 수플릭(Marlon Suplig)은 타코

---

15 토크항 작전(Operation Tokhang 또는 Oplan Tokhang) : 두테르테의 '마약전쟁 캠페인'에 따라 경찰이 수행하는 프로젝트. "Tokhang"은 비사야(Visaya)어의 "Tuktok"(노크하다)와 "Hangyo"(설득하다)의 조합으로, 다바오시에서 마약전쟁이 시작되었을 때 경찰과 지역공무원이 동행해 마약중독이나 밀매로 의심받는 사람들의 집을 방문해 노크하고 설득, 경고한다는 뜻에서 나왔다.

르다가, 살인 혐의 외에도, 살해된 발행인의 가족에게 1000만 페소를 요구해 사건의 증거물과 교환하려 했기 때문에 강도, 재물 갈취 혐의가 있다고 말했다.

이러한 혐의들에도 불구하고 타코르다는 살인 1년 후 현직에서 근무했다.

쿠아와 다른 용의자에 대한 항의가 제기된 지 1년이 지난 지금, 케의 가족은 여전히 법무부의 해결을 기다리고 있다.###

● **계엄령 이후 살해된 첫 번째 민다나오 언론인, 술탄쿠다라트주 출신**

2017년 8월 7일, 술탄쿠다라트주 프레지던트 키리노 타운의 레오도로 디아스(Leodoro Diaz, 60세)는 2017년 5월 23일 로드리고 두테르테 대통령이 남부 섬에 계엄령을 선포한 이래 살해된 첫 번째 민다나오 언론인이 되었다.

라디오 민다나오 네트워크(Radio Mindanao Network, RMN)의 코타바토(Cotabato)시 방송국 dxMY의 기자이자 타블로이드 신문 〈사폴〉(Sapol)의 칼럼니스트인 디아스는 집에서 타쿠롱(Tacurong)시로 향하던 중 매복해 있던 오토바이 무장괴한들의 습격을 당했다.

그 전에 그는 살해 협박을 받고 있었으며, 프레지던트 키리노의 카티쿠(Katiku) 바랑가이에 있는 자택에서 무장한 사람들에게 괴롭힘을 당했다.

디아스의 딸*은 그가 자신의 고향에서 일어나는 부패, 불법 도박 및 마약에 대해 직설적인 칼럼들을 썼기 때문에—비록, 그녀가 지적한 대로, 그가 비판받는 자들의 신원을 밝힌 적은 거의 없었지만—살해되었다고 믿고 있다.

사망 전 디아스는 동료들에게 자신이 불법 마약에 관해 글을 쓰고 있다고 알린 것으로 전해졌다.

그의 딸은 그가 정치계에 입문할 계획이었기 때문에 살해되었을지도 모른다는 관찰을 일축하고 있다. 그녀는 그것이 단지 '농담'이었다고 말했다.

이후 살인 혐의를 받는 용의자 "토토" 타마노는 잡히지 않은 상태다.###

* 보안을 위해 이름을 밝히지 않음

• 블록타임[16] 라디오 앵커, 키다파완시에서 총 맞아 사망

코타바토주 키다파완시에 있는 dxND 라디오 비다(Radyo Bida)에서 블록타임 프로그램을 진행했던 마를론 무이코(Marlon Muyco)는 2017년 2월 2일 오후 플랑(M'lang) 타운의 라수에르테(La Suerte) 바랑가이에서 오토바이를 탄 킬러들이 쏜 총을 맞고 사망했다.

함께 있었던 그의 딸은 그 공격에서 부상을 당했다.

경찰 수사관들은 킬러들이 '플랑 타운의 발전 속에 있는 당신의 친구'라는 프로그램 진행자를 미행해왔고 희생자들이 한적한 곳에 이르렀을 때 가격했다고 말했다.

당국은 용의자들 중 한 명을 보예트 파투보(Boyet Patubo)라고 밝히고 그를 '계약킬러'로 묘사했다. 그들은 파투보가 그의 형이 바랑

---

16 블록타임(Blocktime) : 텔레비전이나 라디오 방송 시간의 일부, 즉 '블록타임'을 사서 방송을 하는 것

가이 의장으로 있는 안티파스(Antipas) 타운으로 도망간 것으로 보인다고 말했다.

경찰은 아직까지 무이코를 살해한 동기를 밝혀내지 못하고 있다.

• 남삼보앙가주 방송진행자 총 맞아 사망

2017년 8월 6일, 루디 알리카웨이(Rudy Alicaway, 47세)는 남삼보앙가(Zamboanga del Sur)주 몰라베(Molave) 타운 쿨로(Culo) 바랑가이 로페스(Lopez) 시티오에 있는 라디오 방송국 dxPB에서 지역사회 문제를 다루는 주간프로그램 '티그모-티그모'(Tigmo-tigmo)를 진행한 뒤 집으로 돌아가는 길에 오토바이를 탄 무장괴한들이 쏜 총을 맞고 사망했다.

방송국 매니저 로셀 나바로(Rocel Navarro)는 알리카웨이가 결코 논란이 되는 이슈들을 다루지 않았다고 말했다.

알리카웨이는 프로그램 진행 외에도 몰라베의 밀리간(Miligan) 바랑가이 의회의 의원이었다.

그를 살해한 동기는 아직까지 밝혀지지 않고 있다.###

• 두마게테 방송진행자 총기 공격 당한 후 사망 선고

필리핀전국언론인노조(NUJP) 두마게테시 지부의 전 의장인 방송진행자 에드문드 세스토소(Edmund Sestoso)는 2018년 4월 30일 늦은 아침 오토바이를 탄 무장괴한들의 총격을 받고 이튿날인 5월 1일 오후에 사망했다.

세스토소는 dyGB 91.7 FM에서 일간프로그램 '툭-아난'(Tug-anan)을 진행하고 다로(Daro) 바랑가이에 있는 집으로 돌아가는 길에 공격을 당했다.

다섯 번 가격을 당한 후 세스토소는 실리만 대학(Siliman University) 의료센터로 급히 옮겨져 수술을 받았다. 이 언론인의 가족을 돕고 있던 한 친구*는 세스토소가 사건 발생 몇 시간 전 누군가가 그를 죽이려 한다는 문자메시지를 친척에게 보냈다고 말했다.

세스토소의 아내 루르데스(Lourdes) 역시 그가 살해 협박을 받고 있었지만 그것에 대해 그녀와 의논하기를 거부했었다고 남편의 동료들에게 말했다.

당국은 세스토소 살해 동기를 아직까지 밝혀내지 못하고 있다.
###

* 보안을 위해 이름을 밝히지 않음

• **남수리가오주 방송진행자, 두테르테 행정부하에서 첫 번째 피살**

로드리고 두테르테 대통령이 취임한 지 불과 2주 만에, 새로 선출된 수리가오 주의회 의원이자 방송진행자인 아폴리나리오 수안 주니어 (Apolinario Suan Jr.)는 새로운 행정부하에서 살해당한 최초의 언론인이 되었다.

남수리가오주 비슬릭 시에 있는 리얼 에프엠(Real FM) 라디오 앵커인 수안은 2016년 7월 14일 오후 2시께 라디오 방송국에서 집으로 돌아가던 중 비슬릭시 산비센테(San Vicente) 바랑가이 탄다완 (Tandawan) 시티오에서 국도를 따라 오던 밴에 탄 남자들의 공격을 받았다.

그는 공격 도중 심각한 부상을 입었고 그의 형이자 호위대원인 도동 수안(Dodong Suan)은 현장에서 사망했다. 이 방송진행자의 다른 호위대원 두 명도 부상당했다.

수안은 혼수상태에 빠져 2주 후인 7월 28일에 사망했다.

〈필리핀 데일리 인콰이어러〉의 보도에 따르면, 비슬릭시 경찰국장 레이니어 디아스(Rainier Diaz)는 수안의 살해가 방송진행자로서의 그의 일과 관련이 있을 수 있다고 말했다.

수안의 한 친구*는 이 방송진행자가, 심지어 그가 주의회 의원으로 선출되기 전에, 비슬릭시 시장인 리브라도 나바로에 대해 직설적인 논평들을 했다고 필리핀전국언론인노조에 말했다. 수안 역시 피살되기 전 살해 협박을 받았다고 소식통이 전했다.###

* 보안을 위해 이름을 밝히지 않음

위의 사례들에서 대체로 나타나는 공통점은, 희생된 언론인들이 지역의 정치인이나 고위 관리들의 비리를 보도·비판했고 그들이 고용한 킬러, 즉 오토바이를 탄 무장괴한들이 쏜 총탄을 맞았다는 것, 그리고 살해되기 전 협박 메시지를 받았다는 것이다. 필리핀의 언론인 살해는 공공연히 그리고 지속적으로 일어나지만 범죄자들에 대한 처벌은 제대로 이뤄지지 않고 있다.

2) 처벌받지 않는 범죄 '언론인 살해', 스스로를 보호하라

언론인 살해 범죄를 꾸준히 조사하고 기록해온 NUJP는 현재 필리핀 내 언론/언론인 탄압에 가장 적극적으로 행동을 하는 단체다. NUJP는 1986년 창립발기인대회를 열어 준비에 들어갔고 1988년에 설립되었다.

NUJP는 직장노조들의 연합이 아니라 측면적인 길드여서 아직 단체협
상을 할 수 있는 노조는 아니다. 필리핀에 노조는 많지만 실질적으로
언론인의 권익을 방어하는 강한 언론노조는 거의 없다고 볼 수 있다.

현 NUJP 위원장 노노이 에스피나(Nonoy Espina)는 TV5 네트워크
의 온라인 뉴스포털 〈인테르악시온〉(InterAksyon)의 수석 편집인으로 일
하던 중, 회사가 비용절감을 이유로 2018년 3월 말 뉴스포털을 폐쇄해,
약 20명의 동료들 모두와 함께 해고당했다.[17] 그는 언론인 살해 범죄와
관련해 NUJP의 활동 과정을 다음과 같이 설명하고 있다.

호세 하이메 "노노이"[18] 에스피나 Jose Jaime "Nonoy" Espina, 56세, **필리핀
전국언론인노조 위원장**

"유감스럽게도, 민주주의 회복이 기대되었던 1986년 이후부터 언
론인들이 살해당하기 시작했다. 이것은 필리핀 미디어에 새로운 차
원의 경험이었다. 말하자면 어떻게 민주주의가 언론인 살해를 용인
할 수 있었는가 하는 것이다. NUJP가 조직되었을 때 원래의 의도

---

17 〈인테르악시온〉이 속해 있던 TV5 네트워크는 거대 통신회사 PLDT(Philippine Long
  Distance Telephone Company)의 멀티미디어 사업 부문인 미디어퀘스트 홀딩스
  (MediaQuest Holdings)의 소유이다. 미디어퀘스트 홀딩스는 〈인테르악시온〉을 폐쇄하고
  필리핀스타(Philippine Star)에 통합시켰다. 하지만 미디어퀘스트 홀딩스는 필리핀스타에
  다수의 지분을 소유하고 있으며, 〈인테르악시온〉도 TV5 뉴스포털의 유산을 그대로 유지
  하고 있다. 필리핀 언론인들은 기존 〈인테르악시온〉의 폐쇄와 소속 언론인들의 해고 원
  인이 회사가 표면적으로 내세웠던 비용절감에 있지 않고 그들의 비판적 보도활동에 있
  었을 것이라는 의혹을 보내고 있다.
18 필리핀 문화에서는 이름으로 애칭을 많이 사용한다. 이를 고려해 본명 속에 애칭이 첨가
  된 경우, 필리핀의 표기 방식에 따라 호칭으로 사용되는 애칭을 따옴표("애칭")로 묶어
  표시하였다. 애칭과 성으로만 소개된 경우는—특별히 필요한 사례가 아니면—따옴표
  표시를 하지 않았다.

는 노조 건설이었는데, 언론인들이 위협당하고 살해당하자 우리의 상황이 나빠졌고 새로운 일이 부과되었다. 특히 지방에서 언론인에 대한 위협이 악화되었다.

언론인들의 피살은 NUJP가 전국을 가로질러 확장되기 시작한 하나의 원인이기도 하다. 대부분의 언론인 살해는 지방에서 일어나기 때문에 NUJP는 전국을 돌아다니며 사건을 조사하고 지방 언론인들을 조직하게 되었다. 현장에서 언론인의 안전을 증진하는 최선의 방법은 그들을 조직하는 것이다. 조직을 하고 확장하는 것은 위험에 대응하는 한 부분이었다. 조직하는 것과 더불어 어떻게 자신을 안전하게 지킬 것인지에 대한 훈련과 워크숍을 하는 것, 언론인들이 자신의 권리를 알게 하는 것, 사람들에게 다가가는 방법과 저널리즘의 중요성을 교육하는 것 역시 대응의 일부이다.

우리는 자유언론을 보호하는 국제기구들의 지지를 받고 있고 함께 연대하고 있다. 그러나 위협은 계속되고 있기 때문에 우리도

해오던 일을 계속해야 한다. 우리는 1986년 이래 184명*의 언론인을 잃었다. 특히 두테르테 대통령 임기 2년째인 현재, 공식적으로 11명*의 언론인을 잃었다. 우리에게 3명의 기록이 더 있지만 이들이 미디어에서 일했는지는 확인해 보아야 한다." [*인터뷰가 진행된 2018년 6월 27일 기준으로, 이후 수가 추가됨—필자]

필리핀의 언론인들이 처한 상황은 NUJP뿐만 아니라 여러 단체들이 언론인의 안전에 관한 워크숍이나 훈련 프로그램을 진행하게 만들고 있다. 예를 들어 미디어자유 · 책임센터(CMFR)는 미디어 모니터링을 통한 미디어 내용의 비판과 언론의 책임성 고취 외에, 언론(인)의 보호와 안전을 촉진하는 것을 주요 과제로 삼고 있다. 후자의 목적을 위해 언론인에 대한 공격과 위협을 추적해 보도하는데, CMFR 데 헤수스 소장의 다음 발언은 언론인들이 취재를 나갈 때 주의해야 할 안전수칙을 담고 있다.

멜린다 킨토스 데 헤수스, 미디어자유 · 책임센터CMFR 소장

"필리핀의 총기문화는 심각해서 너무나 많은 사람이 총을 휴대하고 다니고, 살인과 같은 폭력적 방식으로 문제를 해결한다. 언론인들이 우리도 자신을 보호하기 위해 총을 들고 다녀야 하는 게 아니냐고 농담을 할 정도이다. 우리는 언론인들의 안전을 위한 문화를 촉진해야 한다. 뉴스룸은 그들의 기자가 위험하고 예민한 임무를 수행하러 떠나면 그것을 알고 있어야 한다. 당신은 편집장에게 가는 곳을 알려야 하고 편집장은 당신이 어디 있는지를 항상 추적해 알고 있어야 한다. 당신은 종종 야생 속에 들어가 당신이 얼마나 용감한지를 증명해 보이려는 카우보이가 아니다. 당신이 분쟁이나 전쟁을 취재할 때도 안전의식보다 더 큰 문제는 없다. 어떤 스토리도 당신의 목숨보다 더 가치 있다고는 생각하지 않는다. 당신은 자신이 처한 안전상의 한계를 앎으로써 자신을 어떻게 보호해야 할지 배워야 한다. 당신이 위험한 취재를 한다면 이동 경로가 항상 같지 않도록 길을 바꾸는 법을 알아야 하고 회사나 다른 사람들에게 알려 쉽게 공격받지 않도록 해야 한다. 그러나 그보다 더 중요한 것은 경찰 업무를 증진시키는 일이다. 그들은 시민을 보호할 책임이 있다."

2003년에 시작된 NUJP 산하의 미디어안전국(Media Safety Office)은 언론인 살해 범죄를 조사할 뿐만 아니라 희생된 언론인 유가족 자녀들의 학교교육을 지원하고 있다. 미디어안전국은 국제 언론기관 연맹이나 언론인 동료들, 지역대사관 등의 지원을 받고 있는데, 유가족 자녀들을 위한 장학금 프로그램은 보통 국제기구들이 지원한다. 최근 마지막 분기의 장학금 지원은 호주와 뉴질랜드의 언론노조 언론인들이 그들의 급여 일부분을 희생된 언론인들의 자녀들에게 기부하는 방식으로 이루어졌다. 미디어안전국이 시작될 때부터 NUJP에 참여해온 다벳 파넬로(Dabet Panelo)는 언론인 살해 사건들을 조사하기 위해 지방을 돌아다니며 겪은 생생한 경험을 이렇게 전하고 있다.

다벳 파넬로45세, **NUJP 사무국장. 기자 출신으로, 미디어 네트워크인 ABS-CBN**[19] **주식회사의 텔레비전방송 플랫폼에서 근무**
"우리는 그동안 언론인들에 대한 많은 범죄 사례를 기록했다. 나는 희생된 언론인들의 자녀들을 위한 장학금 프로그램을 담당하고 있어서 2003년 이래 대부분의 희생자 가족들과 연락을 취해왔다.

우리가 기록한 사례들 중 작년에 필리핀 남부 민다나오섬의 마리하탁(Marihatag)에서 발생한 사건이 있다. 살해된 언론인의 이름은 니토(애칭)인데 나는 그가 총을 맞은 다음날 그곳에 있었다. 이 사건은 의도대로 되지 않은 살인 사례였다. 그는 마리하탁에 작은 라디오 방송국을 가진 라디오 방송 진행자로, 시장(town mayor)이 자금을 지원하는 불법 채석 사업에 대해 보도하고 있었다. 그의 살해 용의자는 물론 시장이었다.

내가 그곳에 가서 기록을 하고 있을 때 그는 한 병원에서 다른 병원으로 옮겨지고 있었다. 내가 그를 발견했을 때 그는 이미 다바오에서 2시간가량 떨어진 타굼(Tagum)시에 있었다. 하지만 마리하탁의 그의 집, 그가 총을 맞은 곳으로부터는 12~14시간 정도 걸리는 매우 멀리 떨어진 곳이었다. 우리는 수사를 한 경찰관과 인터뷰를 할 수 있었는데, 사건을 본 목격자들은 암살자가 시장을 위해 일하던 사람이라고 했다. 피해자가 아직 살아 있어서 나는 타굼시의 병원 안에서 그를 만났다. 나는 물론 그의 사건에 관한 기록을 가지고 있었다. 그는 암살자가 자신이 아는 사람이라고 말했다. 암살자는 낯익은 얼굴로, 시장과 가까운 사람이라는 것이었다.

유감스럽게도 저들이 파일을 만들지 않아서 사건 파일은 없었다. 하지만 미디어공동체가 피해자를 돌보고 그에게 재정적인 원조를

---

19 필리핀 최대의 엔터테인먼트 및 미디어 복합기업. ABS-CBN은 민영방송국으로, 1953년에 설립된 알토 브로드캐스팅 시스템(Alto Broadcasting System, 이 회사의 전신은 1946년)과 1956년에 설립된 크로니클 브로드캐스팅 네트워크(Chronicle Broadcasting Network)가 1967년 합병되어 탄생했다.

했다. 내가 그곳에 갔을 때 우리는 NUJP의 지부를 만들기 위해 회의를 했고 한 달 후 다시 회의를 했을 때 지부가 결성되었는데, 사실 이 지부가 그를 지원한 것이다. 그는 마리하탁에 있던 자신의 라디오 방송국 문을 닫았다. 너무 멀었기 때문이다. 심지어 남수리가 오주에 있는 그의 집으로 돌아가기에도 멀었다. 그는 지금 지부 회원들의 도움을 받아 수리가오의 다른 도시에서 여전히 라디오 방송 진행자로 일하고 있다. 현재 NUJP의 활동적인 회원이기도 하다."

언론인 살해 사건은 목격자들도 위험에 빠지게 만든다. 목격자들은 사건이 일어난 순간부터 계속 살인자와 살인을 청부한 자들의 위협에서 자유롭지 못하기 때문이다. NUJP 미디어안전국은 언론인 살해 사건에 목격자가 있을 경우 목격자들도 지원하고 있는데, 그 이유를 다벳 파넬로는 다음과 같이 설명하고 있다:

"우리는 목격자들도 지원해야 한다. 사건 파일이 있을 경우는 특히 그렇다. 목격자가 언론인인 경우가 있었는데 그는 살해된 언론인의 친구였고 이주를 해야 했다. 목격자들은 법무부의 목격자 보호 프로그램하에 놓이게 된다. 그러나 5년 후 사건이 미해결로 간주되면 목격자는 목격자 보호 프로그램의 규정에 따라 '목격자'라는 지위를 박탈당하고 집으로 돌려보내진다. 그런데 문제는, 사건이 해결되지 않았고 그곳에는 여전히 위협이 남아 있다는 것이다. 그러니 목격자는 집으로 돌아갈 수 없고 예전의 직업으로 돌아가거나 그곳에서 일을 할 수도 없다. 목격자의 가족도 그 지역에 남겨두면 위협을 당하기 때문에 목격자는 가족과 함께 다른 곳으로 이주해 새로운 생활을 하게 된다. 정부의 프로그램이 그들에게 안전하게 살 집과 식비를 제공하지만 지원 예산이 적어 자녀들이 학교를 다니지는 못한다. 그런데 그들이 예전에 살던 곳으로 돌아가게 되면 그들 역시 살해될 수 있기 때문에 우리가 돌보아야 한다."

필리핀에서는 끊임없이 언론인에 대한 살인이 일어나지만 살인을 청부한 배후조종자는 처벌을 받지 않는다. 왜 그럴까? NUJP 위원장 노노이 에스피나의 다음 발언에서 그 답을 찾을 수 있다:

"필리핀은 항상 아시아에서 가장 자유로운 언론이라는 자부심이 있고 그것은 사실이기도 하다. 우리는 시끄럽다(할 말을 다 한다). 하지만 그들이 당신을 죽인다면 어떻게 자유로울 수 있겠는가? 게다가 '불처벌'(impunity)의 살인이라면? 아무도 언론인 살해로 인해 실질적으로 처벌을 받지 않는다. 184건의 사례 가운데 13건만이 유죄판결을 받았다. 그들은 모두 총잡이(gunman)들이었고 한 건만 총잡이이자 배후인물이었다. 현직 시장이 방송진행자를 직접 총으로 쏴 살해한 것이다. 그러나 대부분의 경우는 총잡이들이다. 살인을 명령한 자들은 유죄판결을 받지 않고 있어 불처벌에 대한 반대가 일어난다. 이들은 처벌받지 않을 것을 확신하기 때문에 "좋아, 그들을 죽이자"라고 한다. 이것이 살인이 계속되는 주된 이유이다. 우리는 정부가 살인을 한다고 말하는 것이 아니라 살인의 배후조종자들을 추적하지 않음으로써 살인을 용인한다고 말하는 것이다.

살인청부를 하는 이들은 대부분 부패한 지역정치인들이나 지방정부 관리들이다. 부패한 경찰과 군대 간부도 있다. 불법도박이나 불법마약 범죄가 지역정치인들과 관련되어 있거나 정치인 자신들이 범죄를 저지르는 것이다. 기본적으로 이것이 문제다. 비록 그들의 범죄에 대해 말라카냥궁의 대통령이 생각한다 할지라도, 정부는 지방의 이 부패한 정치인들이 여전히 필요하기 때문이다. 정부는 지배권과 정책 운영에 도움을 받고 표를 얻기 위해 그들이 필요하다. 그러므로 그들을 추적하지 않는 것이다.

마긴다나오의 암파투안 학살이 일어났을 때가 그러했다. 암파투안 정치가문의 권력은 매우 막강해 58명을 살해하고도 처벌에서 빠져나갔고 사라지지 않은 증거들을 묻어버렸다. 미친 시스템이다. 통치체제(governance system)가 불처벌을 독려하고 형성하는 것이다. 그들이 살인의 배후에 있는 실제 '머리'들을 처벌하지 않는 이상 살인은 독려된다. 그러므로 살인을 막을 유일한 방법은 살인을 명령한 자들을 추적하는 것이다. 하지만 정부는 그렇게 할 진정한 의지가 없다고 생각한다. 정부는 살인의 배후조종자들을 추적할 의지를 보이지 않아왔다."

살인을 지시한 배후조종자가 누구인지 명백한데도 처벌을 받지 않은 대표적인 사건이 제리 오르테가 암살 사건이다. 다음에서 살펴보듯, 이 사건이 필리핀 사회에서 가진 함의와 상징성은 큰 것이었다.

3) "독 제리" 오르테가 사건

필리핀의 수많은 언론인 살해 사건 중 최초로 전사회적 반향을 일으키고 정의를 요구하는 대중의 결집을 부른 사건은 "독 제리"로 불린 라디오 방송 진행자의 피살이다. 2011년 1월 24일 팔라완주 푸에르토프린세사시(Puerto Princesa, Palawan)에서 살해당한 제라르도 발레리아노 오르테가(Gerardo Valeriano Ortega, 1963~2011)는 수의사이자 환경운동가였고 한때 주의원을 지냈으며 팔라완의 라디오 방송 진행자로 활동하는 시사평론가였다. 필리핀 국민들이 "독 제리"(Doc Gerry, 제리 박사)라고 부르는 그는 팔라완섬의 불법적인 광산 채굴을 반대하고 지방정부 고위 관리들의 관련 비리와 부패를 폭로하다가 살해되었다.

암살의 배후조종자로 지목된 전 팔라완 주지사 조엘 레예스(Joel Reyes)와 그의 협력자로 전 코론(Coron) 타운 시장이자 그의 동생인 마리오 레예스 주니어는 2012년 봄 필리핀을 떠나 3년여간의 해외도피 끝에 2015년 태국에서 체포되었다. 조엘 레예스는 2018년 1월 증거 불충분을 이유로 풀려났다가 또 다른 불법 채광과 부정이익 취득 사건들로 재투옥되었다. 그러나 필리핀 법정은 살인사건에 대해서는 그를 석방한 것이다.

제리 오르테가는 2001~2004년 사이 팔라완 주의회의 의원으로 일했는데, 이 시기에 팔라완 주정부의 광범위한 부패에 관한 정보와 문서들을 접하게 된다. 이후 그가 수년간 조사하고 자신의 라디오 방송을 통해 폭로한 주요 이슈들의 한가운데에는 말람파야 펀드 신용사기(Malampaya fund scam)가 있었다. 독 제리의 장녀는 아버지 살해 동기에 대해 다음과 같이 설명하고 있다.

미카엘라 오르테가 Michaella Ortega, 29세, **제리 오르테가의 장녀, 전 엔지오 활동가**

"아버지는 팔라완에서 매우 유명하고 인기 있는 라디오 방송인이었고 많은 일을 해왔기 때문에, 그가 살해되었을 때 매우 많은 사람들이 누가 왜 죽였는지를 밝히기 위해 정의를 요구했다. 우리는 그가 해온 불법 채광 반대 활동, 말람파야 펀드 신용사기 폭로가 그의 살해와 관련이 있다고 생각했다. 말람파야 펀드는 필리핀의 천연가스 프로젝트로, 수십억 페소*를 취급하고 있었다. [*2018년 10월 기준, 10억 페소는 약 209억5000만원]

당시 주지사였던 조엘 레예스는 말람파야 펀드에서 최소한 30억 페소(약 628억5000만원)를 유용한 것으로 밝혀졌다. 또한 그의 부패와 다른 펀드들에 관한 보도들도 나왔다. 아버지는 주의원 시절 정부 문서들을 볼 수 있었기 때문에 계속 조사를 했고 그의 라디오 쇼에서 모든 세부사항을 선거 때까지 끊임없이 이야기했다. 그는 국민이 더 이상 조엘에게 투표할 수는 없다고 말했다. 조엘은 부주지사를 거쳐 주지사였고 당시 하원의원 선거에 출마 중이었다. 그런데 그가 18년 만에 처음으로 선거에 패배했다. 그게 살해의 주된 원인이었다."

제리 오르테가는 주의원 시절 마지막 해인 2004년 주지사 후보로 출마했으나 조엘 레예스에게 패배했다. 사실 그는 2001년 주의원이 되기 전, 1988년부터 악어농장연구소(Crocodile Farming Institute, CFI)[20] 소장으로 근무하면서 1990년대 내내 필리핀의 악어농장 육성과 야생동물, 환경보호 활동을 펼쳤던 인물이다. 게다가 라디오 민다나오 네트워크(Radio Mindanao Network, RMN)의 팔라완 지국(dwAR)에서 아침 프라임타임 토크쇼 〈라마탁〉(Ramatak)을 진행했다. '라마탁'은 팔라완 방언으로 '수그러들지 않는', '끊임없는', '끈질긴'이라는 뜻인데, 독 제리는 프로그램 이름처럼 중단 없이 집요하게 주정부의 부정부패를 파헤쳤던 것이다.

그의 라디오 프로그램으로 인해 그 역시 2009년 말부터 살해 위협을 받아왔다. 다양했던 그의 사회참여 활동은 그가 피살되었을 때 그와 연계된 여러 단체들이 결집함으로써 사건이 힘을 갖게 된 바탕이 되었다. 미카(미카엘라) 오르테가는 '라마탁'이라는 말처럼 끈질기고 지난하게 이어지는 그들의 7년 투쟁을 이렇게 증언하고 있다:

"사건이 일어났을 때 나는 22살로 5남매의 장녀였고 막내 동생은 8살이었다. 어머니는 수의사였고 우리는 아무도 준비되어 있지 않았다. 우리는 우리의 삶이 결코 전과 같을 수 없다는 걸 곧 깨달았다. 집회와 회의에 가고 카메라 앞과 무대 위에 서면서 아버지가 얘기했던 이슈들을 공부했고 조직하는 법과 스스로를 돌보는 법을 배웠다.

마닐라와 팔라완의 환경단체들, 언론단체들, 엔지오들, 인권단체들이 모두 즉시 우리를 도우러 왔다. 정부 차원에서는 시장과 주정부 관리들의 지지가 있었다. 조엘 레예스는 매우 강력한 정치인으로, 주정부 관리들 중에는 조엘 레예스를 지지하는 이들도 있었다.

---

20 이후 '팔라완 야생동물 구조 및 재활 센터'(Palawan Wildlife Rescue and Rehabilitation Center)로 개칭되었다.

당시 주지사에 당선된 바함 미트라(Abraham "Baham" Mitra)는 조엘 레예스의 친구였고 펀드를 변칙적으로 사용한 1인이기도 했다. 그는 주지사의 위치를 이용해 조엘 레예스를 옹호했고 우리는 양쪽과 싸워야 했다.

우리가 많은 증거를 확보하게 되고 정부가 수사를 지원하게 만드는 데는 언론의 역할이 컸다. 언론이 없었다면 이처럼 수사가 진전되는 단계에 이르지 못했을 것이다. 언론이 대중의 강력한 요구와 지지를 만들어냈다. 대중의 지지가 있었기에 정부가 우리에게 관심을 기울인 것이다. 언론이 매일 우리 사건을 다루어서 우리는 집회를 조직할 수 있었고 정부의 고위 공직자들과 이야기할 수 있었다. 우리 가족은 상·하원 의원들, 여성들, 주지사들, 시장들, 당시 필리핀 대통령이던 노이노이(베니그노 아키노 3세)를 만났다. 상원에서는 아버지가 다룬 말람파야 펀드 신용사기와 관련된 조사를 했고 우리 사건에 대해 짧게 논의했다.

우리는 수많은 인터뷰를 하고 신문 1면에 수차례 실리고 프라임타임 뉴스에 수차례 나오고 여러 번의 집회를 열고, 필리핀 가톨릭교회 주교들, 종교단체들과 다양한 운동단체들의 지지를 받았다. 환경 부문, 엔지오 부문, 시민사회와 미디어, 인권 부문이 모두 함께 모였다. 살해된 희생자의 가족으로서 당시 우리의 일은 우리가 이 연합, 즉 정의를 찾으려고 하는 이 힘의 한가운데를 차지하고 있음을 확인하는 것이었다.

우리는 이 일을 매우 오랫동안 했다. 그것은 한 사람의 정의를 찾기 위한 총체적인 과정이었다. 우리는 국립수사국(National Bureau of Investigation, NBI) 그리고 경찰과 공조했다. 우리는 총을 회수하고 많은 증인들과 증언을 확보해 사건을 논거 있는 매우 강력한 사례로 만들 수 있었다. 총을 쏜 자는 직접 자백했다. 그는 자기를 고용한 자를 지목했고 그 중간고용인은 다시 조엘 레예스를 지목했다. 우리는 그들 사이에 돈이 오간 흔적을 입증하는 영수증을 확보했다. 이 사건이 강력한 사례였음에도 7년이 걸렸다. 이것은 많은 사건 중 유죄판결이 나온 몇 안 되는 사례 중 하나이다. 이 7년 동안 2명이 유죄판결을 받았다. 한 명은 자백을 한 총잡이이고 다른 한 명은 공범이다. 우리는 아직도 배후조종자에 대한 유죄판결을 얻지 못했다.

역사적으로 필리핀은 지난 35~40년 동안, 아니 그보다 더 오랜 시간 동안, 언론인이나 미디어운동가, 정치운동가, 교회활동가를 살해한 배후조종자가 유죄판결을 받은 적이 없다. 그래서 나와 우리 가족은 많은 지지를 받고 있는 아버지 사건이 강력한 사례가 되도록 싸우기로 결심했다. 그것은 필리핀 역사상 처음으로 하는 일이었다. 우리는 이 모든 것을 할 수 있었지만, 필리핀의 많은 사건들은 그런 것을 할 수가 없다. 우리가 그렇게 할 수 있었던 것은 미디어, 엔지오, 정부의 다수 조직들로부터 협력을 구할 수 있었기 때문이다. 그러나 심지어 강력한 증거들이 있고 유가족이 기꺼이 사건을 추적한다고 해도(유가족들은 상처를 받아 더 이상 추적하지 않으려 하기 때문에 그런 경우는 많지 않다), 훌륭한 변호사가 있고 많은 곳으로부터 지지와 지원이 있었음에도, 7년이 지난 지금 우리는 아직 성공하지 못했고 여전히 배후조종자는 유죄가 아니다. 이것은 시스템이 매우 어렵다는 것을 말해주는 것이다.

시스템상 소송을 제기하는 것부터가 어렵다. 사람들이 얼마나 오래 싸울 수 있겠는가? 전에 조사 데이터를 본 적이 있는데 언론인 살해 사건에서 첫 번째 유죄가 선고되는 데 평균 5년이 걸리는 것을 발견했다. 그것도 총을 쏜 자가 유죄이지 배후조종자가 유죄인 게 아니다. 우리가 첫 번째 해에 유죄선고를 얻어냈다는 사실이 벌써 기록을 깬 것이다. 그것은 평균 속도가 아니었고 매우 빠른 것이었다. 증인들의 증언, 자백, 기본적으로 돈과 총의 흔적, 이 모든 것이 한 사람을 향하고 있었다. 우리는 우리의 숙제를 했지만 배후조종자의 유죄판결은 나지 않았다. 조엘 레예스를 체포하는 데만 3년이 걸렸다. 많은 사람이 연루된 긴 공모였다.

우리는 모든 법정들, 항소, 상고, 대법원과 싸워야 한다. 7년 동안 그렇게 싸운다는 것은 어려운 일이고 가족에게 감정적인 노역이다. 또한 재정적으로 비싼 비용이 드는 일이다. 우리는 싸움을 계속해 나가기 위해 친척, 친구, 지지자들로부터 기부금을 모아야 했다. 하지만 얼마나 많은 필리핀 사람들이 그런 종류의 지원체계를 가지

피살된 "독 제리" 오르테가의 사건을 설명하는 딸 미카엘라 오르테가

고 그렇게 오랫동안 싸우는 것이 가능하고, 법정에 도움이 되게 변호사를 구하는 것이 가능하겠는가? 심지어 모두에게 나눠주기 위해 기록을 복사하는 것도 비싸다. 이런 노력과 실천 속에서 우리가 보고 배운 것은 법정 시스템을 통해 정의를 찾는 것이 얼마나 어려운가 하는 점이다. 그것은 매우 어렵고 거의 불가능하다. 우리는 그 방법을 통해 싸우고 또 싸웠는데, 우리의 방식이 폭력과 구분되길 원했기 때문이다. 가족으로서 우리는 그 누구도, 어떤 종류의 복수도 하게 되는 걸 원치 않았다. 우리는 합법적이 되길 바랐고 사람들이 더 나아갈 수 있게 나은 상황을 만들길 원했다. 우리는 결코 살인자가 되지 않을 것이다. 그래서 우리는 이 길을 택하기로 결심했다. 하지만 매우 어려운 길이다.”

제리 오르테가가 누군지도 모르고 고용되었던 총잡이 마를론 레카마타(Marlon Recamata)와 조엘 레예스의 최측근으로 총을 구입했던 아르투로 레갈라도(Arturo Regalado)는 종신형을 받았다. 조엘 레예스의 보디가드로 레카마타를 고용했던 로돌포 에드라드 주니어(Rodolfo Edrad Jr.)는 조엘 레예스가 이 암살을 지시한 배후인물임을 증언했지만, 조엘 레예스는 그의 주변 협력자들(정치인들)과 함께 오르테가 사건의 유죄에서 여전히 벗어나 있다.

조엘, 마리오 레예스 형제는 2015년 태국에서 체포되어 팔라완주 푸에르토프린세사 시립교도소에 수감되었을 때 교도소 소장의 협력으로 기자회견까지 열었고, 2016년 동생인 마리오 레예스가 보석으로 석방되었을 때 형제가 타운 시장 선거에 출마할 정도였다. 2017년 8월, 조엘 레예스는 2006년 푸에르토프린세사에서 불법 채굴 허가로 부정이득을 취득한 것이 유죄로 인정되어 6~8년의 징역형을 선고받았지만, 2018년 1월 오르테가 사건에 대한 증거 불충분을 이유로 석방되었고, 얼마 후 다시 불법 채굴, 부정이익 취득 사건들로 투옥되었다.

살해된 제리 오르테가의 딸 미카의 다음 말은 '제리 오르테가 사건'의 상징성, 즉 이 사건이 '처벌받지 않는' 언론인 살해 사건들 속에서 선구적인 해결 사례가 되도록 지난한 싸움을 계속할 수밖에 없는 이유를 보여주고 있다:

"우리는 계속 싸우는 것이 우리의 책임이라고 느꼈다. 어머니와 나는 이런 대화를 나누었다. 우리가 이 모든 일을 한 후에도, 논거가 강력한 사건임에도, 정부와 언론과 엔지오 그리고 많은 대중으로부터 이 모든 지지를 받고 난 후에도 우리가 이기지 못한다면, 과연 누가 이길 수 있겠는가?"

3

———

마긴다나오 학살의 증언과
민다나오섬의 문제들

1) 지방 토호 암파투안의 학살

마긴다나오 학살 또는 암파투안 학살이라고 불리는 이 사건은, 2009년 11월 23일 민다나오섬 마긴다나오주 암파투안(Ampatuan, Maguindanao)에서 언론인 32명을 포함해 총 58명이 학살된 사건을 가리킨다. 희생자들은 불루안(Buluan) 타운의 부시장 이스마엘 망구다다투(Esmael "Toto" Mangudadatu)의 2010년 주지사 선거 후보 등록을 위해 선거위원회 사무소로 가는 중이었다. 이들은 망구다다투의 아내와 그녀의 자매들, 변호사, 보좌관 등 측근들과 지지자들, 그리고 이를 취재하기 위해 동행한 기자들로, 무장괴한들은 이 일행의 차량을 멈추게 하고 그들을 언덕으로 끌고 가 살해했다. 이 과정에서 여성들은 성폭행까지 당했다고 목격자들이 증언하기도 했다. 납치범들은 미리 큰 구덩이를 파 놓고 거기에 시체들과 차량까지 묻었다. 사건은 다행히 그곳을 지나가던 목격자들에 의해 알려지게 된다.

망구다다투는 출마 선언 이후 살해 위협을 받고 있었기 때문에 안전을 위해 다른 곳에 가 있어 목숨을 구했다. 학살의 배후조종자는 당시 마긴다나오 주지사로 재임 중이던 안달 암파투안 시니어(Andal Ampatuan Sr.)의 아들 안달 암파투안 주니어로, 그는 다투 운세이(Datu Unsay) 타운의 시장이었다. 아버지의 뒤를 이어 주지사가 되려 했던 그는 망구다다투가 주지사에 도전한다는 사실 자체를 용납할 수 없었기 때문에 100여 명의 무장괴한을 동원해 학살을 자행한 것이다.

당시 대통령이던 글로리아 마카파갈 아로요(Gloria Macapagal Arroyo)는 사건이 일어나자 2009년 12월 4일 계엄령을 선포했고 13일에 해제했다. 이 학살에 대한 국내외의 비판과 압력에서 자유롭지 못했던 아로요는 철저한 진상조사를 선언했지만 그것은 사실 어쩔 수 없는 제스처에 불과했다. 아로요는 암파투안 가문과 정치적 동맹 관계에 있었고 암파투안 주니어는 아로요 대통령이 이끄는 여당 라카스 캄피 크리스천 무슬림 민주당(Lakas-Kampi-CMD) 소속이었다. 마긴다나오는 무슬림반군의 활동이 강한 지역으로, 암파투안은 이 지역에서 절대적인 영향력을 행사해온 정치가문이다. 아로요와 암파투안 가문의 동맹관계는 다음의 설명을 통해 이해할 수 있다:

"암파투안 가문은 마치 지역의 '왕국'과 같다. 그들은 수천명의 사병 부대를 소유하고 있고 이 사병 군대가 정부군보다 더 잘 무장되어 있다는 농담이 돌 정도였다. 암파투안은 정부에 매우 유용한 정치적 동맹이었다. 지역에 대한 암파투안의 지배권은 매우 막강해 2007년 상원의원 선거에서 아로요에게 12:0의 승리를 주었다. 반대표가

0이라니 그것은 불가능한 일이다. 정치적 동맹관계뿐만 아니라 군대도 모로이슬람해방전선(MILF)의 계승자들과 싸우기 위해 암파투안의 힘을 이용했다. 그래서 암파투안 일가는 사병 부대 육성을 허가받았고 이 사병 부대가 정규군에 합류해 반란군과 싸우곤 했다. 그래서 암파투안 일가는 더욱 막강하고 부유해졌고 정부는 그들의 부패도 용인한 것이다."(노노이 에스피나, NUJP 위원장)

이 사설 군대는 필리핀에서 '군스'(goons, 폭력배, 깡패, 바보들)라고 불리는데, 암파투안 일족뿐만 아니라 여러 정치가문이 사병들을 거느리고 있다. 필리핀에서 '정치가문'(political family/clan/dynasty)들이 갖는 위력은 대단해서 마르코스, 아키노, 아로요(마카파갈) 등 대부분의 대통령들이 유명한 정치가문 출신이고 하원의원과 지방자치단체장의 다수를 점하는 것도 정치가문의 일원들이다. 필리핀의 정치가문들은 권력뿐 아니라 부를 가진 재벌이고, 필리핀의 경제—전기·통신·방송·신

인터뷰 중인 마긴다나오 학살 언론인 희생자 유가족. 왼쪽부터 필자, 모랄레스, 페란테, 아크마

문·광산·항공·농장 등등—를 좌우하는 재벌가문들은 정치가문들과 중첩되거나 밀접한 동맹관계에 있다. 지방의 토호들 역시 이러한 가문들로, 노노이 에스피나가 암파투안 가문을 '왕국'이라고 표현한 것도 이런 맥락인 것이다.

암파투안 가문은 지역 경찰과 행정을 장악하고 있어 마긴다나오 학살 당시 현직 경찰관들도 이 사건의 묵인과 은폐에 연루되어 있었다. 32명의 언론인이 동시에 살해된 이 참혹한 사건은 필리핀 언론인 살해 역사의 정점을 찍은 비극이 되었다. 피살된 언론인들은 필리핀 언론의 특성상, 특히 규모가 작은 지방 언론의 특성상 비정규직인 프리랜서 기자들이 많았다. 다음에 소개하는 유가족들의 경우도 그러하다. 이들은 민다나오섬 남코타바토주의 제너럴산토스시(General Santos City, South Cotabato)에서 취재를 갔다가 희생당한 언론인들의 가족들이다.

메리 그레이스 모랄레스Mary Grace Morales, 43세, 희생자 로셀 모랄레스 Rosell Morales의 부인이자 희생자 마리테스 카블리타스Marites Cablitas의 여동생

"나는 마긴다나오 학살에서 언니와 남편을 잃었다. 언니는 주간신문 〈뉴스 포커스〉(News Focus)의 발행인이자 RPN-dxDX 라디오 리포터였고, 남편은 〈뉴스 포커스〉의 프리랜서 기자였다. 그날 기자들이 동행한 것은 망구다다투의 지지자라서가 아니라, 망구다다투가 강력한 암파투안과 주지사 선거에서 경쟁한다는 것이 큰 뉴스였기 때문에 취재를 하러 간 것이다. 제너럴산토스의 기자들만 이 취재에 관심을 가지고 간 것이 아니었고 〈유엔티브이〉(UNTV), 〈필리핀 데일리 인콰이어러〉 등 마닐라에서도 기자들이 왔다. 학살이 일어났을 때 희생된 언론인 32인의 유가족들을 NUJP가 '저스티스 나우' (Justice now)라는 단체로 조직해주어 유가족들이 서로 돕고 위로하고 시위와 여러 활동을 함께 조직할 수 있었다. 재정적 지원도 함께 받았다. NUJP에 매우 감사하다.

우리는 매년 학살 장소—우리는 그곳을 '킬링 필드'라 부른다 —로 가 추념식을 하는데, 그곳에 갈 때 군대와 경찰의 보호를 받는다. 암파투안의 사병 군대가 여전히 많아 위험하기 때문에 그들이 우리의 안전을 위해 동행하는 것이다. 재판 과정 동안 감옥에 있는 피의자들도 있지만 밖에서 여전히 자유롭게 돌아다니는 피의자, 학살 관련자들이 있다. 마긴다나오는 대부분 암파투안의 지역이라서 지지자들이 많다. 우리가 그들의 리더들을 교도소에 보냈으니 그들이 화가 나 우리에게 해를 끼치는 사고를 낼 수 있다.

학살이 일어난 지 9년이 지났는데도 아직도 재판이 진행 중이다.

마긴다나오 학살 희생자 로셀 모랄레스의 묘. 아내와 세 자녀를 남기고 떠난 이 기자는 살해 당시 33세였다.

암파투안 일가는 교도소 안에서도 막강한 영향력을 행사하고 특별 대우를 받아 감방 문을 자유롭게 출입한다. 증거들이 다 제출되었고 누가 배후인지 모두 알고 있는데도 정부는 사건을 오랫동안 끌고 있다. 정의도 없고 유죄판결도 없다. 필리핀에서 정의를 얻기란 매우 힘든 일이다. 변호사는 재판이 거의 마지막에 이르렀다고 말했다. 암파투안 주니어의 유죄를 입증하는 증거가 제시되어 있고 그는 마지막 출석을 할 예정이다. 나는 법정이 그에게 유죄판결을 내리기를 기대하고 있다. '저스티스 나우'는 올해 안에 정의가 실현되고 유죄판결이 있기를 바란다. 일부에게만 유죄선고가 내려지는 게 아니라 피의자들 모두에게 유죄가 선고되어야 한다. 그래야만 정의가 실현되었다고 말할 수 있다.”

메를리 젠톤 페란테 Merly Genton Perante, 45세, **희생자 로니 페란테**Ronnie Perante Sr.**의 부인**

“나의 남편은 〈민다나오 골드스타 데일리〉(Mindanao Gold Star Daily) 신문에 기고하는 프리랜서 기자였는데, 사건이 일어나 남편을 잃었을 때 나는 임신 6개월이었다. 인터뷰할 때마다 고통이 돌아온다. 부모를 모시고 세 자녀를 양육해야 했는데 당시 나는 바랑가이 보건종사자로 비정규직이라 월급이 불충분해 교육비, 식비 조달이 힘들었다. 평소 남편의 월급으로 생활비의 70%를 충당했기 때문이다.

　이 사건의 피의자들이 2018년에는 유죄를 받고 끝났으면 좋겠다. 학살에는 경찰도 연루되었고 학살 이후에도 암파투안 일족이 선거에 당선되어 분노했다. 그들은 동맹자들이 많다. 사람들은 약간의 돈만 받으면 그들에게 투표한다. 우리는 시위를 많이 했다.

인터뷰 중인 마긴다나오 학살 희생자 유가족 메를리 페란테

마긴다나오 학살에 희생된 제너럴산토스 출신 언론인 묘지 기념비에
희생자들의 이름이 적혀 있다.

여기 제너럴산토스에서뿐만 아니라 여러 곳에서 시위와 거리 집회, 인터뷰, 캠페인을 했다. 다른 지역의 많은 언론인들도 우리를 도왔다. 심지어 고등학생들도 시위를 했다. 노이노이 아키노도 대통령 시절 법원에 부분적인 판결을 지시했지만, 우리는 (피의자들의) 전체 판결을 원하지 부분 판결을 원하지 않는다. 정의는 부분적으로 이뤄지는 것이 아니다."

브렌다 달마시오 아크마 Brenda Dalmacio Acma, 53세, 희생자 엘레아노르 **"레아" 달마시오**Eleanor "Leah" Dalmacio의 언니

"여동생은 일간신문 〈속사르젠 투데이〉(Socsargen Today)의 칼럼니스트였다. 나는 여동생을 잃고 동생이 남긴 세 딸을 길렀다. 동생의 죽음이 매우 비극적인 학살이었기 때문에 아직도 큰 고통이다. 아이들은 현재 23세,

마긴다나오 학살 희생자인 여동생의 묘비를 쓰다듬는 브렌다 아크마

10세, 8세(2018년 6월 29일 인터뷰 당시 기준)이다. 학살이 발생할 당시 동생의 막내딸은 2개월 된 아기여서 막내한테는 엄마가 사건의 희생자임을 솔직히 말하지 않았는데도 아이는 이미 이해를 하고 있다. 그 아이는 자기가 크면 그들을 처벌받게 하겠다고 말한다. 나는 자식이 없지만 동생의 아이들을 입양하지 않고 그냥 길러 아이들이 원래의 성을 유지하게 했다. 사건 후 이미 9년이 흘렀다. 매일이 어려운 시간이고 투쟁이다. 그들은 빨리 유죄처벌을 받아야 한다."

2009년 11월 23일의 학살 이후 가문의 장인 안달 암파투안 시니어를 비롯해 암파투안 일족의 리더 6명이 구속되었음에도, 2010년 5월 선거에서 안달 시니어의 조카 시메온 다투마농(Simeon Datumanong)이 제2지역구 하원의원으로 재선되었고 바로 그 지방에서 가문의 일원 15명이 선거에 승리했다. 부시장이나 지자체장으로 당선된 이들 중에는 학살사건으로 기소되거나 증인으로 지목을 받은 자들이 포함되었다. 학살 주범들 중 한 사람이던 안달 시니어의 막내아들 사지드(Sajid) 암파투안은 2015년에 보석으로 풀려나 2016년 하원의원으로 당선되기도 했다.

한편, 이스마엘 망구다다투는 2010년 선거에서 마긴다나오 주지사로 당선되었다. 그를 포함해, 술탄쿠다라트 주지사와 지역구 하원의원, 시장, 부시장 등 총 9명의 망구다다투 가문 성원들이 그해 선거에서 당선되었다. 그러나 암파투안 가문에 필적할 정도는 못 되었다. 암파투안 가문의 우두머리 안달 시니어는 자기 집안 사람들이 통치할 도시/마을의 수를 늘리기 위해 지방의회가 민다나오 무슬림 자치구(Autonomous Region in Muslim Mindanao, ARMM) 내에 지자체들을 새로 만들게 했던 인물이다. 안달 시니어가 마긴다나오 주지사가 된 2001년부터 사임한 2009년까지 총 15개의 새로운 지자체가 만들어졌다(이 시기 중간, 안달 시니어의 아들 잘디(Zaldy) 암파투안은 2005년에서 2009까지 자치구 지사였다). 당시 이 15개 중 6곳의 지자체장을 암파투안 일가가 맡고 있었다.

필리핀의 가문정치와 족벌·재벌가문들의 경제적 지배력이 존재하는 한, 필리핀 사회에 형식적으로 내세워진 '민주주의'의 실현은 요원해 보인다. 또한, 무소불위의 권력을 휘두르는 지방 토호들이 존재하는 한, 그들의 부패를 폭로하는 언론인들의 생명은 늘 위험에 처해 있을 수밖에 없다. 그리고 희생된 언론인의 유가족들은 처벌받지 않는 살인자들과의 긴 싸움을 지속하면서 실질적인 생계문제에 부딪칠 수밖에 없다. 앞서 인터뷰를 했던 세 유가족의 가장 큰 관심사는 살인자들에 대한 유죄처벌과 더불어 자녀들의 교육비를 감당하는 문제였다 :

"나는 언니의 자녀들을 길렀다(내 자식은 3명이다). 사건 후 처음 3년 동안은 미디어 단체들로부터 교육 원조를 받았다. 지금까지 지속적인 도움을 주는 것은 NUJP로, NUJP는 매년 장학금을 기부할 후원자를 찾아다닌다. 첫해에는 정부와 엔지오의 장학금도 있었지만 대부분은 미디어 단체에서 지원을 받았다. 전에는 유럽 기반 단체의 지원이 있었고, 현재는, 작년에 마긴다나오 학살 추념식을 취재한 호주 기자의 주선으로, 국제기자연맹(International Federation of Journalists, IFJ)에 속한 호주와 뉴질랜드의 언론노조 언론인들이 그들의 급여 일부를 희생된 언론인들의 자녀들에게 장학금으로 기부했다. 그런데 올해가 마지막 해라 다시 후원자를 찾아야 한다. 필리핀 정부는 첫해에 사회복지개발부의 요구에 따라 단 한 번 장학금을 주었는데, 대학생은 1만5000페소, 고등학생은 1만 페소, 초등학생은 5000페소*였다. 정부는 장학금 지급을 약속했지만 말뿐이었고 실제로는 단 1회로 끝났다."(모랄레스) [*2018년 10월 기준, 5000페소는 약 10만5000원]

"NUJP의 장학금 덕분에 장남이 2017년에 졸업하고 현재 마닐라에서 일해 가족을 돕고 있어 늘 감사하다."(페란테)

"NUJP에 감사한다. 내 여동생의 딸들이 덕분에 교육받을 수 있었고 그 애들이 교육을 받아 자랑스럽다. 가난한 집안이라 외부의 교육 지원이 없다면 어려운 일이다."(아크마)

이들의 말에 따르면, 필리핀의 공교육 제도는 등록금 외에 수업교재·도서관·전기·체육·마루청소·시험지·경비원 고용·식수·학교 수리비 등 부모가 따로 부담하는 방식이고, 학업성적이 우수한 장학생들만 대학 등록금을 정부로부터 지원받는다고 한다. 공립학교가 적고 정부의 예산이 부족해 지원이 충분하지 않다는데, 부정부패를 통한 '가문'들의 부는 꾸준히 증가할 뿐이다.

2) 민다나오의 분쟁과 다바오 기자들의 진단

2009년 마긴다나오 학살이 일어난 곳이자 2017년 5월 이래 계엄령이 내려져 있는 민다나오섬은 각종 갈등이 집약되어 있는 지역이다. 다바오 시장 시절부터 두테르테를 한 공간에서 보고 취재해온 다바오의 기자들은 현재 민다나오에서 벌어지는 일들과 두테르테의 정책을 어떻게 평가할까? 대통령이 보낸 군대의 폭격과 위협을 피해 숲속의 생활터전을 떠나 도시의 피난소로 온 토착민들은 현재의 상황을 어떻게 바라보고 있을까? 이 토착민들의 문제를 취재하는 것은 언론인들이 위협을 당하는 또 하나의 이유이기도 하다. 다음은 다바오시에 있는 필리핀 그리스도연합교회(UCCP) 하란(Haran) 구내 피난소(evacuation center)에서 2015년부터 살고 있는 루마드(Lumad)* 부족들의 목소리다. [*'루마드'

는 세부아노어로 '원주민' 또는 '토착민'을 뜻한다.]

정 몬손 Jong Monson, **남민다나오 루마드단체연합**Confederation of Lumad Organizations in Southern Mindanao **파사카**PASAKA **사무국장**

"민다나오에는 18개의 언어 부족(tribe)이 있고, 남부 민다나오에 9개의 주요 부족이 있다. 이 피난소에는 80~90가구 200~300명가량의 피난민이 있고 그 다수가 아이들이다. 대피소 피난민들은 북다바오주의 다양한 지역에서 왔다. 2014년 이래 2018년 현재까지 소개(疎開)가 연속적으로 진행되었다. 두테르테는 다바오 시장이었을 때 민다나오 지역평화협의회(Regional Peace in Order Council, RPOC) 의장으로 파라밀리터리(필리핀 군대가 무장시킨 민간인 준군사조직)와 협상해 우리 공동체의 주요 문제들을 용이하게 만들 위치에 있었다. 그는 자신이 시장이고 지역평화협의회 의장일 뿐이어서 문제를 해결할 수 없지만 대통령이 되면 파라밀리터리를 해체하겠다고 약속했다.

두테르테 대통령의 임기 첫해에 파사카의 지도자들이 말라카냥궁에서 대통령과 대화를 했다. 그는 우리가 살던 곳으로 돌아가게 해주겠다고 했지만 두 번째 내각 때 필리핀 공산당의 무장단체인 '신인민군'(New People's Army, NPA)을 수색한다고 루마드 원주민 지역에 군대를 보내 무분별한 사격과 폭격을 가했다. 루마드의 학교들이 폭격되었고 약 57개의 학교가 군대에 의해 폐쇄 가능한 상태이다. 군대에 의해 루마드족은 많은 인권침해를 당했으며 심지어 학교에서 강간사건들까지 발생했다. 2017년 9월 7일 파라밀리터리 그룹이 어린 학생 두 명을 살해했다.

우리는 군대에 의한 많은 폭격과 72건의 사법외살인(extra-judicial

다바오시에 있는 필리핀그리스도연합교회 하란 구내 피난소 루마드족의 임시학교

killing)에 항의하기 위해 말라카냥궁과 정부청사 앞으로 가서 시위를 했다. 군 기관, 군대에 의해 제기된 소송이 약 407건이다. 루마드 공동체 학교의 교사들은 기소되어 감옥에 있다. 우리는 우리 공동체와 학교들을 다시 세워야 한다. 민다나오에 거의 200개의 무료학교가 있다. 두테르테는 대통령이 되어 우리 공동체의 학교 약 57개를 파괴했다. 정부가 우리의 학교들을 건설하지 않으니 우리가 유치원부터 고등학교까지 약 200개의 무료학교를 세웠다. 교실도 없고 나무 아래에서 공부하지만 장학생들도 있다.

사람들이 우리들의 조직에 참여하면 신인민군(NPA)으로 공격받게 된다. 우리는 루마드 공동체의 일원이고 공동체 내의 시민일 뿐이다. 우리 루마드가 바라는 것은 우리의 아이들이 학업을 마치기를, 읽고 쓰기를 배우게 되길 바랄 뿐이다. 그런데 정부는 우리가 읽고 쓸 줄 알면 신인민군이 우리에게 그것을 가르쳤고 우리도 신인민군이라고 말한다. 교육부에서 허가받은 우리 학교를 신인민군 학교라고 한다.

우리는 판타론 산맥(Pantaron Mountain Range)의 숲속에서 자유롭게 돌아다니며 살았다. 그런데 군대가 들어오자 우리의 공동체와 문화를 파괴하고 돈으로 루마드 동족들을 매수해 파라밀리터리를 조직했다. 이는 루마드 공동체를 분열시켜 광산회사들이 들어오게 하려는 목적이다. 광산회사, 벌목권을 가진 호주, 미국, 캐나다, 일본의 기업들이다. 한국의 투자도 있다. 이들 외국 기업이 우리 공동체를 파괴한다. 정부는 마을로 돌아가도 안전하다고 말하지만 사실 정부는 루마드 부족들이 광산회사에 반대하기 때문에 항복하기를 강요하고 있다. 우리는 루마드 동족들이 숲에서 항복을 강요당하고 괴롭힘을 당하고 살해되고 있는 것을 알기 때문에 집으로 돌아가는 것을 두려워한다."

판타론 산맥은 민다나오에 있는 숲으로 수원(水源) 지역이다. '숲의 수호자'로 불리는 루마드족은 외국의 광산회사들이 들어오면서 이주를 강요당하고 있다. 필리핀 정부의 목적은 필리핀의 산속에 있는 풍부한 천연자원들, 금·구리와 같은 광물질을 개발하려는 외국 광산회사들이 쉽게 들어올 수 있도록 돕는 것이다. 조상 때부터 살아온 삶의 터전을 지키기 위해 루마드 부족들이 이를 반대하자, 정부는 군대와 파라밀리터리 그룹들을 이용해 주민들을 직접 공격하고 루마드 마을들을

다바오시에 있는 필리핀그리스도연합교회 하란 구내 피난소 루마드족의 거처

파괴하고 있다. 그러나 정부가 군대를 파견하는 표면적인 이유는 신인
민군, 즉 공산당 무장단체의 제거이다. 정 몬손 파사카 사무국장은 계
엄령이 실행되자 더 많은 폭격과 인권침해가 일어나 그들을 보호해주
는 교회에 제재가 가해지고 파라밀리터리 그룹이 루마드의 피난소에
방화를 하는 일도 일어났다고 증언한다.

**카일루 분툴란Kaylu Buntulan, 북다바오주 탈라인고드Talaingod 아타-
마노보Ata-Manobo 부족 지도자**
"우리는 마을에 불법살인이 시작되어 피난했다. 군대가 신인민군을
빌미로 마을에 들어와 우리를 강제로 무장시켜 동족을 죽이게 하려

했기 때문에 피하려고 마을을 떠났다. 우리는 다바오에 도착해 정부에 루마드와 루마드 조상의 영토를 존중해 달라고 요구했다. 두테르테 정부는 요청에 답하는 대신 루마드 학교들을 폭격하고 파괴했다. 발전이라는 명목으로 마을을 군대화하고 있다.

우리는 2014년에 마을을 비웠는데, 두려워서 옷과 음식도 안 가지고 빈손으로 떠났다. 밤 12시에 걷기 시작해 도시를 향해 밤낮을 걸었다. 길에서 자고 더위와 배고픔으로 고생했다. 피난을 가는 동안 출산이 있었는데 열악한 환경 때문에 아기가 죽었다. 판타론 산맥 지역에서 20년째 간헐적으로 이런 소개가 이뤄지고 있다. 그들이 우리를 신인민군이라고 공격하지만, 우리는 파괴되고 있는 우리 조상의 땅을 지키고 싶을 뿐이다."

로레나 만다카완Lorena Mandacawan, 다바오시 UCCP 하란 구내 피난소 학부모-교사 커뮤니티위원회Parent-Teacher Community Association, PTCA 위원

"우리는 집으로 가고 싶지만 그곳에는 위협이 있고 우리에게는 안전이 중요해 여기에 있다. 아이들이 교육을 받게 해달라고 정부에 계속 요청하고 있다. 오랫동안 교육을 받지 못했다. 교육을 받아 읽고 쓸 줄 알게 되면 싸우는 법을 알게 되고 기업들이 마을에 쉽게 못 들어온다. 우리는 교육을 못 받아서 외국기업이 우리 공동체에 서류를 보이며 승인하라고 했을 때 그것이 우리 조상 전래의 땅을 기업이 소유하는 것에 동의한다는 뜻인지 몰랐다. 그 기업은 인도필(Indophil Resources NL)* 광산회사였다." [*오스트레일리아에 기반을 둔 회사]

루마드는 필리핀 정부가 그들의 공동체와 그들이 대대로 살아온 조상의 영토에 대해 존중해주기를 바라고 있다. 그러나 정 몬손 파사카 사무국장의 다음 말을 통해 그들의 권리를 보호해야 할 국가기관이 정반대의 행보를 보이고 있음을 알 수 있다 : "필리핀원주민국가위원회(National Commission on Indigenous Peoples, NCIP)가 외국 광산회사에 조상전래의 땅을 팔아버렸다. 그들이 민다나오의 몇몇 루마드 공동체를 파괴했다. 그들은 산을 납작하게 깎고 광물자원을 캐서 중국으로 가져간다. 그리고 바나나 농장과 야자유 농장을 만든다."

한편, 민다나오의 이러한 현실에 대해 다바오의 언론인들은 다음과 같이 진단하면서 자신의 견해를 밝히고 있다.

계엄군의 진출로 고향을 떠난 루마드인들의 항의 시위. 맨 앞줄 왼쪽이 파사카(PASAKA) 사무국장 정 몬손, 중앙이 로레나 만다카완이다. (사진 크레딧 : 〈다바오 투데이〉 davaotoday.com)

카트 코르테스 Kath Cortez, 29세, 〈다바오 투데이〉 기자

"여기 민다나오의 우리들이 처한 가장 큰 도전은 계엄령의 가면을 벗기는 일이다. 그들은 계엄령이 사람들에게 도움을 주고 평화롭고 안전한 환경을 주고 있다고 말하지만, 시골의 현실에서 그런 것들은 존재하지 않는다. 그것은 단지 가면일 뿐이다. 계엄령의 이면에는 지역주민들에게 공습을 가하고 죄 없는 사람들을 죽이는 계엄군이 있다. 이 계엄령은 사실 두테르테 정권이 국민들을 통제할 수 있도록 돕기 위한 것이고, 소수의 이해를 대변하기 위한 것이다. 이 소수는 벌목권 상속자들, 광산회사 소유주들과 대농장 소유주들이다.

민다나오에는 대대로 조상의 땅에서 살아온 원주민들이 있다. 하란(Haran) 피난소의 피난민들이 주장하듯이, 그곳은 그들의 땅이다. 계엄령은 민다나오 땅에 이런 대기업들이 들어오기 쉽게 돕는 것이다. 이 대기업들은 지역을 개발하는 것이 아니라 환경을 파괴

〈다바오 투데이〉 기자 카트 코르테스

한다. 그들이 벌목과 채광과 대형 바나나 농장으로 많은 이익을 취하는 동안, 가난했던 지역주민들은 더욱 가난해졌다.

언론인으로서 우리도 이런 상황에서 다를 바가 없다. 국민으로서 우리가 가진 문제들은 장애물 속에 있는 그들과 다를 바 없다. 언론인은 이런 상황을 통찰하고 정보를 어떻게 대중에게 전달할 것인가를 고민해야 한다. 현 정부는 국민이 원하는 것을 주지 않는다는 것, 지난 선거 때 약속했던 것들은 사실이 아니라는 것을 어떻게 사람들에게 믿게 할지가 우리의 도전과제이다."

루첼 본조-카실라오 Lucelle Bonzo-Casilao, 37세, 〈다바오 투데이〉 운영국장
"신인민군(NPA)은 공산주의자와 동일시되고 공산주의 운동의 일부로 취급받고 있다. 가장 지배적인 분위기는 계엄령이다. 나는 계엄령이 사실 오래전부터 이미 존재해왔다고 생각한다. 그것은 단지 두테르테에 의해 선언되었을 뿐이다. 하지만 환경적으로 군대가 더 강화되고 기층민중의 권리를 침탈하는 공격의 형태가 달라졌다. 민다나오에 많은 병력이, 즉 대대들이 주둔하고 있다. 그러나 인권 위반은 계엄령 선포 훨씬 전부터 있어왔다. 언론에 대한 공격도 다른 정권들 때와는 형태가 많이 달라졌다. 두테르테 정권하에서 언론에 대한 공격은 이미 있었지만 더욱 강화되었다.

예를 들어, 〈다바오 투데이〉는 독립적인 온라인뉴스로, 사람들이 비판적으로 사고할 수 있게 하고 주류언론에서 보지 못한 보도들을 볼 수 있게 한다. 정부의 미디어들(예를 들어 TV4)은 두테르테의 프로그램들만 보여주고 필리핀 국민의 삶에 대한 비판적 지점들을 보여주지 않는다. 그들은 많은 소셜미디어 계정을 만든다. 두테

르테를 지지하는 '다바오 죽음의 분대'(Davao Death Squad, DDS)의 페이스북은 전통적인 언론을 공격하고 저널리즘을 약화시킨다. 여기에 언론의 도전이 있다. 언론은 사람들의 목소리를 분명하게 표현해야 한다. 그러므로 〈다바오 투데이〉는 그런 이슈들을 분명히 하려고 노력한다. 단지 누가 어디서 무엇을 했다고 제시하는 대신, 우리는 사람들이 관련 이슈를 깊이 볼 수 있기를 바라고 직접적인 영향을 받을 수 있기를, 직접 행동에 나설 수 있기를 바란다."

타이론 벨레즈Tyrone Velez, 42세, 전 〈다바오 투데이〉 편집인, 현재 〈선스타 다바오〉 칼럼니스트 겸 〈다바오 투데이〉 기고가

"신인민군과 관련해 사람들은 반공산주의적 편향이 있다. 하지만 역사적 불의가 존재해왔고 두테르테 역시 많은 사람들이 빈곤에 시달리고 불평등 문제가 매우 많다는 것을 이해하고 있다. 그는 좌파 대통령을 표방하면서 반군들과 평화회담을 해 정부를 통합하겠다고 말했었다. 나는 계엄령을 선포하고 지역을 무장화해서 공산주의자, IS 반군과 싸우겠다는 그의 생각이 효과적이라 생각하지 않는다. 이것은 지역주민들에게 매우 잔인한 일이다. 거기에는 더 이상인권이 없다. 군대는 아무나 골라 의심하고 공산주의 동조자나 공산당 반군으로 몰아 체포하거나 심지어 죽일 수도 있다.

문제는 정부군에 의해 제공되는 정보가 너무 많다는 것이다. 정보가 두테르테 정부에 의해 제공되고 통제되고 심지어 조작되고 있다는 데 사람들의 불만이 있다. 저들은 그들 자신의 소셜미디어 기구를 가지고 있다. 그들은 사실을 왜곡하기 때문에 사람들은 진짜 사실이 무엇인지 알지 못한다. 예를 들어, 우리는 IS의 규모가 어느 정도인지 모른다. 2017년 계엄령이 선포된 토대는 마라위에 IS 멤버가 있다는 것이었다. 도시에는 IS가 적은데 놀랍게도 두테르테는 IS를 이유로 연대를 보내 도시를 폭격하게 했다. 우리는 심지어 마라위에 IS 멤버가 몇 명이나 되는지도 모른다. 집계는 오류투성이다. 30명, 50명, 100명인가 했더니, 그다음엔 200명이라 한다. 폭격을 하고 있는데 어떻게 그 수가 두 배로 늘어난단 말인가. 우리가 얻을 수 있는 유일한 정보는 IS의 몇 멤버들이 민다나오의 상황에 영향을 미치는 것은 사실이지만 그들의 네트워크가 얼마나 큰지는 알 수가 없다는 점이다.

저들은 사람들이 마라위에 종교적 분쟁이 있다고 생각하게 하려 하지만 사실이 아니다. 무슬림인 모로족이나 마라위에 사는 주민들은 IS를 비난한다. 이슬람교도들은 테러리스트를 비난하고 IS가

〈다바오 투데이〉 사무실에서 회의 중인 기자들. 왼쪽부터 에르나니, 벨레즈, 발레, 본조-카실라오, 코르테스

이슬람 신앙을 왜곡했다고 말한다. 그들은 대중이 그들을 IS와 다르게 보지 않아서 상처를 받고 있다."

카트 코르테스, 〈다바오 투데이〉 기자

"대통령이 '정보의 자유'(Freedom of Information, FOI)를 실행령으로 내렸지만 미디어는 정보 접근이 제한되어 있다. 그 예로, 마라위 포위 때 미디어에는 군이 준 정보만 퍼졌다. 마라위 포위 이면에 실제로 무슨 일이 일어나고 있는지 독립적으로 취재할 권리가 우리에게 없었다. 나는 그곳에 취재를 갔다가 목덜미를 잡히는 등 물리적인 괴롭힘을 당했다. '그라운드 제로'(파괴지점)로 지정된 곳은 못 가게 하고 군대가 우리에게 갈 곳을 정해준다. 우리는 이용당하는 것이다. 이 정부는 미디어를 공격하는 자신의 방식이 있다."

징징 발레, 〈선스타 다바오〉 칼럼니스트 겸 〈다바오 투데이〉 기고가

"마라위가 포위되기 전에 마라위에는 기독교인(가톨릭)들이 있었고 이들과 이슬람교도들은 평화롭게 살았다. 그러니 종교적 분쟁이라고 말할 수는 없는 것이다."

루첼 본조-카실라오, 〈다바오 투데이〉 운영국장

"테러리즘이 발생할 때마다 그것은 이슬람과 기독교 사이의 종교전쟁으로 인한 것이라는 생각이 세계에 유포되어 있다. 실제로는 갈등들이 모두 종교문제에 있는 것이 아니다. 갈등을 종교로 치환하면 대중을 호도하게 된다. 정부는 마라위 주민들이 고통을 겪고 있어서 계엄령을 선포했다고 하는데, 사실 사람들은 이른바 IS나 마우테

(Maute) 그룹의 극렬함을 볼 수가 없다. 〈다바오 투데이〉는 마라위 충돌 때 기자를 보냈는데, 우리의 취재는 군대와 소위 마우테 그룹 간의 전쟁에 초점을 둔 것이 아니라 전쟁이 마라위에 미친 영향과 피해에 초점을 두었다."

두테르테는 다바오 시장 시절부터 반미 입장을 취했고 신인민군 (NPA, 필리핀공산당 무장단체)과도 좋은 관계를 유지하고 있었다. 두테르테 시장은 "사령관 파라고"(Kumander Parago)라고 불리던 신인민군 최고 사령관 레온시오 피타오(Leoncio Pitao)를 자신의 친구라고 부르면서, 그가 2015년 6월 28일 피살되었을 때 그의 장례행렬에도 참석했다. 당시 두테르테가 전쟁포로 석방을 쉽게 하고 진보세력에 호의적이었기 때문에 대중은 그가 대통령 후보가 되는 것에 희망을 가졌지만 대통령이 된 후의 행보로 인해 배신감을 느끼고 있다는 것이 다바오 기자들의 진단이다.

신인민군 관련 정보, 정부군과 IS 추종세력 간의 마라위 충돌에 얽힌 뉴스 등, 대중에게 정보와 뉴스를 제대로 취재해 전달할 수 없는 환경 속에서, 희생되는 것은 평범한 지역주민들이고 목숨을 위협받는 언론인들이다. 그리고 이 언론인들이 아마도 가장 크게 목숨의 위협을 받을 수 있는 취재거리는 두테르테의 '마약과의 전쟁'일 것이다.

4

금지된 뉴스,
'마약과의 전쟁'

1) 학살과 탄압의 수단이 된 마약전쟁

필리핀의 여러 언론들은 대통령 취임일 다음날인 2016년 7월 1일 두테르테가 필리핀경찰청(PNP) 전국본부인 캠프 크레임(Camp Crame)을 방문해 경찰관들에게 다음과 같이 한 말을 보도했다 : "여러분의 의무를 이행하십시오. 그 과정에서 당신이 의무를 수행하느라 1000명을 죽인다면 나는 당신을 보호할 것입니다." 이른바 '토캉'(Tokhang)이라 불리는 '마약과의 전쟁' 혹은 '마약소탕작전'은 이런 방식으로 시작되었다. 대통령의 전폭적인 지지와 지시로 진행된 '마약과의 전쟁'은 빈민 학살의 무기가 되었을 뿐만 아니라 언론인 탄압의 유용한 방법으로 사용되고 있다. 두테르테 시기의 '미디어 킬링'은 '마약과의 전쟁'과 연계되어 있다. 언론인이 살해되면 그가 정치인의 부패를 폭로하고 비판했기 때문이라기보다 마약에 연루되어 있었기 때문이라는 식이다.

언론인들이 마약전쟁에 대해 보도하면 그들은 단지 그것을 보도했다는 이유로 대통령의 추종자들로부터 공격과 위협, '트롤'(troll)[21]을 당하게 된다. 이런 괴롭힘은 기자들로 하여금 더 이상 마약전쟁을 취재하지 않게 만드는 원인이 된다. 그밖에도, 필리핀전국언론인노조(NUJP) 사무국장 다벳 파넬로의 인터뷰에 의하면, 마약전쟁 취재 동안 어쩔 수 없이 매일 희생자들의 시체를 대면해야 하는 데서 오는 트라우마나 스트레스도 심각해 더 이상 피를 보거나 악몽을 꾸지 않기 위해 보도를 중단하는 경우도 있어 NUJP가 '동료지원'(peer support) 프로그램을 제공하고 있다고 한다.

두테르테 행정부가 반대세력을 마약 연루 혐의로 탄압하는 방식은 언론인뿐만 아니라 정치인들에게도 물론 해당된다. 인권운동가로 알려져 있는 필리핀 자유당 상원의원 레일라 데 리마(Leila de Lima)는 두테르테 대통령이 '마약과의 전쟁'에서 저지르는 무자비한 살인행위를 비판하다가, 법무부 비서관 시절의 마약거래 연루 혐의로 2017년 2월 체포되어 현재까지 수감되어 있다. 레일라 데 리마 사건은 마약전쟁을 이용한 정치탄압의 대표적인 사례로 거론된다. 게다가 한국인 피해자로 2016년 10월 필리핀경찰청의 마약수사국 대원들에게 납치되어 경찰청 본부에서 살해당한 사업가 지익주 씨의 경우에서 보듯이, 필리핀경찰청 수사관들과 필리핀국립수사국(National Bureau of Investigation NBI)의 고위간부들까지 마약전쟁을 이용한 살인과 치부행위에 연루된 사실이 드러나기도 했다.

---

21 인터넷 방에서 누군가를 화나게 하거나 화가 난 응답을 이끌어 내기 위해 고의적으로 공격적이거나 도발적인 온라인 게시물을 작성하는 행위

두테르테는, 다바오 시장 시절 진행한 마약소탕작전이 성공했다는 자평과 함께, 대통령이 되자 마약전쟁을 필리핀 전역으로 확대해 훨씬 더 격렬한 방식을 계속하고 있다. 2016년 7월 이래 2년 이상이 지나는 동안 마약전쟁으로 인해 살해된 희생자의 정확한 숫자는 아무도 알 수 없다. 여러 언론들의 보도를 분석하고 감시하는 연구기관인 미디어자유·책임센터(CMFR)가 2017년 3월 24일자로 올린 분석기사는 "두테르테 대통령의 마약전쟁 7개월 이내에, 경찰에 의해 또는 소위 자경단원/ 신원미상의 가해자들에 의해 7000명 이상이 살해되었다"[22]고 보고하고 있다. 2년이 훨씬 지난 지금 그 수가 훨씬 증대된 것은 물론이다. 문제는 희생자의 규모가 엄청날 뿐만 아니라 마약과 관련이 없는 무고한 사람들이 살해되고 있다는 것이고, 설령 마약에 연루되었다 하더라도 그것이 살인을 정당화하는 구실은 절대 될 수 없다는 점이다. 마약전쟁을 직접 취재한 언론인들의 경험담과 견해는 이를 뒷받침하고 있다.

2) 취재기자들의 증언과 골목으로부터의 목소리

루이스 리와낙(Luis Liwanag)과 아론 굿맨(Aaron Goodman)이 공동으로 감독한 단편 다큐멘터리영화 〈두테르테의 지옥〉(Duterte's Hell, 2017)은 현재 필리핀에서 일어나고 있는 마약전쟁을 다룬 작품으로, 2018년 세계보도사진상(World Press Photo Award) 디지털 스토리텔링 경연대회에

---

22 "Tokhang Take Two : Covering the PNP's Return to the Drug War", http://cmfr-phil. org/media-ethics-responsibility/journalism-review/tokhang-take-two-covering-the-pnps-return-to-the-drug-war/

서 단편부문 1위를 수상했다. 루이스 리와낙은 현재 프리랜서 사진(비디오)기자로, 마르코스 계엄령 시절인 1981년 학생 사진기자로 언론 일을 시작한 이래 국내 언론사로는 일간지 〈마닐라 불러틴〉(Manila Bulletin), ABS-CBN TV, 세계 언론사로는 프랑스통신사(AFP), 연합통신(AP), 유럽통신사(European News Agency)를 비롯해 여러 곳을 거친 베테랑 기자다. 그가 전하는 '마약과의 전쟁' 취재 경험은 다음과 같다.

루이스 리와낙 Luis Liwanag, 58세, **프리랜서 사진기자,** 〈**두테르테의 지옥**〉 **공동감독, 촬영**

"두테르테가 대통령이 되었을 때 언론인들은 앞으로 할 일이 매우 많을 거라는 소문이 돌았다. 그가 정부를 변화시키겠다고 했기 때문이다. 그런데 다른 변화가, 어두운 변화가 일어났다. 그는 사람들을 거리에서 동물, 곤충처럼 죽인다. 언론인들도 죽인다. 그는 마르코스보다 더 탄압적이 되었다. 나는 그래서 두테르테를 취재하게 되었다.

〈두테르테의 지옥〉은 마약전쟁을 다룬 짧은 영화로, 마약전쟁 희생자들의 가족들이 어떤 영향을 받았는지를 보여준다. 우리는 필리핀에서 무슨 일이 일어나고 있는지, 마약전쟁으로 인한 살인이 밤낮으로 어떻게 계속되고 있는지 사람들에게 말하고자 했다. 우리가 영화를 시작할 때 이미 7000명가량이 죽었고 지금까지 2만3000명 정도 죽은 걸로 알고 있다. 사람들은 늘어나는 희생자 수를 계속 세고 있다. 나는 사실 두테르테를 둘러싼 이슈에 별 관심이 없었지만, 두테르테가 사진기자들이 (마약전쟁으로 인한) 살인을 극적으로 보이게 하고 과장한다고 말했을 때 나는 그것을 직접 보고 취재하기 위해

마약전쟁이 벌어지는 메트로마닐라 외곽지역 골목들

갔다. 그리고 목격했다.

　매일 밤 30명 혹은 그 이상의 사람들이 살해되는데, 어떤 이들은 이유도 없이 살해된다. 그들은 매우 잔인하게 살해되어 있었고 어떤 이들은 마스킹 테이프로 덮여 살해되었다. 그들은 주로 어두운 길거리에 쌓여 있었다. 하지만 마약전쟁이 계속되면서 더 넓은 장소, 사람들이 많이 다니는 장소인 약국 앞, 쇼핑몰 앞 같은 곳에서 죽이는 등 경찰과 자경단의 살해방식이 더 뻔뻔해지기 시작했다. 그래서 나는 영화를 만들게 됐다. 언론인들이 그것을 취재하면 공격 당할 수 있기 때문에 곤경에 빠지지 않기 위해 우리는 일어나는 상황을 그대로 취재하고 희생자들의 가족들, 그들이 받은 영향에 집중했다. 장면과 음악 등 영화적 방식을 이용해 곧이곧대로 보여주었기 때문에 두테르테는 이 영화를 일면적이라고 말할 수 없을 것이다. 우리는 오디오로 두테르테 자신이 한 말들을 사용했기 때문에 문제 될 게 없었다. 8분 남짓한 이 영화를 본다면 그가 어떻게 말하고 어떤 종류의 사람인지 알게 된다."

짧지만 강한 인상으로 메시지를 전하는 이 영화는, 영화를 만든 사진기자 루이스 리와낙의 말처럼, 두테르테 자신의 목소리를 그대로 들려주는데, 이런 말도 포함되어 있다 : "히틀러는 300만명의 유대인을 학살했습니다. 300만명의 마약중독자가 있습니다. 나는 그들을 학살(slaughter)하게 되어 기쁩니다." 영화의 말미에 등장한, 아들을 잃은 한 어머니의 절규는 두테르테 마약전쟁의 핵심을 가리키고 있다. 처음에 타갈로그어로 아들의 무고함을 설명하던 그녀는 갑자기 카메라를 향해 영어로 크게 외치며 호소한다 : "내 가족을 걸고 맹세하지만 나의 아들은 마약밀매자가 아닙니다(타갈로그어). 제발, 전 세계에 말해주세요! 우리를 도와주세요! 제발 저를 도와주세요. 내 아들은 개가 아닙니다. 그 애는 그것들처럼 죽여야 할 개나 돼지가 아닙니다!"[23] 자신의 취재 경험으로부터 루이스 리와낙은 도움을 요청하는 이 여성의 절규가 필리핀에서 매일 실제로 일어나는 일임을 강조하고 있다 :

"사람들이, 특히 빈민들이 이유 없이 곤충처럼 살육당한다. 마약이 필리핀의 문젯거리의 주요 근원이라 하더라도 그것이 2만3000명 (추정)을 살해한 것을 정당화하지는 않는다. 이는 마르코스가 수년 동안 죽인 숫자보다도 많다. 지난 2년 동안 실제로 얼마나 많은 수

---

23 다음에서 이 영화를 볼 수 있다. https://fieldofvision.org/duterte-s-hell
    https://www.youtube.com/watch?v=52NWdeSZDmM

가 살해되었는지는 알 수 없다. 마약 사용자나 밀매자로 의심받는 사람들은 단지 조사가 진행 중일 뿐인데 살해된다. 그들은 기소되고 투옥되는 것으로부터 멀리 있다. 살해된 이들의 주위 사람들을 인터뷰한 많은 연구와 조사·보도가 있다. 목격자들은 경찰이 하는 말과 실제로 일어난 일은 다르다고 말한다. 우리가 마약전쟁을 취재할 때 거의 모든 사람들이 그들은 마약전쟁에 연루되어 마약 사용자, 마약밀매자로 날조되어 처벌당했다고 말했다.

경찰이나 정부기관은 바랑가이(행정구역 최소단위, 동/리에 해당)에 가서 마약 사용자로 의심되는 모든 사람들의 명단을 만든다. 명단에 오른 사람들은 재활을 받을 것으로 가정되지만 사실 많은 사람이 살해되었다. 그것은 '죽음의 리스트'다. 만약 당신이 과거에 마약을 사용한 적이 있어서 명단에 오르고 재활을 원한다 해도 당신은 그저 살해될 순서를 기다리게 될 뿐이다. 많은 청소년이 살해되었다. 희생자의 50% 이상이 미성년자들이다. 그 아이들의 일부는 마약 판매자, 밀반입 업자로 의심받는다. 통계를 보면 살해된 이들 거의 모두가 빈민이다. 부자들은 대문이 있는 동네에 살아서 도피할 수 있다. 경찰이 그냥 들어가 집을 수색하지 못하기 때문이다. 하지만 길거리나 빈민구역에 가면 집 앞을 어슬렁거리는 사람들에 대한 대공세가 이뤄지고 있는 것을 볼 수 있다."(루이스 리와낙)

또 다른 베테랑 언론인 인다이 에스피나-바로나의 취재 경험 역시 비슷한 증언을 담고 있다. 그녀는 '국경 없는 기자회'(RSF)의 2018년 언론자유상 중 '독립상'(Prize for Independence)을 수상했다.

인다이 에스피나-바로나Inday Espina-Varona, 55세, **ABS-CBN 뉴스데스크
편집인, 전 NUJP 위원장**

"두테르테하에서 2년간 약 2만2000명이 죽었다. 경찰은 작전 중에 죽은 이가 4000여명이고 나머지는 자경단원이나 라이벌 갱단에 의해 살해된 것이라고 주장한다. 문제는 경찰이 자경단인 체 가장한 혐의로 기소된 사건이 매우 많다는 것이다. 경찰이 한 늙은 여자를 감옥에서 데려온 모습이 목격되었는데, 그녀의 시체는 테이프로 감겼고 거기에는 "이 여자처럼 되지 마라"라고 쓰여 있었다. 경찰은 자경단의 소행이라고 주장했지만 목격자들은 경찰이 저지른 일이라고 말했다.

나는 희생자들의 가족들, 어머니들을 취재하고 있었다. 토캉(마약소탕작전)에서 살해당한 한 젊은이의 어머니가 말했다. 살인이 일어나고 몇 주 후 그들(희생자들의 가족들)이 항의시위를 시작했을 때, 민간인 무장대가 유가족들의 집 근처로 왔고 그래서 그들 중 일부는 강제로 떠나 어딘가에 피난처를 찾아야 했다는 것이다. 당신이 가난하다면 아들을 죽인 이들에게 대항할 방어책이 없다.

한 어머니는 자녀들 중 두 아들이 잡혀가 살해되지는 않았지만 고문을 당했다. 변호사가 안전을 위해 떠나겠느냐고 물었을 때 그녀가 한 대답을 나는 기억한다. "나의 두 아들은 아마 떠날 수 있겠지만 나에게는 여덟 명의 자식이 있다. 우리 모두가 어디로 가겠는가? 나머지 가족에게는 무슨 일이 일어나겠는가? 내 자매들이 옆에 살고 나의 어머니는 한 블록 떨어져 산다." 그러니까 이것은 전체적이고 체계적인 억압인 것이다. 다른 사람들의 도움이 있다 할지라도 희생자 가족들이 싸우기 위해서는 엄청난 의지가 필요하다."

희생자의 가족들은 모두 죽은 자들의 뒤에 남아 있지만 목소리를 내기는 어렵다. 그들은 매일의 생존을 위해, 그들이 당한 불의와 싸울 시간과 돈이 없기 때문이다. 다수는 포기하고 희생자 가족들의 극히 일부만이 소송을 제기하는데 그 이유는, 인다이 에스피나-바로나의 표현에 의하면, "이 나라에서 정의를 찾는 비용이 너무 비싸기 때문"이다. 한 사건이 최소 1년 정도 걸리는데 희생자의 가족들은 소송을 할 비용이 없다. 변호사비도 필요하고 설령 무료변호사가 있어도 재판 사건의 소송비용이 매우 비싸다는 것이다. 그러나 그보다 더 중요한 것은, "살인이 일어난 후에 경찰의 괴롭힘이 있다"는 것이라고 인다이 에스피나-바로나는 강조한다. "힘 있는 경찰관들이 가족의 주위에 있을 때 빈민 가족들이 무엇을 할 수 있겠는가?"라고 말하는 그녀의 설명은 이러하다 :

"두테르테는 실질적으로 거의 모든 정부기관들을 이 포화 속에 위치시켰다. 그래서 희생자 가족은 고립되고 무력감을 느끼고 항복하는 것만이 유일한 선택이라고 느끼게 된다. 두테르테는 토캉부터 시작해 이 일들을 확장시켰다. 우리가 리스트에 대해 얘기할 때 우리는 살인이 일어난다는 것을 이해해야 한다. 왜냐하면 이 프로그램 자체가 정당한 법적 절차를 잠가 놓고 성립된 것이기 때문이다. 대법원이 경찰작전 중 희생된 사람들에 관한 수사기록을 제출하라고 요구했을 때 경찰은 대통령이 명령할 때만 제출할 수 있다고 말했다. 법은 없고 명령만 있다.

경찰은 증거도 없이 숙덕거려서 만든 명단을 가지고 와 당신의 집 문을 두드리면서 "우리가 당신을 친절하게 초대하니 항복 명령에 따라주기를 바란다. 그러지 않으면…"이라고 말한다. 그러면 사람들이 어떻게 하겠는가? 그들은 항복한다. 수많은 사람이 그렇게 항복했다. 그들은 경찰과 관리들이 있는 바랑가이 센터로 가서 종이 한 장을 받는다. 이 종이에는 당신이 마약밀매자인지 마약중독자인지를 표시하는 두 가지 선택밖에 없다. 그런데 이 사람이 "나는 마약중독자도 마약밀매자도 아니다. 아마 10년 전, 5년 전에 마약을 복용한 적이 있다. 그러면 나는 어디에 표시를 해야 하나? 내가 지금은 깨끗하다는 걸 보이기 위해 어디에 진술을 써야 하나?"라고 말한다. 그러나 경찰에게는 그것을 위한 여지가 없다. 그러므로 당신은 법적인 절차를 갖지 못한다. 불려간 이상 모두가 유죄다. 몇 시간의 논쟁 후 그들은 선택이 없게 된다. 그들은 자신이 십자가 언덕에 서 있다는 것을 알기 때문이다. 서명을 받으면 자신이 죽임을 당한다는 증거이다. 서명을 직접 해도 죽임을 당한다는 증거이다. 서명을 하면 그들은 공식적으로, 루이스가 말한 '죽음의 리스트' 속에 있게 된다. 그런 식으로 살인이 일어나고 있다. 그리고 이제 두테르테는 거리를 배회하는 사람들에게까지 그것을 확장하고 있다.

메트로마닐라(Metro Manila, 마닐라 수도권)의 빈민가에 가면—나는 어제 그곳에 갔었다—수천의 사람들이 몇 개의 블록 안에 비좁게 살고 있는 것을 볼 수 있다. 너비가 2m도 안 되는 좁고 어두운 긴 골목들과 약한 합판지붕의 집들에 비좁게 살고 있다. 어떤 때는 한 집에 여러 가구가 살기도 한다. 공원도 없고 아무것도 없다. 집에는 선풍기도 없는 이 비좁은 집에서 사람들이 어디로 가겠는가? 길거리다. 거리로 나가 일거리를 얻고 혹은 일거리를 구하러 거리에 나간다. 어린이들은 골목길에서 논다. 그런데 두테르테는 경찰에게

인터뷰 중인 기자들. 왼쪽부터 노노이 에스피나, 인다이 에스피나-바로냐(둘은 남매 언론인이다), 루이스 리와낙

명령을 내려 이 길거리에까지 검문을 확대한 것이다. 이것은 빈민과의 전쟁이다. 그는 자신이 사랑한다고 주장하는 빈민들을 알지 못하고 그들이 어디에서 오는지 이해하려고 노력하지도 않는다. 그는 단지 질서를 원할 뿐이다. 그는 자기가 보기에 질서를 파괴한다고 생각되는 사람들을 모두 죽이는 게 질서라고 여긴다."

마약전쟁이 휩쓸고 지나간 메트로마닐라 외곽의 빈민가에서 만난 주민들[24]의 목소리는 이들 취재기자들의 증언을 뒷받침하고 있다.

---

24 위험지역이어서 인터뷰는 택시를 탄 채로 필리핀 여성 택시기사의 도움을 받아 창문을 열고 길가나 골목의 주민들에게 진행했다. 다음의 내용은 그중 일부다.

주민 인터뷰

① **케손시 산로케 바랑가이 아감**Agham Road, Brgy. San Roque, Quezon City

미아 그라시아여, 36세, 파작padyak, 필리핀의 삼륜자전거 **운전사** "그들이 마약에 연루되었다는 것을 입증하기 위해서는 수사가 먼저 필요하다. 하지만 이 사람들은 충분한 증거 없이 살해당했다. 우리가 파작 운전사이기 때문에 때때로 경찰에 잡힌다. 하지만 우리는 도덕적으로 산다. 경찰은 도둑이나 마약중독자를 잡아야 한다. 전 대통령과 지난 행정부는 마약 관련자라고 죽이지는 않았다. 현 행정부하의 경찰은 18살 먹은 소년도 잡는다, 충분한 증거가 없는데도. 17세 혹은 17세 미만도 있다. 16세 된 나의 친척 소년도 잡혀서 살해되었다. 매우 많은 무고한 사람들이 잡혀서 죽임을 당했다."

② **칼로오칸시 바공바리오, 사포테**Zapote, Bagong Barrio, Caloocan City, **칼로오칸은 케손보다 더 많이 살해된 지역이다.**

제랄드남, 18세, 10학년 골목길 한쪽에 쓰레기 카트 두 개를 붙여 개조한 공간에서 부모, 여동생 2명, 남동생 1명과 함께 살고 있다.

"우리 가족은 다른 바랑가이에서 살다가 철거로 쫓겨나 이 골목에 들어와 쓰레기 카트에서 4년째 살고 있다. 아버지는 건설노동자로 일당 250~300페소(약 5만3000~6만4000원)를 받는다. 내 앞에서 사람들을 죽이는 걸 목격했다. 30세 된 남자가 신원 오류로 살해되는 것을 보았다. 현 정부가 전 정부보다 낫다고 생각하지만 무고한 사람들을 죽이는 것에는 동의하지 않는다. 일상에서 현재의 삶은 예전보다 어렵다. 십대로서, 우리의 현 상황 때문에 나는 두렵다. 나도 경찰에게 신원 오류로 붙잡힐 수 있다. 한번은 나는 학교에 있었고 마약중독자가 내 옆에 앉아 있었다. 누군가가 와서 내 옆에 있던 그를 총으로 쏘았다. 나는 이 동네에 살다가 살해된 사람들을 알고 있다. 이 동네에서만 약 100명이 죽었고 그들 중 50%는 아는 사람들이다."

③ 발렌주엘라시 카루하탄Karuhatan, Valenzuela City

에릭남, 23세, 트라이시클필리핀의 **삼륜오토바이 운전사** "경찰이 마약 건으로 잡은 사람들을 많이 알고 있다. 마약 연루로 사람들을 잡아들이고 죽이려면 충분한 증거를 가지라고 정부에 말하고 싶다. 그들에 대한 충분한 증거를 입증하면 감옥으로 보내면 된다. 내가 아는 사람들 20명가량이 죽었다. 사람들에게 평등하라고 (정부에) 말하고 싶다. 사람들을 죽이는 현 정부를 원하지 않는다."

마약전쟁이 벌어지는 메트로마닐라 외곽지역

마약전쟁을 취재하는 언론인들은 특히 위험에 노출되어 있다. 소셜미디어상에서의 괴롭힘과 공격뿐만 아니라 실제 취재현장을 다니는 매 순간이 두려움의 연속일 수밖에 없다. 〈두테르테의 지옥〉이 만들어진 후 이 영화의 제작진은 두테르테의 '트롤 아미'(troll army, 온라인에서 언론인에게 협박·공격을 가하고 증오댓글을 다는 두테르테의 지지자 부대)로부터 괴롭힘을 당했다. 기자로서 이 영화를 만든 루이스 리와낙은 자신의 두려움과 임무를 이렇게 고백한다.

"영화 직후 두테르테의 트롤 아미가 우리를 쫓아다니면서 괴롭히기 시작했다. 그들은 영화의 프로듀서들에게 이메일을 보내고 우리를 인터뷰하려 했다. 언론인으로서 현재 나라 안에서 일어나는 일을 취재하고 싶고 할 수도 있지만, 마음속 깊은 곳에서, 잠재의식적으로 두려움이 있다. 늦은 밤 또는 이른 새벽 골목길을 전에는 두려움 없이 다녔지만 지금은 두렵다. 거리에서 오토바이를 탄 자들에 의해 언제든지 공격당할 수 있다. 마르코스 시절에는 위험이 어디에서 오는지 알 수 있었지만 현 정부하에서는 어렵다. 두테르테의 경고를 두려워하지는 않지만 무슨 일이 일어날지는 전혀 모른다. 언론인의 일을 시작하면 책임이 따르게 된다. 그러나 마약전쟁을 취재할 때는 조심해야 한다. 책임이 있는 이상, 언론인은 내일의 취재를 위해 살아 있어야 하기 때문이다. 살아서 책임을 다해야 한다. 나는 두려움 속에 놓여 있고 언제 한계에 다다를지 모르지만, 여전히 이 일을 한다. 이것은 직업이고 내가 아는 유일한 소명이기 때문이다."

5

온라인상의 전투와
언론인의 현실

1) 온라인 공격 군대 '트롤 아미'

소셜미디어에서 트롤을 당하는 사람들은 대부분 마약전쟁에 관해 보도하거나 두테르테와 마르코스주의에 반대하는 언론인들이다. 현 대통령이 원하지 않는 보도를 하면 온라인상에서 두테르테의 지지자들과 마르코스주의자들—그들은 서로 가깝다—로부터 공격을 받게 된다. 두테르테의 지지자들로 구성된 자경단 '다바오 죽음의 분대'(Davao Death Squad, DDS)는 1998년 이래 다바오의 소형범죄자, 마약 연루자, 거리의 부랑아들을 마음대로 살해해온 그룹이다. 이들은 필리핀 국민 대부분이 사용하는 페이스북에서 두테르테 비판자들을 공격하고 협박하는 대표적 그룹이기도 하다.

포퓰리스트로 불리는 두테르테가 대중의 인기를 얻고 대통령이 된 것은, 그가 범죄와 부패에 쉽게 노출되어 있던 필리핀 국민의 상황을 이용해 합법적 복수를 선언하고 도움이 절실했던 빈민들에게 자신을 구원자로 제시했기 때문이라 볼 수 있다. 그러나 지난 2년여간 마약전 쟁을 통한 빈민학살로 국민의 대다수를 차지하는 빈민들의 두테르테 지지도는 크게 떨어졌다. 반면, 안락을 바라는 중산층의 경우 빈민학살 은 그들에게 큰 문제가 되지 않는다. 특히 상류층 부자들과 상위 중산 층의 경우 두테르테 경제정책의 혜택을 보는 쪽이다. 두테르테는 세금 개혁정책으로 전보다 훨씬 낮은 상속세를 허용하고 특정한 수준의 상 위 소득층으로부터 상당한 세금을 감면해줌으로써 부자들에게 만족감 을 주는 반면, 유류세를 포함한 간접세를 올려 물가상승의 영향을 빈민 들에게 고스란히 전가했다.

두테르테가 미디어를 공격하는 방식은 그의 '소셜미디어 아미'를 활용하는 것이다. 언론을 '창녀'라고 부르는 두테르테에게 비판적인 언 론인은 편향된 언론인, 돈을 받는 언론인이 된다. 물론 돈을 받는 부패 한 필리핀 언론인들은 많다. 그러나 그것이, 두테르테가 말하듯 '죽어 마땅한' 이유가 되고 언론인 살해를 정당화할 수는 없다. 게다가 부패 와는 전혀 상관없는 비판적 언론인들이 암살의 대상이 되고 두테르테 와 마르코스의 트롤 아미의 공격 표적이 된다. 두테르테의 대통령 당선 이래 현재까지 트롤 아미로부터 가장 심하게 온라인 협박과 괴롭힘을 당하고 있는 피해자로 알려진 베테랑 언론인 에드 링가오는, 자신이 그 들을 피하지 않고 적극적으로 맞서 싸우는 방식을 택한 이유를 다음과 같이 설명하고 있다.

에드 링가오Ed Lingao, 50세, TV5와 원뉴스One News 채널의 앵커. 전 〈마닐라 크로니클〉Manila Chronicle과 그 후신인 〈마닐라 타임스〉Manila Times 기자, ABS-CBN 방송, 필리핀탐사저널리즘센터Philippine Center for Investigative Journalism, PCIJ 등에서 근무

"나는 현 행정부와 마르코스 가족에 대해 비판적인 언론인으로 인식되어 있다. 마르코스와 두테르테는 온라인에서 매우 강한 영향력을 가지고 있어서 그들의 지지자들은 내가 비판적인 글을 쓸 때마다 폭우처럼 쏟아져 들어와 온라인에서 맹공격을 한다. 페이스북에 글 하나를 올리면 3000개의 화난 댓글들이 올라오는데, "네 머리를 날려버리겠다, 내가 너에게 가고 있으니 방탄조끼를 사는 게 좋을 거야", 이런 협박들이다. 그들은 단지 내가 행정부에 비판적이라는 이유로 나를 야당을 지지하는 부패언론인으로 몰아세우고 '딜라완' (dilawan, 야당인 자유당 동맹자)[25]이라 부른다.

나는 정치적 제휴가 필요하지 않다. 사실 나는 야당을 지지하는 어떤 글도 결코 쓴 적이 없다. 나는 정치적 동맹과 관련된 어떤 글도 쓰는 것을 거부했고, 나를 특정 당의 편에 서게 할 그 어떤 것도 거부했다. 나는 그것에 대해 매우 조심한다. 내가 관심 있는 건 비판적이 되는 것이지 누군가의 편이 되는 것이 아니다.

나의 소셜미디어 친구들은 트롤 아미의 괴롭힘에 대처하는 간단한 방법으로 내 페이스북에 제한을 두어 친구들만 읽게 하라고 한다. 이해되는 말이다. 평화로운 삶을 위해서라면 소셜미디어에서

---

25 딜라완(dilawan)은 '누르스름한'(yellowish)의 뜻으로, 타갈로그어 '딜라우'(dilaw)에서 온 말이다. 야당인 자유당의 상징색이 노란색인 데서 비롯되었다.

친구들만 볼 수 있게 하면 된다. 하지만 내가 왜 그렇게 하겠는가? 나는 읽히기 위해 글을 쓰는 것이다. 친구들만 읽게 되는 글을 쓴다면 나는 내가 믿는 것을 아는 사람들한테만 말을 하는 셈이다. 나는 대중에게 쓴다. 당신은 친구에게 글을 쓸 수도 있고 당신을 모르는 사람에게 글을 쓸 수도 있다는 것을 알고 있다. 당신이 선택하는 것이다. 나의 선택은 나에 대해 전혀 들어본 적이 없는 사람들, 우연히 내 글을 발견하는 사람들을 위해 쓰는 것이다. 그래서 나는 소셜미디어상의 내 프로필을 공개로 해둔다. 누구나 와서 댓글을 쓸 수 있다. 나를 반대하는 사람의 글도 삭제하지 않는다. 맹공격을 하고 저주하는 댓글들, "지옥에서 불타라"라고 말하는 것도 삭제하지 않는다. 나는 모든 사람이 읽기를 바란다. 이 글들이 돌고 돌아서 사람들이 가서 보고 "맙소사, 그들이 정말 이것을 쓴 거야?"라며 웃고 재미있어하길 바란다.

나는 우리가 입장을 세워야 한다고 굳게 믿는다. 언론인으로서든 소셜미디어에서 책임 있는 사람으로서든 입장을 세워야 한다. 비판적이어야 할 우리의 일을 멈추고 침묵을 지킨다면 우리는 신뢰받지 못할 것이다. 우리는 쓰고 읽고 이야기해야 한다. 그리고 비판적이어야 한다. 그것이 내가 페이스북을 열어두는 이유이다. 다행히도 지난 2년 동안 점점 더 많은 사람들이 같은 것을 하고 있고 점점 더 지지하는 댓글들을 쓰고 있다는 것을 알았다. 나는 그것이 페이스북을 숨기지 않고 공개해서 끝까지 싸운 것의 영향이라고 생각하고 싶다. 사람들이 밖으로 나와 "우리도 같은 것을 해야 한다", "우리는 침묵해서는 안 된다", "겁쟁이가 되어서는 안 된다", "괴롭힘을 당해 입을 닫고 페이스북을 닫고 숨어서는 안 된다"고 말하고 있다.

많은 사람들이 괴롭힘을 받지 않고 스트레스를 받지 않기 위해 숨는 방식을 택하지만, 나는 그것에 맞서야 한다고 말해왔는데, 그것을 내 글의 피드백에서 보고 있다. 예전에는 혼자 싸웠지만 이제는 사람들이 나와 함께 싸우고 있다.

나의 외동딸이 작년에 병으로 세상을 떠났을 때 그들은 "네 딸이 죽은 이유는 네가 나쁜 사람이기 때문이다", "우리는 네 딸이 지옥에 가기를 바란다", "너와 네 딸은 지옥에서 서로 만날 것이다"라고 댓글을 썼다. 그런 댓글들을 매우 많이 받았다. 사람들은 소셜미디어에서 용감하다. 그들은 키보드를 대하고 있기 때문이다. 대면하면 그들은 겁쟁이가 된다. 어떤 사람이 공개 댓글로 "네 머리를 날려버리겠어" 했을 때 나는 "그래라, 기다리마. 내가 어디서 일하는지 알잖아"라고 대답했다. 그러자 그가 "왜 그렇게 성급한 거야?"라고 했다. 그런 댓글을 쓰고 나더러 성급하다고 하는 거다(웃음).

나는 할 수 있는 만큼 대답을 한다. 대답을 하지 않으면 그들은 자신이 우위에 서 있다고, 당신을 입 다물게 했다고 생각한다. 그러므로 유해한 댓글일수록 대답을 해서 그들을 입 다물게 해야 한다. 나는 그 댓글들과 싸우고 그의 친구, 이웃들, 세상 사람들이 보게 해서 그런 글들을 막을 것이다. 그것이 나의 논리이고 그들에 반격해 싸우는 방식이다."

언론에 가장 적대적인 대통령으로 평가받는 두테르테의 언론탄압 방식은 세 가지로 요약된다. 첫째는 언론사에 대한 직접적 압박으로, 비판 노선을 걸어온 영향력 있는 온라인 언론매체 〈래플러〉(Rappler)에 대한 폐쇄 시도와 ABS-CBN 방송국의 사업권 박탈 위협, 주요 일간지인 〈필리핀 데일리 인콰이어러〉의 소유권 이전 강요를 예로 들 수 있다. 〈래플러〉는 2018년 1월, 외국인의 언론사 지분 소유를 금지한 헌법 규정을 위반한 혐의로 법인 등록이 취소되어 법정 소송을 겪었다. ABS-CBN은 2019년에 사업권(프랜차이즈)을 잃게 될 것이라고 협박당하고 있는데, 2019년은 ABS-CBN에 25년간 주어진 사업권이 마감되는 해여서 갱신이 필요하기 때문이다. 다시 사업권을 얻으려면 국회를 거쳐야 하므로, 정부는 사업권 박탈과 더불어 ABS-CBN의 언론인들에게 직장을 잃을 것이라는 협박을 함께 함으로써 비판적 기조의 언론사에 보복을 가하고 있다. 〈인콰이어러〉의 경우는 두테르테가 현 소유주에게 신문사 소유권을 자신의 측근에게 매각하도록 압력을 가한 것인데, 이 역시 〈인콰이어러〉의 비판적 보도들에 대한 보복이다.

두테르테식 언론탄압의 두 번째 방식은 가짜뉴스의 생산과 유포로, 이에 대해서는 다시 언급하겠다. 세 번째 방식은, 상술한 바와 같이, 두테

TV5 뉴스방송 스튜디오의 에드 링가오(오른쪽) (사진 제공 : 에드 링가오)

르테와 마르코스의 온라인 군대 '트롤 아미'의 활용이다. 이들의 협박으로 인해 많은 언론인들이 두려움 속에 침묵을 지키거나 소셜미디어 계정을 제한시키기도 하지만, 에드 링가오에 따르면, 2017년 말~2018년 초부터 점점 언론인들의 반격이 시작되고 있다고 한다.

소셜미디어 군대의 공격은 여성 언론인이 대상일 경우 종종 성희롱과 성폭행 협박으로 나타나며, 남성 언론인의 경우도 그들의 아내와 딸을 향한 성적인 협박이 가해진다. 그리고 이들 뒤에는 두테르테 행정부와 그 측근들의 재정적 지원이 있는 것이 거의 확실시되는 실정이다.

인다이 에스피나-바로나, ABS-CBN 뉴스데스크 편집인, 전 NUJP 위원장

"두테르테는 정부 최초로 소셜미디어 아미를 조직했는데, 정부와 그의 기업인 친구들이 자금을 지원한다. 이 '군대'는 정부를 비판하는 언론인·소셜미디어 사용자들의 공격에 특화되어 있다. 우리는 살해 협박을 받는다. 예를 들어 누군가 말하기를, "네가 너의 집 밖에서 우리를 보고도 그렇게 용감할지 두고 보자", "너는 전에 결코 강간을 당한 적이 없지. 이게 네가 강간당할 거라는 신호일 것이다" 등등, 온갖 종류의 협박을 받는다. 나만 그런 협박을 받은 것이 아니라 많은 언론인이 그렇고 특히 여성 언론인들은 성차별주의자들의 목표물이 되어 육체적·성적 모욕과 협박을 당한다. 심지어 두테르테 자신도 그러하다. 어느 나라에서 대통령이 자신에게 질문을 한 여기자에게 휘파람을 불겠는가? 그는 잔인하고 무례하며 여성을 존중하는 개념이 전혀 없다."

마르코스는 군대를 이용해 언론을 탄압했지만, 두테르테는 자신의 팔로어들을 동원해 탄압한다. '생각 없는 사람'들을 통해 언론을 탄압하는 방식은 더욱 비극이라고 에드 링가오는 지적한다.

에드 링가오, TV5, 원뉴스 채널 앵커

"소셜미디어의 아름다움은 누구나 자유롭게 의견을 개진한다는 것이고 비극은 읽지 않고 의견을 쓴다는 것이다. 읽는 법을 배우기 전에 쓰는 법을 먼저 배운다는 게 비극이다. 그들은 내가 두테르테의 인권을 비판하는 글을 썼을 때 읽지도 않고 비난 댓글을 달았다. 마르코스의 부정축재를 대법원이 인정해 정부가 그 돈을 환수했음에도, 내가 대법원의 판결과 부정축재 내용을 그래프까지 써가며 설명해도 글은 안 읽고 마르코스가 무죄라고 한다. 두테르테가 마라위 포위작전 때 군대가 강간을 해도 좋다, 내가 보호하겠다,라고 한것을 비판하자 '반애국'이냐고 지지자들이 공격했다.

언론인은 사람들에게 무엇을 해야 할지 말하는 것이 아니라, 사람들이 더 나은 정보로 무장하고 분석하고 결정을 내릴 수 있게 최선의 방법으로 정보를 제공해야 한다. 그런 식으로 당신의 공동체를 바꾸게 된다. 그것이 언론이 사회를 바꾸는 원천이기도 하다. 언론인의 임무는 '변화'이다. 당신이 기여하는 공동체와 당신이 속해서 일하고 있는 공동체, 둘 다 개혁해야 한다. 당신에게는 두 가지의 선택이 있다, 아무나가 되어 길가에 서서 역사가 당신 옆을 지나가는 것을 지켜보든지—대부분의 사람들이 그렇게 한다—아니면 호랑이 등에 올라타든지. 호랑이가 당신을 떨어뜨리려 하고 거칠게 굴겠지만 당신은 호랑이 등에 올라타 그것을 진정시키고 당신이 가야 한다고 생각하는 방향으로 가려고 애쓰는 것이다. 나는 두 번째

를 선택한다. 그것이 저널리즘의 할 바이다. 역사를 지켜보는 것이
아니라 만드는 것이다."

2) 가짜뉴스 전쟁과 검열

소셜미디어 군대는 자신의 온라인, 라디오, 텔레비전을 가지고 대중에
게 허위정보를 양산한다. 또한, 두테르테 자신과 그의 행정부 관료들
역시 가짜뉴스의 진원지로 꼽히는데, 그 대표적인 경우기 '가짜뉴스 어
왕'으로 불리는 모카 우손(Mocha Uson)이다. 모카 우손은 전 섹시 댄서
출신으로, 대선 때 두테르테를 지지한 보상을 받아 대통령소통사무국
(PCOO) 차관보로 임명되어 일하다가 2018년 10월 초 사임했다(내부
적으로 해임되었다는 설도 있다). 그녀는 매우 인기 있는 인물로 대선 당시
페이스북에 200만 팔로어를 거느렸고 현재는 500만이 훨씬 넘는 팔로
어들을 두고 영향력을 발휘하고 있다. 모카 우손은 정부에 비판적인 뉴
스를 '황색뉴스', '가짜뉴스'로 칭하고, 자기 팔로어들에게 텔레비전과
신문을 끊고 자기 블로그만 읽으라고 미디어 보이콧을 요구하기도 했
다. 문제는 그녀가 누군가를 비판하면 모든 팔로어가 그를 공격하고 트
롤 아미의 폭우가 쏟아진다는 점이다.
 가짜뉴스를 판별해내기 위해 사실확인(팩트체크)을 하는 미디어기
관 중 대표적 그룹인 '베라파일스'(Vera Files)는 2008년 6명의 베테랑 언
론인들로 구성되었다. 베라파일스는 래플러와 함께 필리핀에서 페이스
북의 팩트체크를 하는 두 기관 중 한 곳이며 당면 이슈들에 대한 보고
를 하고 있다. 베라파일스의 공동창립자이자 대표인 엘렌 토르데실랴

스는 그들의 활동 내용을 다음과 같이 설명한다.

엘렌 토르데실랴스 Ellen Tordesillas, 베라파일스 대표, 〈말라야 비즈니스 인사이트〉Malaya Business Insight 신문 칼럼니스트

"우리는 2016년 대통령 선거 기간 동안 후보들이 거짓을 너무 많이 말해서 대학생들의 도움을 받아 팩트체크를 하기 시작했다. 두테르테 행정부가 시작된 뒤에는 미국의 민주주의국가기금(National Endowment for Democracy, NED)의 지원을 받아 그쪽에 관련된 팩트체크와 페이스북의 팩트체크 두 가지를 진행하고 있다. 우리는 두테르테뿐만 아니라 모든 관료들, 야당, 대중에게 영향력 있는 인물들의 발언을 추적해 거짓을 밝히고 데이터를 검증한다. 우리는 뉴스 보도에 의존하지 않고 그들의 진술이 담긴 오디오·비디오 원본, 1차 자료들을 사용한다. 또한, 그들의 진술이 허위라는 것을 밝히기 위해 정부의 데이터 같은 공식 자료들을 활용하고 검증이 되면 허위라고 밝힌다. 예를 들면, 두테르테가 언급한 마약중독자 수가 사실이 아니라는 것을 밝히기 위해 필리핀마약단속국(Philippine Drug Enforcement Agency, PDEA)에서 정보를 얻었다.

블로그나 웹사이트에 거짓이 실리고 그것이 페이스북에서 온 것임이 확인되면, 우리는 그것이 가짜뉴스라는 것을 사람들에게 말한다. 팩트체커로서 우리는 페이스북상에서 모든 의심스러운 사이트들의 플랫폼에 접근할 권한을 갖고 있다. 거짓 내용을 페이스북에 보고하고 베라파일스의 웹사이트에 올려 거짓인 이유를 설명한다. 페이스북 팩트체커로서 우리는 거짓 내용을 차단하거나 삭제하지 않고 단지 분류를 한다. 하나의 게시글(포스트) 안에도 거짓과

진실이 섞여 있을 수 있고 오해가 있을 수도 있다. 그것이 '의견'일 경우, '뉴스'가 아니라 '의견'임을 밝힌다.

일단 우리가 '거짓'이라고 말하면 페이스북은 그것을 뉴스피드(news feed)에서 내린다. 그 게시글은 쉽게 보이지 않게 되어 그 글의 주인은 그것으로 돈을 벌 수 없다. 거짓 정보라도 사람들이 클릭을 많이 하면 돈을 벌 수 있다. 그런데 우리가 증거를 제시하면서 그 게시글이 거짓임을 밝히고 그것이 페이스북에서 내려오면 쉽게 보이지 않게 된다. 그럼에도 그 포스트가 쉽게 제거되지는 않는다. 그래서 만약 당신이 우리가 '거짓'으로 태그한 포스트를 클릭하면 다음과 같은 안내문이 뜨게 된다. "이 포스트는 베라파일스에 의해 '거짓'으로 태그되었습니다." 그리고 링크된 우리 웹사이트를 클릭하면 그 이유가 설명되어 있어 사람들은 그것이 거짓이라는 것을 알게 된다. 우리는 2018년 4월부터 이 일을 시작해 한 달에 약 50건의 가짜뉴스를 태그했다."

베라파일스가 진행하는 언론인 훈련 프로그램에는 팩트체크 방법도 포함되어 있다. 엘렌 토르데실랴스에 의하면, 필리핀 전체 인구 1억 600만 중 약 6900만명이 페이스북 사용자로 필리핀은 세계에서 페이스북 구독자 순위 6위를 달리고 있다. 18세 이상 성인 중 42%가 페이스북 구독자이며 어떤 이들은 한 개 이상의 계정을 가지고 있다고 한다. 이런 상황에서 페이스북을 통해 유포되는 가짜뉴스를 판별해내는 일은 더욱 중요할 수밖에 없다. 엘렌 토르데실랴스는 가짜뉴스의 '넘버원' 출처로 두테르테를 꼽았는데, "그가 대통령이라 그가 뭔가 거짓을 말하면 정부 정책으로 옮겨진다는 것이 문제"라고 지적한다. 예를 들어,

2018년 3월 13일자로 베라파일스 웹사이트에 쓴 그녀의 기사[26]에 따르면, 두테르테는 취임 후 초창기에 마약중독자를 300만이라 했다가 1년이 채 못 되어 400만으로 말하고 2018년 3월에는 160만명으로 수정한다. 마약전쟁으로 많은 사람을 죽였는데 몇 달 후 마약중독자 수가 300만에서 400만으로 늘었다면 진술이 거짓이라고 의심할 수밖에 없을 것이다.

우리는 또 하나의 팩트체크 방식을 필리핀전국언론인노조(NUJP)에서 살펴볼 수 있다.

다벳 파넬로, NUJP 사무국장, ABS-CBN 방송국

"NUJP는 '페이크블록'이라는 웹사이트(https://fakeblok.com)를 가지고 있는데, 우리의 파트너인 광고대행사가 개발한 크롬 앱이다. 사람들은 이 '페이크블록'에 가짜 웹사이트(fake website)를 보고할 수 있다. 그러면 우리가 그것을 확인하고 그것이 가짜 웹사이트로 밝혀지면 앱을 내려받은 사람들의 페이스북에서 그것이 차단되도록 한다. 즉, 앱을 내려받은 독자에게 "이것은 가짜 웹사이트에서 왔습니다. 그래도 여전히 읽기를 원하세요?"라는 경고문을 띄워 그들이 읽을지 말지를 선택하게 하는 것이다. 우리는 또한 온라인상에서 두테르테와 마르코스의 지지자들로부터 트롤(괴롭힘)을 당하는 사례들을 기록하고 있다. 우리는 가짜뉴스를 기록하지는 않지만 가짜뉴스에 대항하기 위해 다른 단체들과 파트너를 맺고 있고, 가짜뉴스를 어떻게 식별할지, 오보와 허위정보에 어떻게 맞서 싸울지에

---

26 http://verafiles.org/articles/duterte-revises-his-number-drug-addicts-philippines

대한 훈련, 세미나, 강연을 하고 있다."

비판적 언론인들이 감수해야 할 온라인 전투는 트롤 아미의 위협과 가짜뉴스에 덧붙여 검열 문제가 있다. 외부 압력에 의한 내부적 검열(방송사 뉴스룸, 신문사 데스크) 외에도 온라인상에서 트롤을 많이 당하면 언론인들이 겁을 먹고 자기 검열을 하게 된다. 그러나 다른 한편으로는, 온라인의 특성상, 의도했던 검열과는 전혀 다른 효과를 내기도 한다. 외부의 힘이 갖는 두 가지 상반된 측면을 베테랑 기자 출신 언론인 카를로스 콘데는 다음의 예를 들어 설명한다.

카를로스 콘데Carlos Conde, 전 〈뉴욕 타임스〉, 〈인터내셔널 헤럴드 트리뷴〉[27]
마닐라 특파원, 전 필리핀전국언론인노조NUJP 사무국장, 현재 국제인권감
시기구인 휴먼 라이츠 워치의 필리핀 담당 연구원
"언론인들이 소셜미디어, 페이스북 등 온라인에서 괴롭힘을 당하면 그것은 그들을 취약하게 만들어 비판적 기사를 쓰거나 보도하지 못하게 할 수 있다. 언론인들에게 미치는 이 영향에 대해 믿을만한 연구들이 있어왔다고는 생각하지 않지만 그 영향을 이해할 수는 있다. 당신이 언론인인데 소셜미디어에서 집중적으로 폭격을 받는 대상이 되어 사람들이 당신의 이름을 부르고 "너의 딸을 강간하겠다", "너의 아이들을 죽이겠다"고 위협한다면 그것은 당신에게 영향을 미칠 것이다. 이것이 현재의 환경이다.

---

27 2013년에 〈인터내셔널 뉴욕 타임스〉(The International New York Times)로, 2016년에는 〈뉴욕 타임스 국제판〉(The New York Times International Edition)으로 바뀌었다.

반면, 인터넷과 소셜미디어, 성장하는 뉴미디어는 매우 자유로운 매체이자 기술이어서 검열을 저지한다. 무엇인가를 검열하려 하면 실패하게 될 것이다. 예를 들어 현 상원의장 티토 소토(Tito Sotto)가 그의 강간사건 연루 혐의에 대해 칼럼을 쓴 칼럼니스트의 글을 삭제하라고 〈필리핀 데일리 인콰이어러〉에 요구했을 때, 기사가 숨겨지는 대신 소셜미디어가 끼어들었다. 그 덕분에 오히려 더 많은 사람들이 이 강간사건과 그에 관련된 다른 이슈들을 알게 됐다. 이것은 상원의장이 〈인콰이어러〉를 검열하려 했기 때문이다. 아이러니다. 전에는 일어나지 않았던 일이 소셜미디어에 의해 일어나고 있다. 상원의장이 검열로 기사를 탄압하려 한 덕분에 오히려 그 내용이 전 세계에 알려진 것이다. 어떤 사람들은 이것을 '스트라이샌드 효과'(Streisand effect)[28]라고 일컫는다. 유명인이 자신에 관한 이야기를 사람들이 알지 못하도록 막으려 할 때 그 반대의 효과가 발생해 더욱 많은 사람이 알게 되는 것이다. 그러므로 이런 환경에서는 무엇인가를 검열한다는 게 어렵다. 이런 점은 좋은 일이다. 이것이 내가 말하는 외부 힘의 두 측면이다."

상원의장 티토 소토의 강간사건 연루 혐의는 1982년 그의 동생인 빅 소토(Vic Sotto, 배우·텔레비전 프로그램 진행자·코미디언)가 다른 두 명의 공범과 함께 당시 16세이던 미국계 필리핀 댄서 겸 영화배우 펩시

---

28 어떤 정보를 숨기거나 삭제, 검열하려는 시도가 의도치 않게 오히려 그 정보의 확산을 낳게 되는 현상으로 대개 인터넷에 의해 촉진된다. 2003년 바브라 스트라이샌드가 자신의 저택이 담긴 항공사진 삭제를 요구하는 소송을 벌였다가 더욱 공중의 관심을 끌게 된 데서 유래한다.

팔로마를 강간한 사건에 관한 것이다. 그녀는 1985년 자살한 것으로 보도되었지만 타살로 의심받았다. 티토 소토는 자신의 권력을 이용해 펩시 팔로마를 협박하고 사건을 무마한 혐의를 받고 있다. 2014년 미국의 칼럼니스트 로델 로디스(Rodel Rodis)가 이 사건에 대한 티토 소토의 은폐 혐의를 기사로 썼고 그 기사는 〈필리핀 데일리 인콰이어러〉의 웹사이트(Inquirer.net)에 실려 있었는데, 티토 소토가 이 기사를 명예훼손적인 가짜뉴스라 부르면서 2018년 5월 29일 〈인콰이어러〉 쪽에 기사를 내리도록 요구한 것이다. 〈인콰이어러〉는 상원의장의 요구에 따라 기사를 삭제했고, 모든 소속 기자들에게 개인 견해를 소셜미디어에 쓰지 말 것을 지시했다. 이것은 명백한 언론탄압이고 검열이었지만, 이로 인해 오히려 사건을 모르던 대중에게까지 인터넷을 통해 내용이 확산되는 결과를 낳았다.

3) 필리핀 언론인의 현실, '최고의 검열은 살인'

"당신은 자유롭게 보도할 수 있다. 그러나 다른 사람들 역시 당신을 자유롭게 죽일 수 있다."(You are free to report, but others are also free to kill you.) 베라파일스의 엘렌 토르데실라스가 한 이 말은 현재 필리핀 언론인들이 처해 있는 상황을 적나라하게 보여준다. 필리핀 언론인들은 필리핀이 무슨 말이든 자유롭게 할 수 있는 '민주주의' 국가임을 강조한다. 그러나 동시에, 그로 인해 언제든 고용된 킬러에 의해 총맞아 죽을 수 있다는 데 딜레마가 있다. 다른 동남아시아 국가들에 비해 필리핀 언론은 상당히 자유롭고 언론인들은 무엇이든 자유롭게 말할 수 있지만,

그 대가로 괴롭힘을 당하고 명예훼손으로 고소를 당하고 심지어 살해를 당한다. 즉 자유롭게 말하는 대신 그 결과를 감수해야 하는 것, 이것이 필리핀 언론인들이 직면해 있는 현실이다.

필리핀의 자유언론을 방해하는 요소로, 카를로스 콘데는 세 가지를 꼽는다 : "첫째, 정치인들은 아직도 비판적인 언론보도에 익숙하지가 않다. 그들이 언론인에게 대항하는 방식은 힘을 사용하는 것이다. 그래서 언론인 살해가 많이 일어난다.

둘째, 기자들이 처해 있는 열악한 경제적 조건들이 또 다른 방해요소이다. 필리핀의 많은 기자들은 저임금과 과로에 시달리지만 그들의 이해를 대변해줄 노조가 없다. 그래서 그들은 보호받지 못하고 보험 같은 복지혜택도 없다. 오직 소수의 언론인들만이 그런 혜택을 받는다. 특히 지방의 기자들은 프리랜서로 일해 고용관계 문제가 있다. 배가 고프면 자기 직업의 일을 하는 것이 매우 힘들다. 필리핀 기자들은 자기 일에 매우 헌신적이지만, 현실은 그들이 '힘'에 직면해야 한다는 것이다. 그들은 부패행위에 관여되기도 하고 때로는 사회정당들과의 관계로 공격당하기도 한다. 많은 언론인들이 부패한다. 정치인들은 언론인들의 급여가 적다는 것을 알고 있어서 그들을 부패시키려고 시도한다. 이것이 문제다.

셋째, 미디어의 전문성(professionalism)도 문제이다. 언론은 가짜뉴스에 대항할 최상의 위치에 서 있지 않다. 언론 역시 많은 실수를 하고 때로는 부패해서 그 뉴스를 믿을 수 없거나 믿을만하지 않기 때문이다. 필리핀 미디어는 신뢰성의 문제를 겪고 있다. 가짜뉴스는 좋은 저널리즘으로 대항해야 하는데, 언론 자신이 신뢰성 문제를 가지고 있다면 그것은 문제다."(카를로스 콘데)

두 번째 요소를 좀 더 살펴보자. 필리핀 언론인의 절반 이상은 비정규직이다. 일부는 선택이 가능하지만 대다수는 선택의 여지가 없다. 메트로마닐라(마닐라 수도권)에 위치한 대기업 언론사들의 경우는 정규직이지만(이 경우 신문이 방송보다 정규직이 많다) 지방에는 정규직이 매우 적고 혹 정규직이어도 이는 단순히 '타이틀'일 뿐 월급은 매우 적다. 1970년대 말 1980년대 초에는 언론노조가 강했으나 정권의 강한 공격을 받아 노조 지도자들이 해고되면서 노조가 약해졌다. 단체임금협상이나 사회복지혜택을 논의할 노조의 힘이 없는 것이다. 필리핀 언론인들이 자조적으로 하는 말들에는 그들의 경제상황이 반영되어 있다 : "우리는 언론의 자유를 위한 방어에는 매우 사납지만 언론인들의 경제적 권리를 방어하는 것은 잘하지 못한다. 언론인들 사이에 항상 하는 농담이 있는데, '우리가 노동자의 시위와 파업은 취재하러 나가지만 우리 자신의 경제적 권리들을 방어하는 법은 잊고 있다'는 것이다."(인다이 에스피나-바로나); "우리는 언론인의 봉급을 '기아 급여'(starvation pay)라고 부른다."(징징 발례)

지방의 언론인들이 경제적 어려움을 더 많이 겪다 보니 정치인들과 결부되고 부패하는 경우가 더 자주 일어난다. 이는 지방에서 많은 살해가 일어나는 한 원인이기도 하다. 인다이 에스피나-바로나의 경험에 따르면, 지방의 기자는 분쟁 · 파업 · 정부 · 건강문제 등등 모든 분야를 다 취재해야 한다. 그들은 수백 킬로미터를 달려 취재를 가기도 하는데 주 고객으로부터 취재에 필요한 진행비를 받지 못한다. 즉, 교통비 · 식비 · 통신비 등을 모두 직접 해결해야 하는 것이다. 이들은 대부분 비정규직 프리랜서이므로 기사(스토리) 한 건당으로 지급을 받는다. 전투나 분쟁 취재 때는 1~2일이 걸리고 신문의 헤드라인에 기사가 실려도 그들은 여전히 매우 적은 액수를 건당으로 지급받는 것이다. NUJP 사무국장 다벳 파넬로의 다음 설명은 더욱 구체적이다.

"정규직 기자의 초봉은 월 1만5000~2만 페소(약 31~42만원, 2018년 10월 환율 기준)이다. 이것은 마닐라의 경우이고 지방에는 정규직이 거의 없어서 기사 한 건당, 방송 보도 한 건당으로 급료를 받는다. 한 달간 보도한 뉴스가 없으면 급료가 없다. 예를 들어, 비사야 제도 (Visayas)의 보홀(Bohol Island)주에서는 라디오 보도 한 건당 10페소 (약 200원)를 받는다. 취재 장소로 갈 때 타고 가는 지프니(jeepney)[29] 요금이 8페소이니, 10페소 급료를 받으면 2페소만이 남아 집에 돌아갈 돈도 안 된다. 집에 가려면 다시 8페소가 필요하니 회사가 6페소를 빚진 셈이다. 하지만 이것은 몇 킬로미터 거리라 지프니를 타고 갈 수 있을 때의 경우이다. 만약 더 먼 곳으로 취재를 가게 되어 교통비가 20페소, 30페소가 들어도 급료는 스토리당 10페소를 받으니 해결이 안 된다. 이것이 지방 기자들이 겪는 어려움이고 그들이 처한 상황이다.

반면, 그들은 라디오에 방송을 하고, 지역신문과 전국신문에 글을 쓰고, 사진과 비디오를 촬영하는 일을 동시에 한다. 라디오 보도가 있을 경우, 촬영한 비디오를 텔레비전방송국에 보내면 그것도 지급을 받기 때문이다. 지방의 기자들 중 정규직은 약 10%에 불과하다. 언론계에서 일하는 대부분의 사람들은 계약직이고 스토리

---

29 필리핀의 대표적인 대중교통수단으로, 버스와 지프의 중간 형태. 제2차 세계대전 직후 미군이 버리고 간 지프들을 개조해 만든 데서 유래했다.

당으로 지급을 받는 프리랜서들이다. 이들은 기사, 사진, 비디오를 AFP(프랑스 통신사)나 〈로이터〉 등 세계 통신사에 팔고 보수를 받는다."(다벳 파넬로)

다벳 파넬로가 속한 ABS-CBN은 대형 언론사이고 그녀는 정규직으로 고용되어 있지만 노조 가입은 허락되지 않는다(파넬로에 따르면, ABS-CBN 직원의 약 20%가 정규직이다). 계약상, 정규직 언론노동자는 회사 노조에 참여할 수 없게 규정되어 있다. 기자 같은 언론인은 회사 노조에 가입힐 수 없고 설비나 기술 분야의 노동자들만 가입할 수 있다. 노조 활동을 할 수 없으니 임금인상 같은 권리를 위해 회사 쪽과 단체교섭을 할 수도 없다. 필리핀의 여러 언론사들이 기자들에게는 노조 가입을 금지하고 있다. 한편, 거대복합기업 언론사인 인콰이어러의 저널 그룹은 노조가 있어 NUJP의 부위원장들 중 한 명은 〈인콰이어러〉 노조의 부위원장이기도 하다. TV5도 노조가 있었으나 폐쇄되어 현재는 없는 실정이다. 필자가 '필리핀전국언론인노조'로 번역한 NUJP가—현재는 비록 길드 수준이라 할지라도—'노조'의 이름으로 전국에 50개의 지부를 건설하고 언론인들을 조직해 나가는 활동을 하는 궁극적 목표는, 언론인들을 위한 교섭단위가 되어 더 나은 노동조건을 위해 싸우기 위함이다. 언론의 자유와 언론인들의 안전을 확보하는 것은 필수이지만, 지방 언론인들이 급료를 제대로 받지 못하는 조건을 개선하는 것도 필수적이라 하겠다. 지방 언론인들이 종종 생계를 위해 정치인들로부터 돈을 받고 부패하게 되는 현실을 NUJP 사무국장은 다음과 같이 설명한다.

"지방의 상황은 이러하다. 내가 지방의 언론인이라면 내가 쓰는 기사에 대해 급료를 받지 못한다. 오직 내가 스폰서를 구했을 때만, 그 스폰서로부터 내가 일하는 신문사나 라디오방송국이 취하게 되는 수익의 일부를 내가 받게 된다. 하지만 당신이 지방에 있기 때문에 당신에게 제일가는 스폰서는 당신의 취재원이기도 하다. 왜냐하면 그들은 그곳에 회사를 소유한 자들이고 또한 정치인들이기 때문이다. 정치가 무리는 지역에 사무실을 차리고 사업을 한다. 이미 갈등적인 이해관계가 있는 것인데, 당신의 뉴스를 얻는 원천(취재원)이 광고를 위한 스폰서십(재정후원)의 원천이기도 하기 때문이다.

언론인들이 급료를 못 받거나 혹은 매우 낮은 임금, 즉 보도기사 한 건당 10페소를 받는다면, 그들이 부패하기는 매우 쉽다. 정치가들은 언론인들에게 돈을 주고 언론인들은 시장이나 주지사에 대해 좋은 기사를 쓴다. 정치인들 간에 싸움이 벌어지는 지역에서는 이 언론인들이 이 정치가로부터 돈을 받고 저 언론인들이 다른 정치가들로부터 돈을 받는다. 이 정치가가 라디오나 지역 텔레비전의 방송시간을 사서 언론 종사자에게 돈을 주어 자신에 관한 방송을 하게 만들고 저 정치가를 공격한다. 전쟁 중인 정치가들이 상대방을 공격하고 죽이는 것이다. 우리가 조사한 사건들의 많은 경우가 이런 식이었다."(다벳 파넬로)

결국, 지방 언론인들이 정치인들의 대리전을 치르다가 살해되는 현실의 바탕에는 '기아 급여'로 불리는 열악한 임금조건이 놓여 있음을 알 수 있으며, 이의 개선이 언론인의 부패, 정치인과의 결탁을 방지하는 혹은 줄일 수 있는 필수조건임을 알 수 있다.

자유언론을 방해하는 세 번째 요소로 카를로스 콘데가 지적한 언론의 전문성 문제는 언론이 전하는 정보의 정확성과 진실성, 언론인의 직업적인 능력과 수준 모두를 포함한다. 콘데의 지적대로, "많은 기자들이 자료(데이터)를 어떻게 검증해야 하는지는 고사하고 심지어 어떻게 써야 하는지조차 모른다"는 것, "정부가 무엇을 하든 확인 없이 그대로 믿는 언론인들"과 "잘 쓰고 잘 보도하고 잘 편집하지 못하는 언론인들"이 있다는 것도 큰 문제가 된다. 이 모든 문제들이 언론의 전문성과 연관되어 있고 언론의 빈약한 신뢰도를 가중시키게 된다. 콘데가 진단하는 필리핀 언론의 전문성 문제는 우리 언론이 귀담아들어야 할 말이기도 하다.

"신뢰도에 문제가 있는 언론이 어떻게 가짜뉴스에 맞설 수 있겠는가. 가짜뉴스는 오직 훌륭한 언론으로만 대항할 수 있다. 우리나라에는 그런 언론이 많지 않다. 대부분의 언론인들은 그저 그런 수준일 뿐이다. 언론인들의 전문성 부족은 그들이 안 좋은 언론인이 되고 싶어서가 아니라 다른 많은 요인들에 기인한다. 하지만 나는 이 나라 언론에 대해, 그리고 언론의 전문성의 미래에 대해 낙관적이다. 그런 징후가 보이기 때문이다. 점점 더 많은 헌신적인 젊은 언론인들이 나오고 있고 언론인들은 점점 더 많이 사회적 이슈들과 인권문제에 대해 쓰고 있다. 기자들이 일단 사회정의에 대해 쓰기 시작하는 것은 좋은 일이다. 그들은 대충 편하게 일하는 것에서 벗어나 그 일을 하는 것이다. 단지 뉴스룸에 앉아 개인적 이슈들이나 토해내는 것보다 항상 더 선호할 만한 일이다. 정부가 실망시키고 있는 사안들에 질문을 던지는 것은 항상 좋은 뉴스이다. 위협과 공격이라는 정부의 접근방식은 언론인들로 하여금 그들이 알고 있는 최고의 무기인 그들의 기술, 즉 '전문성'을 가지고 맞받아 싸우는 것밖에는 선택의 여지가 없는 위치에 놓이게 한다. 그것이 내가 모든 문제들에도 불구하고 희망을 가지는 이유이다."(카를로스 콘데)

*　　*　　*

마르코스 정권의 오랜 독재를 겪은 필리핀 언론인들은 언론의 자유를 위한 저항과 투쟁의 역사 유산을 가지고 있다. 그것은 그들의 자산이고 현 두테르테 정권하에서 생명의 위협을 받으면서도 소리 높여 무엇이든 말하고 비판할 수 있는 용기의 바탕이다. '언론인 살해'로 인해 언론인이 살기에 가장 위험한 나라들 중 하나라는 오명을 안고 있고 지금도 언론의 자유는 위협당하고 있지만, 다른 동남아 국가들에 비해 필리핀의 언론 환경은 훨씬 자유롭다. 필리핀 언론은—언론인 자신들의 표현처럼—'소란스러운 언론'으로서의 역할을 수행하고 자신의 목소리를 끊임없이 내기 때문이다. 또한 젊은 언론인들이 노조를 설립하고 강화하기 위해 노력을 기울이는 모습도 고무적이다.

필리핀은 언론인이 되기 위한 면허증(라이선스) 제도가 없다. NUJP 위원장 노노이 에스피나에 따르면, "필리핀 언론인들이 라이선스화하려는 모든 노력을 항상 거부해온 이유는 언론의 자유가 정부의 통제나 입법화에 의해 통제되어서는 안 된다고 믿기 때문"이다. 필리핀 언론인들은 "저널리즘이 대중의 표현의 자유와 알 권리의 확장"이라는 관점을 견지해왔다고 강조하는 노노이 에스피나의 다음 말은 그래서 더욱 인상적이다 : "우리는 미디어를 위한 특별한 법이 만들어지지 않기를 바란다. 미디어를 특별한 부문으로 보지 않고 언론인도 다른 모든 시민들이 부여받는 보호 권리 안에 동일하게 있어야 한다. 우리는 언론인이라서 따로 계층적 입법 대상이 되기를 원치 않는다. 이는 이미 대중과 먼 언론인을 더욱 멀리 떨어뜨려 놓을 것이다."

한편, 언론과 관련해 현재 논란이 되는 헌법 개정안의 내용은 언론의 자유를 통제하기 위한 정치권력의 또 다른 공격이다. 1986년 '피플 파워'로 민주주의를 획득한 필리핀의 1987년 헌법 제3조 4항은 "언론·표현·출판의 자유 또는 불만 해결을 위해 시민들이 평화롭게 집회를 열고 정부에 탄원을 할 권리를 축소하는 법은 통과되어서는 안 된다"고 명시되어 있으나, 이를 "언론·표현·출판의 자유의 책임 있는 행사(responsible exercise)…"로 문구를 바꿈으로써[30] 향후 언론 활동에 대해 정부가 규제할 수 있는 여지를 만들려는 것이다. "책임 있는 행사"가 무엇인지, 그것을 어떻게 규정할 것인지는 정부의 임의적인 해석에 따라 달라질 수 있고 이에 반하는 언론·표현·출판의 자유는 헌법에 위배된 것으로 간주될 수 있기 때문이다.

두테르테가 임기 첫해인 2016년 '미디어보안 대통령전담팀'(Presidential Task Force on Media Security, PTFoMS)을 만들고 '정보의 자유' (Freedom of Information, FOI) 프로그램에 서명했지만 그 실효성을 믿는 언론인은 드물다. 필리핀의 언론인들은 여전히 살해 위협에 시달리고 명예훼손죄로 고소당해 직장을 잃을 처지에 놓인다. 보조를 받는 독립

---

[30] 2018년 1월 하원 부의장 프레데닐 카스트로(Fredenil Castro)가 제안한 수정안에는 굵게 표시된 부분이 기존의 문구에 첨가되었다첨가되었다(강조-필자) : "No law shall be passed abridging **the responsible exercise of** the freedom of speech, of expression, or of the press, or the right of the people peaceably to assemble and petition the government for redress of grievances."

미디어들이 생기고는 있지만, 대부분의 미디어 소유권(ownership)은 언론복합기업의 재벌들에게 있다. 이 미디어그룹들은 필리핀의 정치가문들과 중첩되거나 연계되어 있기 때문에 언론은 정치가들의 이익을 위해 통제된다.

그러나 필리핀의 언론이 공격당하고 있다고 해서 언론인들이 말을 하지 않는다는 뜻은 아니다. 필리핀 언론의 저력은 목숨과 직장을 잃을 위험을 무릅쓰고 자유롭기를 선택하는 언론인, 침묵하지 않는 언론인들에게 있다. 이들은 프로페셔널리즘, 즉 직업정신과 전문성으로 무장하고 올바른 보도를 하는 것, 책임 있는 언론이 되는 것이 자신의 생명을 위협하고 자유언론을 약화시키려는 세력들로부터 자신을 보호하는 최선책임을 믿고 있다.

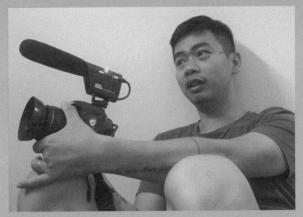

2장

베트남

베트남의 민주화 동력, '시민언론'

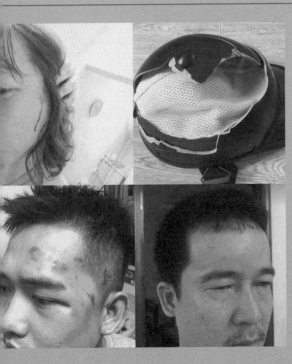

베트남 공산당은 1986년 제6차 전국대표대회에서 '도이머이'(Đổi mới, 쇄신) 정책을 결의하고 사회주의 기반의 시장경제 건설을 목표로 개혁을 추진해왔다. 개방과 개혁 정책으로 중국의 뒤를 잇는 빠른 경제성장 덕분에 주목을 받아온 베트남 사회의 내면에는 당의 미디어 통제에 대한 불만과 '표현의 자유', '언론의 자유'를 향한 의식 있는 시민들의 열망이 커져가고 있다. 탄압에 대한 두려움으로 인해 아직은 전체 인구의 극소수만이 목소리를 내지만, 침묵을 지키는 더 많은 이들 역시 정부의 경제성장 정책 이면에 내재한 관료들의 부패와 중국 정부와의 유착, 개발로 인한 환경문제, 식품위생·교통문제 등에 공감하고 있다.

그러나 이들이 자유롭게 목소리를 내기에는 베트남 정부의 언론통제가 강력하다는 것을 '국경 없는 기자회'(RSF)의 세계 언론자유지수를 통해 짐작할 수 있다. '국경 없는 기자회'에 따르면, 2014년 베트남의 언론자유지수는 180개국 중 174위였고 2015년부터 2018년까지는 줄곧 175위를 차지하고 있다.[31] 공산당 일당 체제하에서 미디어 전체를 통제받는 베트남의 현실상, 언론의 자유를 외치는 이들의 대부분은 전문적인 언론인들이 아니라 블로거, 페이스북 사용자인 인권·사회운동가들, 이른바 '시민언론인'들이다. 이들은 그들의 활동으로 인해 과거 또는 현재의 양심수이거나 미래의 '잠재적' 양심수이기도 하다.

---

31 https://rsf.org/en/ranking# https://rsf.org/en/vietnam

1

'암흑의 일요일'과 시위자들

1) 사이버보안법과 경제특구법 반대 시위

2018년 6월 호찌민과 하노이 그리고 지방의 여러 도시에서 대규모의 시위를 불러일으킨 원인은 새로운 '사이버보안법'과 '경제특구법'이다. 사이버보안법은 2018년 6월 12일 입법부에서 통과되어 2019년 1월 1일부터 시행될 예정이고 경제특구법은 일단 연기되었다. 베트남은 2015년 11월 19일에 지정된 '사이버정보안전법'에 의해 사이버환경에 대한 규제와 보호 조치를 해왔는데, 새로운 사이버보안법은 사이버네트워크상의 게시물, 출판물에 대한 다양한 규제 조항을 포함해 논란이 되고 있다. 이 법으로 인해 공안부의 온라인 검열과 통제가 강화되어 인권·사회운동가들과 정부정책의 반대자들을 침묵시킬 것이라는 우려 때문이다.

경제특구법안은 특별구역으로 지정된 번돈(Vân Đồn), 푸꾸옥(Phú

Quốc), 박번퐁(Bắc Vân Phong)의 토지를 외국의 투자자가 최장 99년간 임대할 수 있게 허용함으로써 베트남 국민들의 반발을 가져왔다. 이는 베트남인들이 중국의 특구 선점을 우려하고 그것이 베트남 영토에 대한 침탈로 이어질 것이라 생각하기 때문이다. 오랜 기간 중국의 지배를 받았던 과거의 역사뿐만 아니라, 현대사에서도 남중국해[32]를 둘러싼 중국과의 분쟁이 계속되고 있으며, 무엇보다도 중국 기업의 베트남 진출 방식이 갖는 폐해로 인해 반중정서가 있는 베트남인들이 이 법안에 우려를 표하는 것은 자연스러운 일이다.

두 법안에 대한 반대시위는 2018년 6월 7일 빈투언(Bình Thuận)성의 판리(Phan Rí)에서 시작해 베트남 곳곳에서 산발적으로 일어났고 6월 9일에는 호찌민시의 떤따오 공업단지에서도 일어났다. 6월 10일 마침내 동시다발적 시위가 호찌민, 하노이, 다낭, 냐짱, 빈투언 등지에서 대규모로 발생해 경찰의 체포와 폭력진압이 이루어졌다.[33] 시위가 일요일마다 진행되었고 폭력진압이 있었기 때문에 베트남의 운동가들은 이 시위를 '암흑의 일요일'(Black Sundays)이라 부른다. 6월 17일 시위대와 경찰·공안의 충돌이 극에 달했는데, 베트남의 인권·사회운동가들은 6월 10일과 17일 시위에 대한 보고서를 피디에프(PDF) 파일로 작성해 인터넷을 통해 공유·유포했다. 일종의 '사이버시대 지하출판물'이라 할 수 있는 이 보고서의 제목은 다음과 같다. 〈암흑의 일요일 : 민간인에 대한 잔인한 경찰 진압〉(Black Sundays : Brutal Police Crackdown on Civilians,

---

32 석유 매장량이 풍부한 이 바다는 중국과 동남아시아의 여러 국가가 인접해 있어 영유권 분쟁이 끊이지 않는 곳으로, 중국의 공세적 태도로 인해 특히 베트남과 필리핀이 중국과의 갈등관계에 놓여 있다.

33 *Black Sundays : Brutal Police Crackdown on Civilians*, June 28, 2018, 미발간 보고서, pp. 2~4.

2018년 6월 28일 제작). 이 보고서는 베트남 정부가 관영언론을 통해 '공공의 무질서를 야기'하고 '평화를 방해하는 극단주의자'로 몰아간 시위자들이 어떻게 탄압을 받았는지에 대해 사례들을 통해 증언하고 있다.

시위의 원인이 된 이 두 법안에 대해 활동가 팜바하이는 다음과 같이 의견을 피력하고 있다. 그는 인도에서 경제학 석사 과정으로 유학을 하던 시절—당시에는 베트남에 페이스북이 없었기 때문에—본인의 웹사이트를 열어 9개의 사회비

보고서 〈암흑의 일요일 : 민간인에 대한 잔인한 경찰 진압〉의 표지 (표지 사진 : Nhật Ký Biểu Tinh/Protestors' Diary Facebook Page)
자료 출처 : https://www.thevietnamese.org/2018/06/black-sundays-report-vietnamese-peoples-response-to-police-brutality-during-june-2018-protests/

판적 기사를 썼다는 이유로 귀국 후 체포당해 5년간(2006~2011년) 복역하고 2년간 가택연금을 겪었던 인물이다.

팜바하이Phạm Bá Hải, 44세 '베트남전前양심수'협회Former Vietnamese Prisoners of Conscience, FVPOC 코디네이터, 인권운동가

"10~15년 전에는 지역당국과 갈등이 있어도 사람들이 문제를 표현할 아무런 채널이 없었는데 이제는 인터넷, 특히 페이스북 덕분에 상호작용을 매우 잘한다. 사람들은 게시글을 공유해 옆에서 일어나는 모든 부당한 문제들을 알게 되고 서로 연결되어 거리에 함께

나가 지역당국에 대항하는 시위를 한다. 공산주의자들은 이를 두려워해 중단시키고 싶은데, 외국 서버에 개인 자료 요청을 남용하지 못하기 때문에 사이버보안법을 공표한 것이다. 공산당 서기장 응우옌푸쫑(Nguyễn Phú Trọng)이 "우리는 정권을 보호하기 위해 사이버보안법을 가져야 한다"고 공식적으로 말했다. 보통은 공개적으로 그렇게 말하지 않는다. 정부는 반대자들을 침묵시키기 위한 조치로 이 법안을 비준했다.

사이버보안법에 따르면, 첫째, 베트남 내 모든 외국 정보기술(IT) 기업들 즉 구글이나 페이스북 등은 사무실을 베트남에 열어야 한다. 둘째, 그들은 사용자의 개인데이터를 홍콩이나 싱가포르가 아니라 베트남에 저장해야 하고 베트남 당국이 요구하면 개인정보 자료를 제공해야 한다. 셋째, 정부가 게시물이 공동체에 해가 된다고 판단해 업체에 게시물을 내리라고 요구하면 이를 따라야 한다. 물론 기존의 형법에도, 예를 들어 법령 72조[34]가 게시물에 대해 벌금을 물게 하는 것처럼, 사람들을 침묵시키기 위한 법조항들이 있지만 비판을 멈추게 하기에는 효과적이지 않았다. 새 사이버보안법은 더 강력하고 세밀하다.

경제특구법의 문제로는 첫째, 이 법이 과거에는 경제개발을 위한 모델이었지만 현재는 아니라는 점이다. 당시 글로벌 시대에 외국 기업의 투자를 쉽게 유치할 수 있는 방법으로 시행해야 했지만 지금은 적합한 것이 아니다. 둘째, 베트남 정부는 중국으로부터 개방을

---

34 법령 72조는 2013년에 입법된 것으로, 국가 안보에 해를 끼치거나 국가에 반대하는 정보 또는 뉴스를 온라인에서 게시하고 공유하는 것을 금지하고 있다.

위한 모든 경험을 배우고 경제특구를 열었다. 그런데 우선적인 투자자는 오직 중국이다. 우리는 중국이 그들의 국민을 이주시켜 100년간 살게 하려는 것이 두렵다. 중국은 땅을 임대해 민족을 확장한다. 경제특구로 된 지역에 자기 국민을 영원히 살게 하려는 것이다. 법안에 100년간(정확히는 99년간) 토지 임대 조항이 있지만 사실 중국에는 100년이 필요하지 않다. 중국이 합법적으로 부정행위를 하는 것에 숙달되는 데는 20년이면 충분하다. 그들은 그들의 국민이 영원히 거주하는 것―예를 들어 베트남 여자와의 결혼―을 통해 이 땅을 소유할 수 있다.

공산당에 1순위는 국민이 아니라 그들의 생존이다. 그래서 그들은 중국과 협력한다. 만약 미국이나 서방과 손을 잡는다면 공산주의자들은 끝나게 될 것이기 때문이다. 아마 한국 국민도 그렇겠지만 베트남인들은 중국이 이웃국가를 침범해 영토와 그들의 민족을 확대해가는 것에 대해 우려하고 있다. 과거의 역사에서도 그러지 않았나. 중국은 항상 모든 이웃나라들을 침범해 나라를 확장하려 했다. 경제특구법은 중국에 유리한 조건이 될 것이고 우리는 중국의 확대가 두렵다. 이미 남중국해―우리는 동해라고 부른다―에 중국이 영향력을 행사하고 있다.

베트남에 다른 나라 기업들도 있지만 중국은 공장을 경매 입찰할 때 최저가를 제안한다. 서방 기업이 따를 수 없는 낮은 가격이기 때문에 중국은 어떤 프로젝트든 이기게 된다. 예를 들어, 베트남 정부가 프로젝트를 1조 달러에 팔려고 하면 프로젝트를 딴 후 중국이 베트남 정부의 관리들에게 돈을 준다. 보통 프로젝트 전 경비의 20%를 뇌물로, 심지어 3분의 1까지 준다. 서방 기업은 외국에서 영

인권운동가이자 베트남전양심수협회 코디네이터인 팜바하이

원히 살고 싶어 하지 않지만 중국은 그것을 원한다. 그래서 우리가
경제특구법을 반대하는 것이다."

팜바하이의 전언에 따르면, 호찌민시의 시위는 6월 17일을 정점으
로 거리 시위를 못하게 되면서 이후 3주간, 7월 8일까지 가톨릭교회 건
물 안에서 계속되었다고 한다. 인터뷰 당시의 상황이라 그 이후 성당
안 시위가 언제까지 지속되었는지는 확인하기 어렵다. 6월 10일 시위
와 관련해 호찌민시 경찰은 "일시적으로 체포된" 사람들의 수가 310명
이라고 공식 발표했다.[35] 유혈사태를 빚은 6월의 시위 이후 경찰은 시위
에 참여한 혐의자들을 집집마다 방문해 경고하고 벌금을 내게 했다고
팜바하이는 증언한다. 정복·사복 경찰의 폭행과 강제구금이 두드러졌

---

35 *Black Sundays : Brutal Police Crackdown on Civilians*, June 28, 2018, 미발간 보고서, p. 6.

던 베트남의 6월 시위, 그리고 사회운동가들에 대한 일상적 감시와 사찰, 미행 등은 한국 사회의 1970~1980년대 상황을 상기시킨다.

2) 인권·사회운동가의 현실과 사회적 이슈들

"여기 베트남에서는 경찰이 언제든지 당신의 일상 활동에 끼어들 수 있다. 경찰은 때때로 도둑인 것처럼 가장해 활동가의 전화기를 훔치고 거기서 정보를 빼낸다. 그를 경찰에 데려가 전화기 비밀번호를 열게 하고 본인 것임을 부인하면 석방하는 대신 전화기를 물에 던져버린다. 나와 내 주위에서 흔히 일어나는 일이다." 팜바하이의 말이다. 사실 베트남에서의 취재는 '지하활동가'들의 일상을 실감시키는 상황으로 전개되었다. 필자는 만나기 직전에 약속 장소와 시간을 전달받았고 특별한 방식으로 주고받은 메시지들도 즉각적으로 삭제되었다. 팜바하이처럼 공개적인 활동으로 인해 늘 미행을 당하는 운동가이건, 익명을 원한 취재원이건, 안전과 직결된 보안문제는 예민한 사항일 수밖에 없다. 베트남전양심수협회(FVPOC) 코디네이터인 팜바하이의 경우 호찌민시 안에서만 활동이 가능하고 도시 밖으로는 나갈 수 없다.

베트남에서 정치적 의견을 밝히다가 구속된 사람 대부분은 언론인들이 아니고 페이스북 사용자, 블로거 등의 네티즌이다. 베트남전양심수협회의 웹사이트에는 98명의 양심수 명단이 올라와 있는데 이 중 47명이 블로거 또는 페이스북 사용자로 소셜미디어 플랫폼을 이용해 의견을 게시한 사람들이다. 그러나 이 숫자는 팜바하이가 강조하듯이 '최소' 98명이라는 것으로, '88프로젝트'(88 Project)가 제공하는 '베트남 정치범 데이터베이스'(Vietnamese Political Prisoner Database)[36]에 따르면, 2018년 11월 1일 현재 미결구금상태의 활동가가 13명이고 현재 징역형에 처해 있는 활동가가 155명이다. 그리고 이들 중 여성 정치범이 23명, 소수민족 출신 정치범이 50명 있는 것으로 전해졌다.

1970~1980년대 한국 사회가 그랬듯이, 베트남에서 양심수(정치범)가 되는 것은 아주 쉽다. 예를 들어, 2018년 7월 5일 체포된 레아인흥(Lê Anh Hùng)은 2015년에 개정된 형법 331조(1999년 형법 258조)의 "민주적 자유를 남용"한 혐의로 최고 7년형을 받을 수 있는 미결구금상태이다. 그의 잘못은 그가 정부의 경제특구법을 비판하는 공개서한을 자신의 소셜미디어에 올렸다는 점이다. 물론 그가 그 이전에 사이버보안법을 비판하고 미국의 국회기금으로 운영되는 〈미국의 소리〉(Voice of America, VOA)에 정기적으로 글을 썼다는 것도 문제이다.

또 다른 예를 보자. 프리랜서 시민기자로 미국의 〈자유아시아방송〉(Radio Free Asia, RFA)에 기고해온 응우옌반호아(Nguyễn Văn Hóa)는 2017년 1월 8일 체포되었다. 그는 2016년 4월 포모사 사태가 일어난 후 어부들의 배상과 정의를 요구하는 행동에 동참해왔다. 포모사 사태는 대만 기업 포모사(Formosa)의 하띤(Hà Tĩnh) 철강회사가 독극물인 폐수를 방류해 베트남 중북부 해안의 물고기와 조개들을 폐사시키고 바다를 10년간 회복할 수 없게 만든 역대 최악의 해양오염사건이다. 응우옌반호아는 플라이캠 드론을 사용해 2016년 10월 하띤성의 포모사 철강공장 바깥에서 진행된 평화시위를 촬영·생중계했다는 이유로 징역 7년

---

36 https://vietnamprisoners.info/ '88프로젝트'는 베트남 내 '표현의 자유'를 목표로 해외에서 결성된 단체로, 베트남의 형법 제88조—베트남 사회주의 공화국에 반하는 선전행위를 규정한 법률—를 폐지하자는 뜻에서 따온 이름이다.

Green Trees

the local people with legal procedures to civil sue Formosa and have it compensate people who live in the affected areas.

Activist Nguyen Anh Tuan (VOICE Vietnam) also went to Ky Anh, Ha Tinh many times to support fishermen in their livelihood as well as provide them with media skills and legal knowledge related to the incident.

VOICES OF RESPONSIBLE CITIZENS

Freedom of expression is one of the most important human rights. In Vietnam, it remains a problem as the Vietnamese authorities are always finding ways to restrict these rights, especially the right to protest.

Protest on 5/1 at Grand Theatre, Hanoi

An Overview of the Marine Life Disaster in Vietnam

On May 1, thousands took to the street in big cities demanding the government to be accountable and actively involved in coping with the environmental disaster. While the protests in Hanoi appeared to take place smoothly, dozens of people in HCMC were beaten and arbitrarily detained.

Protest in HoChiMinh City on 5/1

On May 8, the police crack down hard on the second demonstration, with more than 100 Hanoi protesters being detained illegally in police stations and a greater number, around 500, in HCMC, being taken by bus to a stadium and confined there until the end of the day. Police even used tear gas and brutally assaulted women with children.

지하출판물로 간행된 포모사 사태 보고서에 실린 시위 사진들. 왼쪽은 하노이, 오른쪽은 호찌민시의 2016년 5월 1일 시위 모습이다. 이 책을 출판한 '그린트리'(Green Trees)는 2015년 하노이의 나무 베기 프로젝트에 반대하는 운동 과정에서 설립되었고 꾸준히 지하서적들을 발간하고 있다. (*An Overview of the Marine Life Disaster in Vietnam*, Green Trees, 2016)

과 가택연금 3년을 선고받았다. 그의 행위는 형법 88조 '반국가선전활동'으로 간주되었는데, 이 법은 최대 형량이 20년이다. 한편, 베트남의 형법 79조는 "인민의 행정부를 전복하려는 활동"과 관련된 범죄로, 최대 형량은 사형이다. 베트남전양심수협회의 자료[37]를 보면, 수감자들의 다수가 88조와 79조 위반으로 되어 있어 이 법들이 어떻게 악용되는지 짐작할 수 있다.

포모사 사태에서 보이듯이, 환경정책이 배제된 개발과 농민의 토지 수탈·퇴거문제는 인권·사회운동가들이 목소리를 높이는 중심 이슈들

---

37 http://fvpoc.org/danh-sach-tnlt-list-of-poc/ 해외에서는 이 웹사이트를 자유롭게 열 수 있으나 베트남 국내에서는 정부가 방화벽으로 차단해 금지된 웹사이트이기 때문에 가상 사설망 즉 VPN(Virtual Private Network)을 설치해야 열 수 있다.

이다. 예를 들어, 2015년 하노이 당국이 개발 목적이라는 이유로 6700 그루의 나무들을 베려 했을 때 젊은이들을 중심으로 항의시위가 일어났다. 다음의 두 사회·인권운동가가 이야기하는 자신의 경험에서도 이러한 문제들을 엿볼 수 있다.

응우옌찌뚜옌 또는 '아인찌'Nguyễn Chí Tuyến, 44세, 일명 'Anh Chí', **사회·인권운동가, 프리랜서 통·번역가**

"나는 국유출판사에서 14년간 근무하고 2018년 5월에 직장을 그만두었다. 경찰과 공안의 압력이 너무 많아서이다. 2011년 베트남 중부고원(떠이응우옌, Tây Nguyên)의 닥농(Đăk Nông)성에서 중국 투자자가 보크사이트(알루미늄의 원광) 채굴 프로젝트를 진행했다. 중부고원의 교사인 딘당딘(Đinh Đăng Định)이 프로젝트에 반대하는 공개서한을 써서 교수, 퇴역장군을 포함한 수천명의 서명을 받아 정부와 국회에 제출했는데, 나도 여기에 참여했다. 그는 수년간 수형생활 끝에 죽음을 맞았다. 프로젝트는 그대로 진행되었고 베트남 정부는 돈만 잃고 환경문제를 야기했다."

교사 딘당딘은 이 청원서 사건으로 2011년 형법 88조 '반국가선전활동'을 한 조항에 걸려 6년형을 받았다. 2년 이상을 복역한 2014년 2월 15일 위암 말기로 가석방되었고 3월 21일 영구석방이 결정된 지 약 2주 후인 4월 3일 사망했다. 가족은 그의 병이 악화될 때까지 교도소 당국이 방치했다고 주장했다. 응우옌찌뚜옌의 전언에 의하면, 활동가들은 그의 몸 안에서 독이 발견되었기 때문에 그가 독을 주입당했다고 추측하고 있으나 사실 여부는 알 수 없다. 딘당딘은 석방된 후 병중에도 2014년에 결성된 베트남전양심수협회(FVPOC)의 창립 멤버로 활동했다. 중부고원의 보크사이트 채굴이 중국과 관련되었던 것처럼 응우옌찌뚜옌이 참여한 또 하나의 큰 시위도 중국과 관련되어 있다.

"2011년 남중국해에 대한 중국의 공세에 반대하는 시위가 일어났고 수백명이 참가했다. 중국이 석유를 탐사하던 베트남 선박의 케이블을 잘랐기 때문이다. 2011년 6~8월 하노이에서 일요일마다 시위가 있었고 총 12회 진행되었다. 사이공은 3주간 시위를 했다. 베트남에서 시위는 매우 예민한데, 중국 정부에 반대하는 시위로는 이것이 최초였다. 당시 '시위'라는 용어를 언급하는 것조차 어려운 때였는데 모험을 감행한 것이다. 베트남의 공산주의자 지도자들은 중국공산지도자들과 가깝고 그들에게 의존하며 그들로부터 돈(뇌물)을 받는다. 공산주의자들은 모든 것을 통제하고 국민이 의사

일명 '아인찌'로 불리는 인권운동가 응우옌찌뚜옌

표현하는 것을 원치 않는다. 그들은 시위자들이 함께 모여 힘이 커지고 통제가 어려워질 것을 두려워한다. 남중국해 갈등과 관련해, 정부와 당은 중국 정부에 보여주기 위해 우리가 한두 차례 시위하는 것은 허용했지만 그 이상은 두렵기 때문에 탄압했다. 하지만 우리는 시위를 계속 연장해가려 노력했다."(응우옌찌뚜옌)

응우옌찌뚜옌은 이 시위기간 중인 2011년 7월 17일 몇 시간 구금된 이래 계속 괴롭힘과 위협을 당해왔다. 그는 2015년 5월 11일 아침 아들을 학교에 데려다주고 오던 중 복면을 한 남자 5명에게 이유 없이 쇠막대로 구타당해 병원으로 옮겨졌는데, 이는 국가 지원의 폭력이 인권운동가들에게 행해지고 있음을 보여주는 한 예이다. 압력은 가족과 직장으로 이어져 이혼이나 해고를 당하기도 한다.

사실 남중국해의 파라셀 군도, 스프래틀리 군도를 둘러싼 영유권 분쟁은 20세기 현대사를 내내 관통해 21세기로 이어져온 예민한 주제이다. 2014년 5월에는 중국이 파라셀 군도를 포함하는 베트남 영해에서 석유 시추 장치를 설치한 것이 원인이 되어 대규모의 반중시위가 베트남 곳곳에서 일어나기도 했다. 한편, 베트남에서 문제가 되는 또 하나의 예민한 이슈는 토지환수에 관한 것이다. 팜도안짱(Phạm Đoan Trang)은 베트남 최대의 국영온라인신문인 〈베트남 익스프레스〉(VN Express)를 비롯해 여러 관영언론에서 일했으나 이후 안정된 일을 그만두고 인권운동가가 되었다. 그녀는 시민기자 겸 저술가로 활동하면서 여러 권의 책을 출판했고 수년째 도피생활 중이다.

팜도안짱Phạm Đoan Trang, 40세, 독립언론인, 저술가

"베트남은 언론인에게 '황금의 땅'이다. 쓸 것이 많기 때문이다. 그 중 하나가 당국의 토지수탈(land grabbing)과 퇴거(land eviction) 문제이다. 당국이 농민들에게 와서 그들이 경작하던 땅으로부터 퇴거할 것을 명령한다. 경찰은 나무들을 자르고 집들을 다 철거한다. 논밭이 망가지고 농민들은 홈리스가 된다. 경찰은 폭탄을 던져 소음을 내 주민들에게 겁을 주기도 한다. 나는 많은 토지퇴거를 목격했다. 새벽 3시에 경찰이 와서 주민들을 데려가고 그들이 도와달라고 외치지만 나는 그것에 대해 쓰는 것 외에는 아무것도 도울 수가 없다. 그러나 출판사들은 그런 이야기들을 출판하려 하지 않는다.

일례로, 2012년 4월 24일 하노이에서 약 20km 떨어진, 북베트남의 시골지역 반장(Văn Giang)에서 경찰이 오전 6시에 와 철거를 시작했다. 그들은 집과 나무들을 다 없앴는데, 나는 오후 6시에야

기자 출신 독립언론인 겸 저술가 팜도안짱

도착했고 현장에 멍하니 앉아 있던 농부가 나를 바라보면서 "그때 어디 있었느냐? 이미 모든 게 끝났다"고 말했다. 이날 경찰의 행위가 정당하다는 것을 보여주기 위해 촬영을 나온 국영언론 기자들은 경찰에 의해 농민으로 오해를 받아 폭행을 당하기도 했다."

베트남의 토지법에 따르면, 토지는 대표소유주인 국가와 함께 전국민에게 속한다. 베트남 농민은 국가로부터 임대 또는 할당의 형태로 토지사용권을 부여받아(물론 이에 대한 지불을 하고) 농사를 지어왔는데, 문제는 국가가 이를 최소의 가격으로 환수해 농민들을 퇴거시키고 사들인 땅을 다시 외국기업에 훨씬 높은 가격의 임대료를 받고 사용하게 한다는 것이다. 팜도안짱의 말처럼 응우옌찌뚜옌 역시 토지퇴거의 문제를 지적하면서, 지역당국이 농민에게는 1제곱미터당 1달러 내지 2달러의 보상금을 지급하고 외국회사에 수천배 가격으로 임대한다고 주장하고 있다.

그밖에도, 식품위생과 건강, 교육, 도로사고 등 삶의 질을 개선하는 문제와 더불어 팜도안짱이 강조하는 이슈는 경찰의 고문과 살인에 관한 것이다. 그녀에 따르면, "2012~2017년 5년간 경찰이 구금한 상태에서 살해된 사건이 226건"이고 이는 공안부의 실수로 보도되었다고 한다. 또 다른 '실수'의 예로 그녀는 다음과 같이 말하고 있다 : "그들(공안)은 실수로, 하노이에 있는 서방국가 대사관에 그들이 5년간 400명 이상을 공식적으로 처형했다는 보고를 보냈다. 이는 중국, 사우디아라비아, 이라크, 이란에 뒤이어 베트남을 세계에서 사형 순위 5위로 만들었다. 잘못 온 보고를 받고 그 서방국가 대사관에서 나에게 전화를 해 무슨 일이냐고 물었다. 나도 이해할 수 없었다. 우리는 그들이 실수한 것으

로 보고 그냥 웃었다."(팜도안짱)

팜도안짱은 2018년 8월 15일 활동가 가수 응우옌띤(Nguyễn Tín)이 호찌민시의 한 카페에서 연 미니공연에 참석했다가 경찰로부터 심한 구타를 당해 뇌진탕으로 병원에 입원했다. 이 공연은 보안 속에 준비되었으나 이를 알아낸 경찰이 들어와 참석한 활동가 모두를 구타했다. 민간단체들의 보도에 의하면, 이날의 경찰 작전은 팜도안짱을 목표로 한 것으로 전해진다. 필자와의 인터뷰 당시, 2015년 그녀와 인터뷰를 하던 〈비비시〉(BBC) 기자가 인터뷰 도중 체포되어 추방당했다고 전한 팜도안짱은 필자와의 두 번째 인터뷰에서 "당신은 운이 좋았다"고 말했다. 우리의 첫 번째 인터뷰가 공안에 의해 중단되었지만 그날은 다행히도 우리를 그냥 보내주었기 때문이다.

2018년 8월 15일 정치범 '마더 머시룸' 돕기 기금 마련 공연장에 난입한 경찰에 의해 폭행당한 팜도안짱(위에서 두 번째 사진)과 다른 활동가들. 사진 출처 : 휴먼 라이츠 워치(Human Rights Watch)
https://www.hrw.org/news/2018/08/22/vietnam-activists-beaten-concert-raid

2

당과 정부의 언론 통제 방식

1) 국내 언론사와 외국 언론사

팜도안짱은 여러 관영매체에서 기자로 일했지만, 그 당시에도 정부가 발행하는 프레스카드를 받지 못했다. 프레스카드를 가진 언론인은 1만 6000~1만7000명이다. 그런데 국유·국영언론사에서 근무한다고 해서 모두가 프레스카드를 받는 것은 아니다. 익명의 취재원인 국영언론사 언론인에 따르면, 프레스카드를 얻기 위해서는 최소한 3년간 풀타임으로 근무해야 한다. 프레스카드를 받는 데 어떤 사람들은 4~5년 혹은 10년이 걸리기도 하고 혹은 결코 못 얻기도 한다는 것이다. 프레스카드는 언론사마다 정책이 다르기 때문에 회사의 상급자가 정부에 프레스카드 발급을 요청하지 않으면 못 받게 된다. 또한, 언론사 측에서 요청을 한 경우에도 정부에서 거부할 수 있다.

　프레스카드를 발급하는 정부 부처는 '정보통신부'로, 이 정보통신부

표1 언론 통제의 이중구조

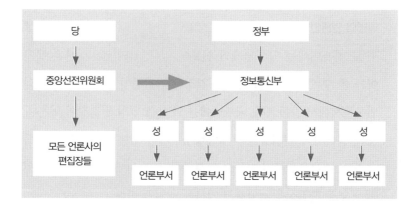

는 사실상 공산당 중앙위원회의 '중앙선전·교육위원회'(또는 '중앙선전위원회', Central Committee/Commission for Propaganda and Training/Education)의 지시를 받는다. 국내 언론사의 통제 방식은 다음과 같이 당과 정부의 이중구조로 되어 있다. 오른쪽의 정부 관할인 '성'(省)은 58개의 성(Tinh, province)과 5개의 중앙직할시를 가리킨다.

도표에서 보이듯이, 당의 중앙선전위원회는 모든 언론사의 편집장을 관리·검열하고, 정부 산하의 정보통신부는 각 지방(성과 중앙직할시) 행정부에 언론을 담당하는 부처를 두어 검열을 한다. 그런데 실제로는 당 중앙선전위원회가 정보통신부에 명령을 내리기 때문에 당이 정부보다 우위에 있다. 즉, 당과 선전위원회가 정보통신부를 통제하고 정보통신부는 각 지방의 언론부서를 통제한다. 국내 언론사들의 경우, 직접적으로는 각 성의 언론부서가 검열을 담당하고 있지만, 당 중앙선전위원회와 정보통신부를 통해 여러 층위의 검열을 거친다고 볼 수 있다. 다음 언론인의 설명에서 국내 언론사와 외국 언론사들이 각각 어떻게 감독되고 있는지 알 수 있다.

익명의 언론인 ㄱ씨 인터뷰

"수도 하노이에는 약 500개의 신문이 있다. 지역(현지)언론은 무엇
이든 쓸 수 있지만 기사에 대한 결정은 편집장이 내리고 각 지역의
언론부서에서 감독한다. 베트남에는 약 1000명의 편집장이 있는데,
모든 언론사와 편집장들은 지방행정부마다 있는 언론부서의 감독
을 받고 정보통신부가 이중으로 통제한다. 동시에 당 중앙선전위원
회가 모든 편집장을 검열해서 기사를 내리게 한다.

외국 언론사의 경우는 외무부(Ministry of Foreign Affairs, MOFA)
가 관할한다. 외국 언론사는 60개 정도가 있는데 그중 약 40%가 일
본의 언론사들이다. 외국 언론사인데 베트남인만 있는 곳도 있다.
베트남에 일본 기업이 많아서 일본의 큰 미디어들이 하노이에 다
들어와 있다. 일본 미디어가 하노이에서 가장 적극적이다. 외무부
(MOFA)는 미국과 유럽의 언론사들을 더 통제하고 일본과 한국 언
론에 대해서는 상대적으로 호의적인 정책을 편다. 그것은 미국과
유럽의 언론이 인권문제와 언론자유를 언급하는 반면, 일본과 한국
의 언론은 경제 관련 보도만 하고 인권에 관한 보도는 절대 안 하기
때문이다. 그래서 외무부가 양국에 더 호의적이다.

서방 언론인들은 6개월마다 비자를 갱신해야 하는데 러시아 특
파원은 1년짜리 비자를 받는다. 외무부는 외국 언론인이 베트남에
호의적인 보도를 하는지 감시한다. 외무부에 외국 언론 담당부서가
있어 모든 외국 언론사들의 기사를 다 읽는다. 외무부의 뒤에는 공
안부(Ministry of Public Security)가 있고 외교관들도 공안이 관리한다.

공안은 외국인 기자들을 지역(현지)기자들처럼 통제하기 위해 정기적으로 불러 질문을 하는데, 언론인들 사이에서는 이를 '커피 초대' (invite for a coffee)라 한다."

ㄱ씨에 따르면, 베트남에서는 외국인 인터뷰를 스스로 설계할 수 없고 외무부에 신청을 해야 한다. 현지 기자가 인터뷰를 하고 싶을 때 해당 지역 내에서는 보고가 필요 없지만 자신의 지역을 벗어나면 공안의 통제를 받기 때문에 보고를 해야 한다. 그러나 전술적으로 보고를 하지 않고 이동할 때도 있다는 것이 ㄱ씨의 선언이다. 즉, 보고 없이 타지역으로 다른 구실을 만들어 취재를 가는 것이 불가능하지는 않다는 얘기이다.

2) 언론 통제와 언론인 탄압의 사례들

사례 ① 부패정치가 겸 사업가의 '자진 귀국'

베트남 석유가스그룹 '페트로베트남'(PetroVietnam, PVN)의 자회사인 국유기업 '페트로베트남 건설주식회사'의 전 대표이자 허우장(Hậu Giang)성 인민위원회 전 부의장인 찐쑤언타인(Trịnh Xuân Thanh)은 부패 혐의로 재판을 받던 중 판결이 나기 전인 2016년 9월 독일로 도주했다. 독일에서 망명신청을 한 그는 2017년 7월 23일 베를린에서 납치되어 베트남으로 송환되었다. 그는 베트남 언론을 통해 자신이 '자진 귀국'했다고 진술했다. 지역언론을 그대로 믿는 국민들도 있겠지만, 소셜미디어 사용자들과 현지 언론인들 스스로도 이 진술을 믿지 않는 게 현실이다. 익명의 언론인은 그 이유로, "찐쑤언타인의 정부각료(officer) 여권은 베트남에서 말소했고 그는 망명신청을 위해 여권을 제출했어야 하는데 어떻게 그것을 돌려받아 항공권을 끊을 수 있었다는 말인가?"라고 반문한다. 인터넷에서는 다 그가 납치됐다고 했지만 현지의 모든 미디어들은 '자진 귀국'이라는 보도지침을 받았다는 것이 그의 전언이다.

사례 ② 일간지 〈뚜오이째〉Tuổi Trẻ**, '젊은이'의 온라인신문 일시 중단**

〈뚜오이째〉는 높은 발행부수를 자랑하는 베트남의 주요 일간지이다. 그런데 2018년 7월 16일 베트남 정보통신부는 〈뚜오이째〉의 뉴스 웹사이트인 '뚜오이째 온라인'에 대해 언론·출판 위반으로 2억 2천만동(약 1100만원)의 벌금을 물게 하고 3개월간 웹사이트를 정지시켰다. 이런 결정이 내려진 이유는, 이 뉴스 사이트가 2018년 6월 '시위법 시행의 필요성에 동의한 대통령'이라는 제목의 기사에서 경제특구법과 사이버보안법 반대 시위자들에 대한 탄압을 다루어 '심각한 영향'을 야기할 '잘못된' 정보를 보도했다는 점, 2018년 5월 남부지역 고속도로 계획에 관한 기사에 달린 독자들의 의견이 '국가통합'을 약화시켰다는 점 때문이었다. 벌금과 온라인뉴스 3개월 중단 외에, 독자에 대한 사과와 기사 수정도 요구되었다.

사례 ③ 용감한 기자들의 'PMU-18 스캔들' 보도와 탄압

'PMU-18'(Project Management Unit 18)은 해외의 지원금을 받아 도로와 교량 등 공공기반시설 건설을 수행하는 베트남 교통부 내 부서를 칭한다. 그런데 2006년 이 부서의 관리들이 수백만 달러의 국가 돈을 횡령해 유럽 축구에 내기 도박을 하고 호화로운 생활을 해온 것이 밝혀져 공산당에 충격을 주었고 이는 교통부 장관의 사임으로 이어졌다. 교통부 관리들의 부패는 모두가 아는 공공연한 사실이 었음에도 불구하고 이들의 뇌물수수·도박·부패를 활발히 보도한 두 기자는 2008년 5월에 체포되어 '민주적 자유를 남용'하고 '거짓 정보'를 선전한 혐의로 유죄판결을 받았다. 이들은 〈뚜오이째〉의 응우옌반하이(Nguyễn Văn Hải, 당시 33세) 기자와 〈타인니엔〉(Thanh Niên, '청년')의 응우옌비엣찌엔(Nguyễn Việt Chiến, 당시 56세) 기자이 다. 〈타인니엔〉은 〈뚜오이째〉처럼 대규모 부수를 발행하는 일간지 이다. 기자들의 취재원이었던 경찰관들 역시 '업무상의 비밀을 공 개'한 혐의로 유죄판결을 받았다. 이 두 기자의 기소와 구금이 비정 상이라고 지적했던 〈타인니엔〉의 부편집장 응우옌꾸옥퐁(Nguyễn Quốc Phong) 역시 경찰서에 여러 번 출석해 심문을 받았고 기사 출판 에 대한 책임으로 직위를 잃었다. 이 사건은 국가의 통제를 받는 국 영언론과 정부 사이의 갈등을 표현한 대표적인 사건으로 회자된다.

사례 ④ '함정 취재' 혹은 '기술적 실수'

베트남 교통경찰의 뇌물수수는 평범한 일로 알려져 있다. 탐사저널 리스트인 〈뚜오이째〉의 기자 호앙크엉(Hoàng Khương)은 2012년 교 통경찰의 뇌물수수 현장을 취재하기 위해 함정 촬영을 했다는 이 유로 구속되었다. 그는 이것이 윤리적 잘못이 아니라 '직업적 실수', '기술적 사고'였다고 여러 번 호소했지만 4년형을 선고받았고 3년 후인 2015년에 석방되었다.

사례 ⑤ 손을 공격한 이유

〈라오동〉(Lao động, '노동')신문 탐사저널리스트인 도조안호앙(Đỗ Doán Hoàng, 당시 40세)은 2016년 3월 23일 일을 하러 가던 중 3명에게 공격을 당했다. 그는 이들로부터 공격을 당하기 전 부패한 관료들을 비판하는 글을 썼는데, 폭력을 휘두른 자들은 특히 기자의 손을 집중적으로 공격했다. 도조안호앙은 4번이나 국가언론상을 수상한 저명한 기자로, 사건 후 언론 인터뷰에서 3명의 용의자 뒤에 지식인이 있다고 생각한다고 밝혔다. 그들이 그가 글을 쓰지 못하도록 특히 손을 공격했기 때문이다. 시시티브이(CCTV)에 혐의자가 찍힌 사진도 있지만 사건은 해결되지 않았고 아직 계류 중이다.

사례 ⑥ 사라진 '인권' 문구

2017년 11월 베트남 다낭에서 개최되는 아시아태평양경제협력체 (APEC) 지도자회의와 필리핀에서 열리는 동남아시아국가연합 (ASEAN) 정상회의에 참석차 하노이로 향하던 비행기 안에서 캐나다의 트뤼도 총리는 자신의 트위터에 다음과 같이 썼다. "우리는 하노이로 가는 중이다... 베트남과 필리핀에서 아펙(APEC), 무역 그리고 인권 개선에 중점을 둔 바쁜 한 주를 시작하기 위해서." ("We're on our way to Hanoi... to start a busy week in Vietnam & the Philippines focused on APEC, trade and advancing human rights." 12:56—7 nov. 2017)(트위터 원문) 베트남의 몇몇 주요 일간지는 트뤼도의 메시지를 그대로 번역해 전했다가 정부에 의해 경고를 받고 '인권'이 들어간 문구를 삭제, 기사를 수정했다.

위의 사례들 중 ③~⑥번의 내용을 소개한 익명의 언론인 ㄴ씨는 언론의 통제와 자유에 대해 다음과 같이 의견을 밝히고 있다.

"모든 신문은 국가의 소유이다. 재정적 소유자가 기업이고 국가로부터의 기금은 없어도 서류상의 공식 소유자는 국가이다. 베트남에서 모든 신문의 유일한 편집장은 국가라고 말하는 이유도 그 때문이다. 그러나 대기업들은 신문의 기사 발행에 자기의 목소리를 낸다고 생각한다. 예를 들어 빈그룹(Vingroup)이 그렇다. 빈그룹의 소유주 팜녓 브엉(Phạm Nhật Vượng)은 베트남 최초의 백만장자로 가장 부자다. 빈그룹은 정부와 관계를 맺고 있어 그들에 관한 모든 부정적 기사들을 제거하려고 한다. 그가 기사를 삭제할 힘을 가지고 있어 언론인들 사이에서는 브엉도 편집장이라는 농담이 있다. 내 생각에 베트남 언론의 자유 정도는 10년 전과 비슷하고 20년 전보다는 낫다. 남중국해에 대한 보도도 예전보다 자유롭게 할 수 있다. 우리는 제한된 자유를 갖고 있고 세계 뉴스를 보도하는 데는 표현의 자유가 적은 편이다."

3

시민언론의 힘

1) 베트남전양심수협회FVPOC와 베트남독립언론인협회IJAVN

당과 정부의 직접적인 통제를 받는 직업적 언론인들이 비판적인 목소리를 내거나 인터뷰에 공개적으로 응하기 어려운 반면, 시민기자와 인권활동가들은 감시와 폭력, 체포와 수감이라는 대가를 각오하고 온라인상에서 활발히 자신의 목소리를 내고 있다. 베트남의 활동가들은 자신의 직업을 소개할 때 '블로거'를 쓸 정도로 '정치블로거'들이 베트남의 인권과 민주주의를 위한 사회운동 속에서 차지하는 역할은 크다. 이 블로거들과 시민기자들은, 언론이 언론 본연의 비판적 역할을 수행할수 없는 현실 속에서, 사회비판자의 역할을 대신 맡아 독립적인 정보를 공유하고 전파하며 국가 폭력에 대항해 싸운다. 이들은, 수십년 전 한국이 그랬듯이, 기본적인 인권, 집회·결사의 자유와 표현의 자유를 위해 투쟁하고 있다.

그러나 이 활동가들은 아직 소수이고 강경파가 당 지도부를 장악한 후 폭력적 대응이 강화되어, 베트남전양심수협회(이하 FVPOC로 표기)의 팜바하이에 따르면, 2017년에 43명이 억류되었고(그중 31명이 블로거와 독립언론인들이다) 2018년에는 상반기 6개월 동안 8명이 체포되었다. 탄압의 희생자들 중 일부는 언론·표현의 자유를 위해 정치적 망명을 택하는데, 예전에는 필리핀으로도 갔지만 현재는 지리적 조건상 바다를 건너지 않고 갈 수 있는 태국으로 많이 가 방콕에 수백명이 기반을 두고 있다. 유럽연합과 미국에도 수십명이 가 있는데, 해외로 간 사람들은 유엔난민고등판무관사무소(UNHCR)에 난민 신청을 하게 된다.

팜바하이는 양심수들 중 지식인이나 서방에서 존경하는 인물, 세간의 이목을 끄는 활동가들은 외국의 대표단들이 방문해 자국으로 데려가려 한다고 전한다. 양심수들이 수감 중에 외국 망명에 동의하면 베트남 정부가 이들을 석방해 외국으로 출국시킨다는 것이다. 이들은 외국 대표단의 초대에 응해 정치적 망명을 할 것인지, 아니면 긴 수형기간을 다 마칠 것인지, 선택의 기로에 서게 된다. 예를 들어, 2015년 12월 16일 체포되어 15년형을 선고받은 인권변호사 응우옌반다이(Nguyễn Văn Đài)는 하노이의 독일대사관을 통해 망명에 동의, 2018년 6월 7일 석방과 동시에 독일로 추방되었다. 그는 이미 2007~2011년 4년간의 복역 경험이 있었던데다 다시 2년 반 수감생활을 했고 앞으로도 12년 반이 남아 있던 상황이니 망명해 활동하는 쪽을 선택할 수밖에 없었을 것이다.

팜바하이의 경우, 수감생활 3년째 되던 해에 미국대사관에서 대표단이 와 그에게 미국 망명을 권했으나 거절하고 5년간의 형기를 다 마친 후 2011년 출옥했다. 그가 코디네이터로 활동하는 FVPOC는 2014년에 창립되었다. 전 양심수들로 구성된 이 조직은 158명의 회원이 있으며, 대부분의 구성원들이 시민사회단체(Civil Society Organization, CSO)를 이끄는 지도자들이다. 베트남에는 독립적인 CSO가 약 30개 있고 정부의 물리적인 탄압을 받는다. FVPOC는 국제 앰네스티, 국경 없는 기자회(RSF), 언론인보호위원회(CPJ), 휴먼 라이츠 워치(Human Rights Watch), 유엔기구들과 관계를 맺고 있으며, FPVOC의 두 공동의장 중 한 명인 응우옌단꾸에(Nguyễn Đan Quế)는—출국금지로 참석하지는 못했지만—말레이시아의 '깨끗하고 공정한 선거를 위한 연합'인 '버시 (Bersih) 2.0'과 함께 2016년 5·18기념재단의 '광주인권상'을 공동으로 수상하기도 했다.

'베트남독립언론인협회'(Independent Journalists Association of Vietnam, IJAVN)는 베트남의 비판언론을 이끄는 주축이라 할 수 있다. 베트남독립언론인협회(이하 IJAVN으로 표기)는 2014년 7월 4일, 전문언론인, 블로거, 페이스북 사용자들과 몇몇 해외언론인들이 포함된 42명으로 구성되었고 현재는 75명의 회원이 있다. IJAVN은 '언론의 자유'를 기반으로 정부의 부당한 정책에 대한 사회적 비판을 수행해온 시민사회단체이다. 또한, IJAVN은 〈베트남 타임스〉(Vietnam Times)라는 독자적인 신문을 발행해 베트남의 정치·경제·사회·종교·신념 그리고 인권에 관한 글들을 싣고 있다. IJAVN의 협회장 팜찌중의 다음 인터뷰는 그가 왜 그리고 어떻게 당을 떠나 가시밭길을 택하게 되었는지를 보여준다.

팜찌중Phạm Chí Dũng, 52세, **베트남독립언론인협회**IJAVN 회장
"나는 30여년간 신문사, 군대, 당사 등에서 공산주의 체제를 위해 일했다. 1984~1991년 사이 기술아카데미를 졸업한 후 육군장교로 근무했고 1991~2014년에는 호찌민시의 교통국, 인민위원회와

당 사무실에서 근무했다. 그 기간 동안 베트남의 개발경제 엔지오(NGO) 연구로 경제학 박사 학위를 받았으며 신문과 경제지에 기자로 글을 썼다. 그러던 중, 2012년 부패에 반대하는 글을 써 경찰에 의해 4개월 이상 구금되었다가 석방되었다.

2013년 나는 소셜미디어에 공산당원 자격을 그만두겠다고 선언했다. 내가 생각하기에 베트남공산당(CPV)은 '자기이익' 집단이며 국민의 이익을 위해 일하지 않는다. 그것이 내가 베트남공산당에 대한 충성스러운 맹세를 포기한 이유였다. 내가 아는 한, 베트남공산당에는 약 370만~380만명의 당원이 있다. 당원의 상황은 중국의 상황과 매우 유사하다. 중국공산당원 중 90%가 당을 신뢰하지 않는데 베트남에서도 마찬가지이다. 나는 베트남공산당원의 90~94%가 더 이상 당을 신뢰하지 않는다고 생각한다.

부패와 사회적 비판에 관한 기사들을 쓰면서 나는 종종 경찰에 의해 괴롭힘을 당하고 협박당했다. 2014년 초 내가 해외의 인권회의에 초대받아 떤선녓(Tân Sơn Nhất, 탄손나트) 국제공항에 도착했을 때 경찰이 와서 내 여권을 압류하고 출국을 금지시켰다. 그들은 여권을 지금까지도 돌려주지 않고 있다. 2015년 경찰이 나를 납치했을 때 나는 그 이유가 여권을 돌려주도록 요구한 미 국무부의 공식문서 때문이라는 것을 알았다. 그러나 그들은 여권을 되돌려주는 대신 나를 자주 그들의 사무실로 소환하여 괴롭혔다. 그것은 일종의 심리적인 공포를 주는 것이었다.

2015년 7월, 아들을 유치원에 데려갔을 때 경찰 20명이 와서 나를 납치했다. 내 아들과 다른 많은 아이들, 부모들이 증인으로 거기에 있었다. 그들은 나를 경찰서로 데려갔다. 나는 베트남의 운동가들,

반체제 인사들이 경찰과 대면할 때 사용하는 전술을 사용했다. 그것은 침묵을 지키는 것이다. 아침부터 오후까지 나는 하루 종일 침묵을 지켰고, 마침내 그들은 늦은 오후에 나를 풀어줘야 했다. 그들은 나에게 소환장을 발부하고 내가 그들과 함께 일하도록 강요했고 그것을 거부했을 때 납치했다. 2015년 7~8월 사이에 그들은 나를 3번 납치해 경찰서로 끌고 갔다.

그들은 나의 가족, 부모님과 아내, 누이에게도 압력을 가했고, 나를 공개적으로 그리고 잔인하게 수년간 감독했다. 그들은 3~4명의 보안군 장교를 교대로 내 집 앞에 배치했고 내가 가는 곳마다 나를 따라다녔다. 그와 같은 일이 매일, 수년간 계속되었다. 중요한 행사가 있는 특별한 경우에는, 예를 들어 시위가 열리거나 외국 대표단이 나를 만나러 오면, 그 전에 그들이 내가 집 밖으로 나가는 것을 난폭하게 막았다. 그들은 나를 사실상의 가택연금 상태로 만들었고 그런 일이 매우 여러 번 일어났다."

팜찌중의 증언은, 사회 현실에 대한 연구와 비판적 인식을 통해 "충성스러운 맹세"를 했던 당원의 안정된 삶을 포기하고 독립언론인의 길을 걷게 된 한 활동가가 겪은 일상적 감시와 탄압, 회유의 양상들을 보여주고 있다. 그가 대표를 맡고 있는 IJAVN의 많은 회원들이 체포·기소·투옥되었고, 다른 많은 회원들이 종종 괴롭힘과 협박, 강제연행을 당한다. 2017년 7월 30일 회원 쯔엉민득(Trương Minh Đức)은 베트남 중부지방의 포모사 독성 유출로 인한 악영향에 대해 책을 썼다가 체포되었고, 앞서 언급했던 독립언론인 레아인홍(2018년 7월 5일 체포)도 IJAVN의 회원이다. IJAVN의 회원들은 당 선전위원회에서 금지된 인물들이기 때문에 아무도 베트남 국영신문에 글을 쓸 수 없다. 한편 팜 찌중은 IJAVN의 신문 〈베트남 타임스〉 외에도, 〈미국의 소리〉(VOA), 〈비비시〉(BBC), 〈자유아시아방송〉(RFA) 등에 기고를 하고 동남아시아 를 비롯한 외국 신문들과 협업하고 있다.

2) 독립언론인의 시각에서 본 베트남 사회

필리핀과 마찬가지로, 페이스북(Facebook)은 베트남에서 가장 많이 사용되는 소셜미디어 플랫폼이다. 팜찌중의 전언에 따르면, 베트남 정보통신부(MCI)의 통계에서 9200만 베트남 인구 중 60~70%가 페이스북을 사용하는 것으로 드러났다. 베트남독립언론인협회(IJAVN)의 모든 회원들과 정치블로거, 시민기자들에게 페이스북과 유튜브, 트위터 등은 특별히 중요한 수단이다. 최근 페이스북이 많은 게시물들을 내리고 활동가들의 계정을 이유 없이(물론 정부의 압박과 같은 숨겨진 이유가 있겠으나) 중단시켜 마인즈(Minds) 등 다른 대안적 플랫폼으로 옮겨가기도 하지만 아직은 소수에 불과하다.

베트남에서 페이스북은 시민언론 활동가들에게 의사소통의 수단일 뿐만 아니라 '표현의 자유'를 위해 싸우는 무기가 된다. 페이스북을 통해 최신 뉴스와 정보, 비판적인 의견이 공유되고, 집회와 시위 개최 같은 행사 소식이 바이러스처럼 급속히 확산된다. 페이스북이 베트남에서 가장 중요한 플랫폼이라 강조하는 팜찌중의 말을 빌리자면, "많은 베트남 페이스북 사용자들은 자신의 계정을 자신의 신문으로 생각하며 이는 계정(신문)에 각자의 의견을 표현할 권리가 있음을 의미"한다.

온라인에서 뉴스와 정보를 더 이상 통제하기 어려운 상황에 부딪치자 베트남 정부가 내놓은 것은 결국 새로운 사이버보안법을 통한 더욱 강력한 통제이다. 소셜미디어가 시민언론의 주요한 투쟁 수단이 된 이상, 시민언론은 통제와 검열의 칼을 들이댈 새로운 악법과 일전을 치를 수밖에 없다.

IJAVN의 대다수 구성원들은 전문적인 직업언론인이 아니라 블로거, 페이스북 사용자들이기 때문에, 이 단체의 목표 중 하나는 자신의 구성원들을 전문적 언론인이 될 수 있도록 훈련시키는 것이다. 팜찌중은 다음과 같은 의견을 피력하고 있다 : "IJAVN은 베트남에서 자유롭고 독립적이며 전문적인 저널리즘의 정신을 추구하는 최초의 사람들이 되고 싶다. 미래에 베트남은 전문적인 저널리즘을 갖게 될 것이고 전문적인 기자가 필요할 것이다. 우리는 그러한 저널리스트들을 훈련하고 있다." 이는 기존의 현직 언론인들에 기대는 것이 아니라 새로운 전문언론인들을 준비하려는 독립언론인의 시각을 보여준다.

베트남 사회의 향후 변화와 추이에 따라 당과 정부의 통제를 받는 기존의 언론인들도 내부적 갈등을 표면화하거나, 자신의 목소리를 드높이거나, 보다 과감하게는, 관영언론으로부터 이탈할 수도 있을 것이다. 그러나 베트남의 현재 상황에서, 시민언론인들을 전문적으로 훈련시키는 것은 미래의 언론을 준비하는 일이자 현재의 대안언론의 힘을 강화하고 사회운동의 기반을 다지는 일이라 할 수 있다. 사실, IJAVN 회의의 대부분이 경찰에 의해 해산되고 괴롭힘을 당하기 때문에 오프라인에서 시민언론활동가들을 교육하기는 어려운 실정이다. 이는 IJAVN이 온라인 강의를 계획하는 이유이기도 하다.

독립언론인이자 경제학 박사로 베트남의 경제와 사회를 연구해온 팜찌중이 바라보는 베트남 사회의 현실은 그 사회의 외면만을 보기 쉬운 외부인들에게 새로운 시사점을 제공해 준다. 아래에서 그의 인터뷰를 길게 소개하는 것도 그 때문이다. 한 가지 밝혀둘 사항은, 아쉽게도, 그의 인터뷰가 베트남어로 진행되어 인터뷰 도중 필자가 직접적인 소통을 하지 못하고 인터뷰 이후 녹취록을 정리한 영어 번역본을 통해 내용을 알았다는 점이다.

팜찌중, 베트남독립언론인협회IJAVN 회장

"베트남에는 많은 중요한 문제들이 있지만 가장 중요한 것은 경제 위기이다. 관영신문을 보면 베트남 경제가 매년 국내총생산(GDP) 6~7%의 비율로 성장한다는 정보를 얻을 수 있다. 그러나 베트남 경제를 공부한 사람으로서, 나는 베트남 경제가 2008년부터 지금까지 10년간 하락했다고 생각한다. 상황은 매우 나쁘다. 베트남의 공공 부채 비율은 GDP의 210%이다. 은행 시스템 내 불량채권도 있다. 또 다른 문제는 정부의 예산이다. 예산이 빨리 하락하고 돈이 고갈되기 쉽다. 베트남은 2001년과 2014년의 아르헨티나와 같이 될 수도 있다.

두 번째 요소는 정치 체제이다. 베트남의 부패는 두려운 수준이다. '국제투명성기구'(Transparency International)[38]의 보고서에 따르면, 베트남은 항상 부패국가들의 최상위권에 위치해 있다. 부패가 대량화되면 그들은 서로 결합해 자기이익집단이나 '레드 마피아'(Red Mafia)[39] 집단을 형성한다. 이는 베트남과 그 국민에게 극히 끔찍한

---

38 독일 베를린에 본부를 둔 NGO로, 매년 부패지수를 발표한다.

일이다.

셋째, 베트남 사회에서는 정부에 대한 많은 불만이 억압당한다.
이는 최근에 베트남에서 많은 시위를 불러일으켰다. 2018년 6월 10일
많은 도시와 지방에서 수십만명이 경제특구법과 사이버보안법에
항의하기 위해 거리로 나섰는데, 그 가장 큰 이유는, 일단 경제특구
법이 승인되면 중국이 베트남을 침략할 수 있을 것이라고 사람들이
두려워하기 때문이다.

베트남에는 갈등관계의 두 가지 동향이 있다. 하나는 경제적 · 정
치적으로 중국에 의존하고 중국을 지지하는 것이고, 다른 하나는 중
국을 증오하고 보이콧하는 것이다. 대부분의 국민은 후자에 속한다.
POW(Prisoner of War, 전쟁포로)의 한 연구조사에 따르면, 베트남 국
민의 86%가 중국을 싫어한다. 친중국 베트남 관리들은 이런 정서
가 사람들에게 위협이 된다고 생각한다.

우리가 알고 있는 또 하나의 문제는 민주주의와 인권이다. 국제
앰네스티, 휴먼 라이츠 워치, 언론인보호위원회, 국경 없는 기자회
등 많은 보고서들에 따르면, 베트남의 인권상황은 매우 열악하다.
여기에는 종교와 신앙의 자유, 언론의 자유, 시위권, 생존권, 결사의
자유, 양심수 석방과 자유로운 노동조합의 문제 등이 다 포함된다.
이러한 것들은 집권당에 의해 억압되고 있다.

IJAVN은 베트남의 인권과 자유, 민주주의를 위해 싸운다는 목표
를 가지고 있다. 우리는 가까운 장래에, 어쩌면 2021년이나 2022년

---

39 러시아의 시장경제로의 이행기 중 구공산주의자들이 결탁되어 발생한 '러시아 마피아'
(일종의 지하경제 범죄조직)에서 나온 말로, 여기서는 베트남의 부패한 공무원들을 가리
킨다.

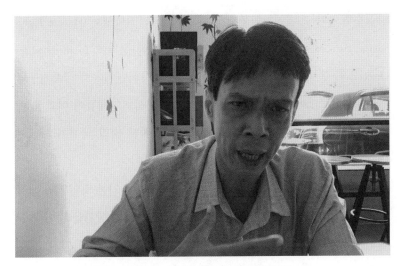
베트남의 당면 문제들에 대해 설명하는 베트남독립언론인협회 회장 팜찌중

즈음, 박정희 시대 이후 남한이 그랬듯이, 베트남이 '반(半)민주주의'
(semi-democracy)로 나아가기를 희망한다. 그리고 그 절반의 민주주
의를 형성한 것으로부터 우리는, 오늘날의 남한과 같이, 완전한 민
주주의를 건설할 수 있을 것이다. 우리는 1970년대에 박정희 정권
에 항의하는 많은 운동과 캠페인들이 있었다는 것을 알게 되었다.
그리고 그것은 오늘날 베트남에서도 마찬가지이다."

팜찌중은 부패의 근원이 단일정당체제에 있다고 지적한다. 다당제
를 구축하면 베트남 내의 부패 문제를 줄일 수 있다는 생각이다. 그를
비롯한 활동가들이 지향하는 것은 "권력분립의 법치국가를 건설"하는
것이고, "정부가 민중에게 친숙하고 민중의 이익을 기반으로 한 정책
들을 펴는 데 도움이 되도록 독립적인 시민사회단체들을 설립하는 것"
이다. 베트남에는 현재 여러 시민사회단체(CSO)가 있는데, 상술한 전

양심수협회와 독립언론인협회 외에 '베트남인권학생회'(Human Rights Student Association in Vietnam), '민주주의를 위한 형제애'(Brotherhood for Democracy) 등이 있다. 그러나 베트남의 시민사회단체들과 국제기구들 간의 관계는 많이 제한적이다. 베트남의 시민사회단체들이 아직 활발하지도 강력하지도 못하고, 인권·언론과 관련된 몇몇 국제기구들 외에는 국제사회에 그다지 알려지지 않았기 때문이다.

팜찌중이 언급했듯이, 베트남의 당면 문제들—기본적 인권의 해결과 양심수 석방에 이르기까지—은 1970년대의 한국 상황을 많이 연상시킨다. 그러나 결정적인 차이점은 21세기 베트남 활동가들의 주요 투쟁수단이 온라인 소셜미디어라는 점이다. 환경문제에 대한 각성 역시 우리 사회에서는 개발 독재가 한참 지난 후에야 가능했던 시대적 한계가 있다. 자본주의하에서 개발 독재를 겪은 사회와 자본주의 요소를 차용한 현실사회주의 사회의 독재를 단순히 병치해 비교할 수는 없는 일이지만, 한국의 민주화운동의 경험이 다른 동남아시아 국가들처럼 베트남의 사회운동가들에게도 일정 정도 영감을 주는 것으로 보인다.

3) 평범한 국민에서 시민언론활동가로

사례 ① '버섯 어머니' 마더 머시룸의 국가보안법 10년형과 망명

2016년 10월 10일 카인호아(Khánh Hòa)성 냐짱(Nha Trang)에 사는 블로거 응우옌응옥니으꾸인(Nguyễn Ngọc Như Quỳnh, 당시 37세), 일명 '버섯 어머니' 즉 '마더 머시룸'(Mother Mushroom) 또는 '메넘'(Mẹ Nấm)으로 불리는 그녀는 자신의 블로그와 페이스북에 비판적인 게시물을 올려 형법 제88조 '반국가선전활동'을 한 혐의로 체포되었다. '버섯(의) 어머니'라는 필명은 당시 10살이던 그녀의 딸을 그녀가 '버섯'(Nấm)이라 부른 데서 연유한다. 꾸인은 토지 몰수, 경찰 폭력 및 표현의 자유를 비롯한 사회·정치문제에 대한 글을 써왔고 반체제인사에 대한 지지와 정치범 석방을 위한 캠페인을 벌여왔다. 그녀는 예전에 남중국해 분쟁과 관련된 항의시위에 참여했고 2016년 포모사의 유독성 폐기물 사태가 있었을 때도 적극적인 시위활동을 했다.

2006년부터 블로그를 시작한 꾸인은 2009년 중국 기업의 보크사이트 광산 프로젝트와 관련해 베트남 정부가 벌인 토지 몰수에 대한 글을 올리고 보크사이트 프로젝트에 반대하는 티셔츠를 프린트해 입어 처음으로 체포되었다. 당시 9일 만에 석방되었던 그녀는 2013년 5월 13일 세계인권선언을 유포한 혐의로 다시 구금되었고, 2014년 2월에는 남중국해 영유권 분쟁에 관한 워크숍에 참석했다가 구속되었다. 그녀는 마침내 2016년 체포돼 10년형을 선고받게 된다.

두 아이의 어머니이자 평범한 시민인 블로거가 적극적인 시민 언론활동으로 10년형의 중형을 선고받은 이 인권탄압 사례는 세계의 이목을 집중시켰다. 미국과 유럽연합(EU), 유엔인권고등판무관사무소(OHCHR) 등은 국제 인권 규범과 베트남의 인권 관련 국내법 위반을 지적하며 그녀의 석방을 요구했다. 〈로이터〉 통신과의 화상 인터뷰에서 3번에 걸친 자신의 단식투쟁과 격리 수용된 상황에 대해 설명하기도 했던 그녀는, 미 국무부의 로비활동에 힘입어 2018년 10월 17일 2년간의 수형생활을 마감하고 딸과 아들, 그리고 손주들을 돌보아온 자신의 어머니와 함께 미국으로 망명했다. 꾸인의 딸 '버섯'이 트럼프 미 대통령의 부인 멜라니아 트럼프에게 몇 차례에 걸쳐 편지를 쓰고 꾸인이 2017년 3월 미국에서 '용기 있는 국제여성상'을 수상한 것이 미 국무부의 로비에 영향을 미쳤는지는 알 수 없으나, 베트남 정부가 미국의 외교관계를 고려했음은 짐작할 수 있다.

'마더 머시룸'에 대한 다큐멘터리 영화 〈엄마가 집에 없을 때〉 (Mẹ Vắng Nhà)를 만든 감독 클레이 팜(Clay Phạm)은 2018년 6월(날짜 불명) 연행되어 약 20명에게 쇠파이프로 구타당했다. 그는 오후 2시에서 8시 사이 약 5~6시간에 걸쳐 고문당했다. 끝난 시간을 정확히 모르는 것은 그가 정신을 잃고 병원에서 깨어났기 때문이다. 그가 폭행을 더욱 심하게 당한 데는 그의 영화뿐만 아니라 팜도안짱의 출판물에 대해 취조받을 때 그가 모른다고 대답했기 때문이기도 하다.[40]

사례 ② 이주노동자에서 인권운동가로

2017년 1월 21일 체포된 쩐티응아(Trần Thị Nga, 당시 39세)는 형법 제88조 '반국가선전활동'을 한 혐의로 징역 9년에 보호관찰 5년을 선고받았다. '버섯 어머니'처럼 두 자녀의 엄마인 그녀는 대만에서 이주노동자로 가사노동에 종사했다. 2005년 교통사고를 당해 여러 해 병원에 있게 되면서 그녀는 이주노동자들이 받는 부당한 대우와

---

40 그가 연행되어 구타와 고문 속에 취조를 당한 사실은 그와 가까운 사이의 취재원이 직접 그로부터 들은 내용을 필자에게 전달한 것이다. 2017년 말 완성된 것으로 추정되는 클레이 팜의 영화 〈엄마가 집에 없을 때〉는 다음에서 볼 수 있다. https://www.youtube.com/watch?v=1MKElAMWwS8

'마더 머시룸'에 대한 다큐멘터리영화 〈엄마가 집에 없을 때〉를 만든 클레이 팜 감독 (사진 제공 : 익명의 활동가)

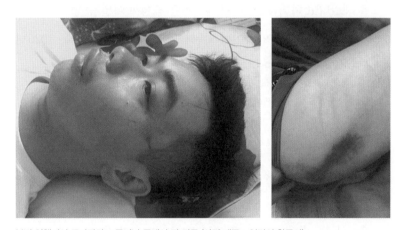

불법 연행되어 구타당하고 풀려난 클레이 팜 감독 (사진 제공 : 익명의 활동가)

통제방식에 대해 깨닫고 베트남에 돌아온 후 이주노동자의 권리를 옹호하는 인권운동가의 길을 걷게 된다.

쩐티응아는 '투이응아'(Thuy Nga)라는 필명으로 블로그 활동을 하면서 노동자의 권리 옹호뿐만 아니라 정부의 토지 몰수에 대항하는 토지 권리 운동과 반중국 시위, 환경운동과 여성운동에 참여하고 다당제 민주주의를 지지하는 등 다양한 활동을 해나갔다. 이러한 그녀의 활동으로 인해 응아는 여러 차례 폭력에 시달렸는데, 2014년 5월에는 친정부 폭력배들에게 쇠막대로 구타를 당해 팔다리가 부러졌고 2015년 8월에는 경찰에 의해 버스에서 끌려 내려와 구타를 당했다. 그녀의 집은 파손되고 아이들은 음식물 쓰레기로 공격당하기도 했다.

그녀가 인권운동을 비롯한 다양한 사회운동에서 적극적인 역할을 해왔다고 하더라도 9년의 징역형은 중형이 아닐 수 없다. 그녀에게 다른 변동사항이 일어나지 않는다면 그녀의 자녀들은 2026년 1월이 되어서야 어머니와 다시 생활할 수 있기 때문이다.

* * *

인터넷과 소셜미디어의 확산으로 베트남 국민들은 '표현의 자유'를 얻기 시작했다. 그들은 이제 자신의 견해를 온라인에서 어느 정도 자유롭게 밝힌다. 그러나 거리에서도 그와 같은 표현의 자유를 행사할 수는 없다. 온라인에서 행사하던 표현의 자유도 2019년 1월부터 새로운 사이버보안법이 시행되면 지금보다 훨씬 많은 구속에 시달리게 될 것이다. 베트남의 독립언론인, 시민기자와 블로거들은 모든 사람이 자신의 견해를 표명할 권리가 있음을 믿고 실천하고 있다. 그들이 이 표현의 자유, 언론의 자유를 위해 치러야 하는 대가는 크다. 그럼에도 불구하고, 그들은 독립 언론의 실현을 위해 조금씩 발을 내디디며 준비해 나가고 있다.

아직은 온라인 포럼에서 다른 사람들에게 자신의 의견을 말하고 듣고 공유하는 것, 소셜미디어의 독립 채널을 통해 사회비판적 기사를 읽고 전파하는 것에 머물고 있지만, 궁극적으로는 독립적인 언론매체를 가지고 자유롭게 쓰고 말하고 보여줄 수 있는 수준에 이르는 것, 독립 미디어의 확보와 저널리즘의 자유를 갖는 것이 이들의 목표이다. 물론 그것은 인권·민주주의의 성취와 함께 성장해갈 수밖에 없다. 자유언론과 민주주의는 상호작용하면서 서로에게 영향을 주고 서로의 발전을 촉진하기 때문이다. 그리고 이제, 베트남에서는 이러한 움직임이 시작되었다. 비록 탄압이 강력하게 존재하지만 갈등과 충돌이 촉발되는 것도 예전에는 아예 낼 수 없었던 목소리를 지금은 어느 정도 낼 수 있기 때문이다.

3장

미얀마

미얀마의 사법적 언론탄압

버마는 1886년 영국령 인도에 병합되어 영국의 식민지가 되었고 1936
년에는 자치권을 얻어 영국령 버마가 되었다. 1942년부터 1945년까
지 일본의 식민 통치하에 놓였던 버마는 일본의 패망과 함께 다시 영
국의 소유가 되었다가 1948년 1월 4일 마침내 버마연방으로 독립하게
된다. 그러나 1962년 네 윈의 쿠데타로 군부가 정권을 잡으면서 버마
식 사회주의를 표방한 독재정치가 계속되었고, 1988년 8월 8일 마침내
'8888 항쟁'이 일어난다.

　　이 당시 군부의 탄압을 피해 민주화운동세력의 많은 사람들이 해외
로 망명하거나 태국, 중국, 인도, 방글라데시의 국경지대로 도피했다.
세계학생운동사에서 중요한 획을 그은 학생무장투쟁조직 전(全)버마학
생민주전선(All Burma Students' Democratic Front, ABSDF)도 이때 만들어져
수십 년간 투쟁을 지속하게 된다. 또한, 해외에서 버마의 정치·사회 상
황을 국제사회에 알리고 국내외 민주화세력의 정보매체가 된 망명언론

들도 이때를 계기로 시작되었다.

1989년 국호를 버마에서 미얀마로 바꾼 군부는 1990년 자유선거에서 아웅산 수찌(Aung San Suu Kyi)[41]가 이끄는 야당 민주주의민족동맹(National League for Democracy, NLD)이 압승을 거두자 선거 무효를 선언하고 아웅산 수찌를 장기간 가택연금 한다. 2010년에는 NLD가 불참한 총선에서 미얀마 군사정권의 지원을 받은 통합단결발전당(Union Solidarity and Development Party, USDP)이 승리해 정권이 민간으로 이양되었다. 2012년 4월 국회의원 보궐선거에서 아웅산 수찌와 NLD는 다시 압승을 거두었고 마침내 2015년 11월 총선에서 승리해 정권을 이양받게 된다.

그러나 군부는 2008년 새로운 헌법을 통해 이미 자신에 합법적인 권력을 부여해 놓았다. 의회 전 의석의 25%를 선거 없이 군부가 지명하게 해놓았고 내각의 주요 3부처인 국방부, 내무부, 국경부(Ministry of Border Affairs)의 장관을 군부가 맡게 해놓은 것이다. 이 핵심 부처들의 장관은 대통령이 아니라 군의 총사령관이 임명한다. 또한, 이 헌법에 따라 아웅산 수찌는 사별한 남편과 두 아들이 외국 국적(영국)을 가졌다는 이유 때문에 대통령이 될 수 없다. 그녀는 대신, 2016년 이래 외무부 장관과 새로 만들어진 '국가자문'(State Counsellor)의 역할을 수행하는 중이다.

수십 년간에 걸친 치열한 반독재 민주화투쟁으로 국제사회의 지지를 받던 미얀마가 최근 로힝야(Rohingya)[42] 학살로 인해 다시 세계의

---

41 미얀마어 이름은 외래어 표기법을 따르되, 아웅산 수찌는 '수치' 대신 '수찌'로 표기한다.
42 국내의 언론보도에서 로힝야인들을 보통 '로힝야족'으로 지칭하나, 현재 학살의 피해자인 '로힝야'인을 미얀마의 소수민족(ethnic group)들 중 하나로 간주하는 것은 논란이 많은

주목을 끌며 강력한 비난을 받게 된 데는 여전히 막강한 힘을 행사하는 군부에 근본적인 원인이 있다. 실질적으로 민주화가 되지 못한 정치적 환경 속에서 미얀마의 언론인들 역시 다양한 방식으로 언론탄압의 상황에 놓여 있는 실정이다.

문제이기 때문에 소수민족을 연상시키는 '족'(族)을 이 글에서는 사용하지 않기로 한다.

1

돌아온 3대
망명언론의 목소리

1) 노르웨이에서 보내는 소식, 〈버마 민주의 소리〉

〈버마 민주의 소리〉(Democratic Voice of Burma, DVB)는 1992년 노르웨이 오슬로에서 버마의 망명인들에 의해 시작된 미디어이다. 노르웨이 정부의 지원을 받은 DVB는 먼저 라디오 방송을 시작해 정보가 차단되어 있던 국내의 버마인들에게 생생한 뉴스를 전달했다. 2005년 DVB는 위성텔레비전 방송을 시작했다. 2007년 '사프란 혁명'(Saffron Revolution)으로 불리는 대규모 민주화 시위가 미얀마에 일어났을 때 미얀마 내 지하활동 기자들을 통해 이를 생생히 전한 DVB의 보도는 세계에 이 망명언론을 알리는 계기가 됐다. 이후 태국 치앙마이로 본부를 옮긴 DVB는 2012년 미얀마 안에 지사를 열어 멀티미디어 작업을 시작했고 2013년 마침내 미얀마로 완전 귀국을 하게 된다. 2018년 현재 DVB는 'DVB 멀티미디어그룹'(DVB Multimedia Group)이라는 독립언론사로

노르웨이 오슬로 망명시절의 DVB. 현 양곤 사무실 한쪽 편에 DVB의 역사를 보여주는 사진들이 옹기 종기 붙어 있다.

위성 및 무료 디지털TV 방송과 온라인 뉴스를 영어, 버마어로 제공하고 있다.

2018년 6월 26일 DVB의 에 나잉(Aye Naing), 파이 폰 아웅(Pyae Phone Aung) 기자와 〈이라와디〉(Irrawaddy)의 라위 웽(Lawi Weng) 기자는 북부 샨(Shan)주에서 팔라웅족 군대인 '타앙민족해방군'(Ta'ang National Liberation Army, TNLA)이 주최한 '세계 마약 퇴치의 날' 기념행사를 취재하러 갔다가 2017년 6월 26일 미얀마군에 의해 체포되었다. 에 나잉 기자는 사건의 전모를 다음과 같이 전하고 있다.

에 나잉Aye Naing, 53세, DVB 선임방송기자

"우리는 타앙민족해방군(TNLA)의 정글지역에서 그들이 양귀비 등 불법 마약을 불태우는 행사를 취재하러 갔다. 그곳은 정부의 비통제지역이고 우리에게는 단지 그 행사뿐만이 아니라 미얀마 연방 정부와 소수민족 반군들 사이에 진행 중인 평화협상(Peace Talk), 아직 서명이 되지 않은 전국휴전협정(Nationwide Cease-fire Agreement, NCA), 아웅산 수찌의 평화정책 등 많은 질문이 있었다. 우리는 기념식도 촬영하고 행사에 참석한 TNLA 리더와 인터뷰를 했다. 그러나 돌아오는 길에 군·경 검문소에서 저지당해 자료를 다 빼앗기고 체포당했다. 처음에는 그곳에 가는 것을 승인하고 그 후에 체포한 것이다. 체포 당시 우리는 3명의 기자와 자동차 운전기사 등 3명의 주민들, 그리고 TNLA를 접촉하기 위한 불교 승려 1명 등 7명이었다. 나와 내 동료는 2개월 1주 동안 구금당해 있었다. 그들은 반란군 지역에 왜 갔느냐, TNLA는 불법단체인데 그들이 주최한 행사에 왜 갔느냐, 라고 심문했고 우리는 기자이니까 다 취재해야 한다고 대답했다. 구금되어 있는 동안 국제 앰네스티(Amnesty International)와 휴먼 라이츠 워치(Human Rights Watch)가 우리를 보러 왔고 유럽연합(EU) 대표단이 매주 왔다."

DVB의 두 기자와 〈이라와디〉의 기자, 그리고 세 명의 일반인들은 2017년 9월 15일 샨주의 시포(Hsipaw) 법정에서 혐의 철회 판결을 받았다. DVB와 여러 언론이 이 사건에 대해—DVB 시사국장의 표현을 빌리자면—'소란'스러운 대응을 한 덕분에 군부가 이 사건을 중단한 것이다. 에 나잉과 다른 두 기자에게 씌워진 혐의는 '불법결사에 관한 법'

2018년 6월 26일 타앙민족해방군(TNLA) 인터뷰 당시 기념촬영을 한 DVB의 에 나잉 기자(가운데)
와 파이 폰 아웅 기자(맨 왼쪽) (사진 제공 : 에 나잉)

2018년 6월 26일 타앙민족해방군(TNLA) 지역에서 마을주민을 취재 중인 DVB의 에 나잉 기자
(가운데)와 파이 폰 아웅 기자(왼쪽) (사진 제공 : 에 나잉)

(Unlawful Associations Act, 이하 '불법결사법'으로 표기)의 17(1) 조항이다. 이 법은 버마가 영국의 식민지로 영국령 인도에 병합되어 있던 시절인 1908년 12월 11일, 영국에 의해 인도법(India Act)에 포함된 불법결사법 (Unlawful Associations Act [India Act XIV] 1908)으로 제정되어 아직까지 이어져온 법이다. 독립국 미얀마에 식민지를 억압하기 위해 만들어진 식민지법이, 그것도 100년도 훨씬 전에 만들어진 악법이 적용되고 있다는 사실은, 한편으로는 개탄스러우면서도 다른 한편으로는 한국 사회 역시 일제 식민지법의 유산을 비롯해 온갖 식민지적 잔재를 청산하지 못했음을 상기시켜 우리를 부끄럽게 만든다.

뒤에서 다시 살펴보겠지만, 언론의 자유와 표현의 자유를 억압하는 악법들이 최근 들어 미얀마에서 더 활발히 사용되고 있다. 특히 전자통신법(Telecommunications Law)은 언론인들에게 종종 족쇄가 된다. 이 법에 저촉될까봐 우려해야 하는 가장 예민한 주제는 군부에 관한 것이다. 그 이유는 DVB의 탄 윈 투가 다음과 같이 설명하는 군부의 막강한 힘에 있다.

탄 윈 투 Than Win Htut, 48세, 〈버마 민주의 소리〉DVB 시사국장 겸 기획편집인

"군부가 내무부, 국경부, 국방부 장관을 임명해 통제할 뿐만 아니라 정부 모든 부처의 60~80%가량이 전직 장교들로 채워져 있다. 그들은 그 안에서 고위직, 중요한 직책을 차지하고 있다. 이것은 전 정부에서 해온 결과이다. 만약 군부에 있는 인물이 군에 적합하지 않으면 그를 민간부문의 고위직으로 보내는 것이다. 이것은 이전의 군사정부 때 해오던 방식이고 이에 대한 많은 항의가 있어 지금은 더

〈버마 민주의 소리〉(DVB) 언론인들. 왼쪽부터 킨 탄, 탄 윈 투, 에 나잉 기자

이상 그렇게 하지 못한다. 의료계, 법조계, 교육계 등 많은 부문에서 격렬한 항의와 반대가 있었기 때문이다. 전 정권에서 이미 민간부문의 고위직으로 간 사람들은 그대로 남아 있지만 더 이상 군 장교를 민간부문의 고위직으로 보내지는 못한다."

한국 사회에서 군 장성·고위간부들이 퇴직 후 군인공제회와 그 산하기관들의 고위직으로 낙하산 취업을 한 사례들을 상기시키는 대목이다. 미얀마 내 최고 권력자로 사회 곳곳에서 힘을 행사하는 군부를 기사로 다룬다는 것은 미얀마 언론인들에게 가장 큰 도전이 아닐 수 없다.

2) 태국에서 발행된 독립뉴스매거진 〈이라와디〉

망명언론 〈이라와디〉(Irrawaddy)는 1988년 미얀마를 떠난 학생운동가 아웅 조(Aung Zaw)에 의해 1993년 태국 방콕에서 월간지로 첫 호를 시작했다. 월간지의 이름은 버마를 남북으로 가로지르는 큰 강, '이라와디'(Irrawaddy) 또는 '에야와디'(Ayeyarwady)라고 불리는 강에서 따온 것이다. 〈이라와디〉를 발간하던 아웅 조의 '버마정보그룹'(Burma Information Group, BIG)은 1995~1996년 태국 치앙마이로 사무실을 이전하고, 1999년 〈이라와디〉가 동남아시아 다른 국가들의 정치적 상황도 함께 다루게 되면서 '버마정보그룹'에서 '이라와디 출판그룹'(Irrawaddy Publishing Group)으로 발행인의 이름을 바꾸게 된다.

〈이라와디〉는 망명 중인, 혹은 버마 안에 있는 버마의 반체제그룹들과 연계되지 않은 최초의 독립 뉴스출판물이었다. 〈이라와디〉의 주목적이 국제사회에 버마와 관련된 뉴스와 정보—미얀마 군부정권의 탄압, 인권상황, 내전 등—를 알리는 것이었기 때문에 잡지는 영어로 발간되었다. 당시 버마는 정보 전달과 언론자유의 면에서 암흑기였고 언론은 군정부의 심한 검열체제하에 놓여 있었다.

〈이라와디〉는 영어 월간지와 버마어 주간지를 발행해 버마와 태국에서 배포했고, 2000년에 온라인 웹사이트를 열어 매일 뉴스를 업데이트했다. 2012년 10월 양곤에 지국을 열어 점차적으로 이전을 하던 〈이라와디〉는 2013년 태국에서 완전히 철수해 미얀마로 귀국하게 된다. 현재 영어와 버마어로 발간되는 〈이라와디〉의 뉴스 웹사이트는 대중에게 가장 널리 이용되는 뉴스 플랫폼들 중 하나이다.

설립자 아웅 조의 동생이자 현재 〈이라와디〉의 영어판 총책을 맡고

미얀마의 소수민족 문제를 상기시키는 〈이라와디〉 사무실 벽의 그림

있는 선임편집자 초 즈와 모(Kyaw Zwa Moe)는 고등학생 시절이던 1988
년 민주화항쟁에 참여했고, 3년 후 동료와 함께 정치잡지를 비밀리에
발행하다가 체포되어 군법정에서 10년의 징역형을 선고받았다. 그의
형 아웅 조가 태국으로 망명해 〈이라와디〉를 발행할 당시, 그는 미얀마
의 악명 높은 교도소에 수감 중이었다. 1991~1999년 8년간 복역한 그
는, 석방 일 년 후인 2000년 12월 미얀마를 떠나 태국 치앙마이로 가서
〈이라와디〉에 합류한다. 2013년 망명생활을 마감하고 미얀마로 돌아
온 그가 전하는 〈이라와디〉 기자들의 현 상황과 군부에 대한 문제인식
은 다음과 같다.

초 즈와 모Kyaw Zwa Moe, 47세, 〈이라와디〉 영문판 선임편집자

"많은 우리 기자들이 지난 수년 동안 당국에 의해 괴롭힘과 위협을 당하고, 심지어 체포를 당했다. 특히 외딴 지역에서 논란이 많은 이슈, 분쟁을 취재할 때는 항상 그렇다. 2017년 우리 기자 한 명이 외딴 지역에 소수민족 무장단체를 취재하러 갔다가 다른 언론사 기자 두 명과 함께 군에 체포되었다.[43] 그는 두 달여간 구금되었다가 석방되었다. 우리가 마바타(Ma Ba Tha)라는 극단적 민족주의자운동에 대한 기사를 냈을 때 그 단체의 멤버들이 계속 전화를 해 협박했다. 라카인주(Rakhine State)[44]에 기자들을 보냈을 때 마을사람들이 기자들을 위협했다. 기자들은 늘 여러 그룹에 의해 다양한 문제에 직면하게 된다.

언론에 대해 공식적인 검열체제는 없다. 예전에는 검열위원회가 있어서 발행 전에 모두 검열을 받았지만, 2012년 8월 정부가 검열위원회를 폐지해 이제 검열을 받지 않고 무엇이든 쓸 수 있게 되었다. 하지만 지금은, 예민한 이슈, 논란이 되는 이슈들에 대해 쓸 때 우리가 매우 조심한다. 심지어 단어 선택에도 매우 조심한다. 우리가 특정 이슈에 대해 잘못된 판단을 내리면 큰 곤경에 처하게 되기 때문이다. 이 상황이 많은 언론인들로 하여금 실제로는 자기 검열을 하게 만들고 있다. 잘못하면 소송을 당하게 된다. 전자통신법에 걸릴 수 있고, 명예훼손에 걸릴 수도 있으며, 민족무장단체에

---

43 앞서 DVB(버마 민주의 소리)의 에 나잉(Aye Naing) 기자와 함께 체포된 이라와디의 기자를 가리킨다.

44 로힝야 학살이 일어난 지역으로, 예전 명칭인 '아라칸'(Arakan)으로도 불린다. 불교도인 미얀마의 소수민족 라카인족(ethnic Rakhine, 또는 아라칸)이 무슬림 로힝야인들과 함께 거주해 왔으나 현재 적대관계를 형성하고 있다.

〈이라와디〉 영문판 선임편집자 초 즈와 모. 그는 민주화운동으로 8년간 복역했다.

대해 쓰다가 불법결사에 관한 법에 걸릴 수도 있다. 그래서 몇몇 간행물은 의도적으로 자기 검열을 하게 된다. 옳은 것을 쓰다가도 쉽게 감옥에 갈 수 있다. 그러니 검열위원회가 없어도 매우 조심할 수밖에 없다. 정부 외에 개인들도 위의 법들을 사용해 언론인을 고소할 수 있다.

전 정부의 2008년 헌법에 따라 군부는 내각과 의회 양쪽에 합법적인 힘을 가지고 있다. 군부가 지명하게 되어 있는 국방부, 내무부, 국경부의 장관들이 하는 일에 정부는 관여를 못한다. 예를 들어 군의 예산도 국방부가 직접 결정하는 것이다. 군 내부의 법적인 사건들도 군부가 직접 결정한다. 군부는 의회 의석도 25% 가지고 있고 사업에도 관여하고 있다."

오랜 세월 해외에서 언론을 무기로 민주화운동을 해온 망명언론인들이 바라보는 현 군부에 대한 시각과 언론자유를 통제받는 상황은 미얀마가 민주화로 이행하는 길이 지난하고 길 것이라는 예감을 갖게 한다.

3) 인도에서 귀환한 〈미지마〉의 성장

〈미지마〉(Mizzima)미디어 역시 1988년 민주화운동에 참여했다가 인도로 망명한 설립자 두 명에 의해 1998년에 시작되었다. '미지마'라는 이름은 '중간', '중도'라는 뜻의 팔리어(Pali)에서 가져왔는데, 편견 없고 독립적인 미디어를 지향하겠다는 뜻을 반영하고 있다. 인도 뉴델리에 본부를, 태국 치앙마이에 연락사무소를 두고 양곤에 지하사무실을 두고 있던 미지마는 2012년 미얀마로 귀국해 망명언론들 중 제일 먼저 현지미디어로 법인등록을 했다. 변화된 환경에 신속히 대처해 새로운 활동을 시작한 미지마는—미디어산업이 발달한 인도에서의 망명생활이 혹 어떤 영향을 주었을지는 모르겠으나—이후 빠르게 성장한 것으로 보인다.

현재 미지마는 미디어그룹뿐만 아니라, 여러 단체들이 연합된 미지마재단과 수출·수입 사업을 담당하는 미지마무역 등 세 부분으로 구성되어 있다. 모태가 된 미지마미디어의 경우, TV, 일간신문(버마어)과 주간신문(영어), 3개의 온라인 웹사이트(버마어·영어 신문 웹사이트, TV 웹사이트)를 갖추고 있다. 소셜미디어상에서의 영향력도 커서 미지마의 미얀마 페이스북에는 1200만명의 팔로어가 있고 영어 페이스북에는 100만명의 팔로어가 있다. 미지마미디어는 미얀마의 모든 통신사 운영자들과 협업하고 있는, 미얀마에서 가장 큰 미디어 그룹 중 하나라 할 수 있다. 이 미디어는 영어와 버마어로 콘텐츠를 제작한다. 미지마미디어에 약 140명이 일하고 양곤에 본사, 네피도에 지사를 두고 있다. 미지마의 설립자로, 편집장 겸 경영총책인 소 민의 다음 말은 망명언론사 미지마가 어떻게 빨리 성장할 수 있었는지를 설명해준다.

소 민 Soe Myint, 51세, **미지마미디어 설립자 겸 대표, 〈미지마〉 편집장**
"당시 군사정권은 독립미디어가 버마 안에 있는 것을 허가하지 않았다. 2011~2012년 지지자들과 국제사회가 해외에 있던 우리 언론에 기부와 지원을 해 운영할 수 있었다. 당시 인도와 태국에 학교와 난민들이 많았고 나 자신도 망명자로 20년 이상을 살았다. 우리는 미얀마가 민주주의로 개방되자마자 2012년에 빨리 돌아왔다.

우리는 시장과 미디어산업에 기반을 둔 독립미디어사업을 하기로 결정했다. 처음에는 버마어로 주간지 발행을 시작했고 그 후에 영어 주간지를 발행했다. 동시에 디지털 온라인미디어를 시작해 조금씩 성장시켜 나갔다. 일간신문은 2013년부터 시작했다. 그다음에 MRT 채널(Myanmar Radio & Television, MRTV)에 주간 텔레비전 프로그램을 만들어 제공했다. 2015년 우리는 TV 채널을 얻기 위해 사업허가 계약에 지원한 26개 기업 중 하나였고, 2017년 사업허가를 계약해 TV 채널을 얻었다. 미지마 TV 채널은 2018년 3월부터 방송을 시작했고 무료방송이다. 60%는 인포테인먼트(Infotainment) 콘텐츠이고 40%는 엔터테인먼트 콘텐츠와 뉴스다. 앞으로 엔터테인먼트를 확대할 예정이다.

우리는 세 가지 소득이 있다. 첫째, 여러 미디어 플랫폼의 광고

스폰서가 있고, 둘째, TV 프로그램, 다큐멘터리 등의 콘텐츠를 생산해 고객에게 제공한다. 셋째로, 미디어 교육과 미디어 모니터링, 미디어 보안 등 미디어 서비스를 제공하는 것이다.

미얀마에는 강한 미디어 시장이 없다. 어떤 독립미디어든 상업적으로 싸워야 한다. 상업적 측면에서 독립미디어에 대한 정부의 지원이 없다. 광고 시장이 매우 작고 외국기업들이 아직 들어오지 않았다. 이 모든 제약이 독립언론이 수익을 창출해 살아남고 상업적으로 지속되는 데 영향을 미친다. 상업적으로 이윤을 내는 것, 상업적으로 지속되는 것이 또 하나의 도전이다. 그것은 능력의 문제다. 언론인, 편집자들을 위한 능력 배양이 필요하다. 미얀마에는 적절한 훈련이나 저널리즘 학교가 없었다. 최근 우리는 저널리즘 학교를 만들어 기자와 편집자, 언론인들을 훈련하고 있는데 이제 겨우 2~3년이 되었다. 거기서 전문적인 기자, 편집자, 방송언론인들을 훈련해 다양한 미디어 플랫폼에서 일할 수 있게 하는 것이 필요하다."

미지마가 다른 망명언론보다 빠른 속도로 성장해온 것은 미디어 산업과 시장에 대한 인식이 바탕으로 되었기 때문으로 보인다. 인터넷 환경이 빠른 속도로 발전하고는 있지만 미얀마의 미디어 산업은 아직 초보적인 수준이고 안정된 미디어 시장이 없다. DVB와 미지마가 멀티미디어로서 TV방송을 하고 있지만 콘텐츠 제작환경은 열악하다. 자유롭고 책임 있는 독립미디어를 가지기 위해서는 아직 갈 길이 멀다는 게 이 망명언론인들의 생각이다. 게다가 DVB와 이라와디 그리고 다른 모든 미얀마의 언론인들이 그렇듯이, 미지마미디어의 언론인들 역시 언론

TV 방송 시작 전 화면을 모니터링하는 미지마 방송인들

미지마미디어 설립자 겸 대표, 〈미지마〉 편집장 소 민

의 자유를 규제하는 악법으로부터 자유롭지 못하다. 그에 대한 소 민의
생각은 이러하다.

"미디어의 자유라는 측면에서 현재의 상황은 2010년보다 훨씬 낫
다고 할 수 있다. 그러나 우리에게는 많은 도전이 놓여 있고 몇몇
법은 제한적이다. 2017년, 양곤이 아닌 다른 지역에서 우리 기자
한 명이 명예훼손을 당했다. 그는 교육제도 내 사기 문제를 다루었
는데, 현재 은퇴한 국가의 관리가 문제를 제기해 소송이 아직도 진
행 중이다. 이는 기자들이 겪는 한 사례일 뿐이다. 3일 전(2018년 7월
25일)에도 네피도 지사의 우리 기자들 중 한 명이 의회 취재를 가서
촬영을 하다가 의회 안의 한 군부 대표로부터 매우 심한 욕을 들었
다. 그 기자는 허락받은 장소에서 자기 일을 한 것뿐인데 말이다. 여
러 법들이 개정되었다고는 하나, 여전히 언론의 자유를 방해하는
억압적인 법들이 있다. 예를 들어 공직기밀법 같은 것이다. 현재 로
이터의 두 기자가 이 법으로 구속 중이다. 미디어의 자유를 허락할
수 있게 법이 개정되고 개선되어야 한다.

우리는 어떤 형태의 검열에도 반대한다. 그러나 가짜뉴스에도
반대한다. 소셜미디어상의 '혐오발언'(hate speech)에도 반대해 싸운
다. 혐오발언(혐오표현)은 특정한 의도를 가진 개인과 다양한 이익집
단으로부터 나온다. 많은 사람들이 가짜뉴스와 혐오발언, 진짜뉴스
를 잘 구별하지 못한다. 그들은 페이스북에서 보는 것을 사실이라
고 생각한다. 우리는 사람들이 가짜뉴스를 구분해 낼 수 있게 교육
해야 한다. 페이스북은 미얀마에서 매우 인기 있고 아주 많이 사용
된다. 정보의 확산, 브랜딩, 프로모션, 네트워킹을 위해서는 좋지만,

가짜뉴스와 혐오발언을 확산시키는 부정적 측면이 문제다. 우리는 이 두 가지 이슈를 매우 조심해 다루어야 한다. 그것에 매우 빠르게, 효과적으로 대처해 확산되지 않게 해야 한다. 그래서 우리는 사실 확인(fact check)을 하는 시스템이 있다. 자유롭고 공정하고 책임 있는 언론이 우리의 모토다."(소 민)

2

악법과 언론탄압

1) 전자통신법의 문제

언론인을 탄압하는 데 주로 쓰이는 법은 전자통신법(Telecommunications Law), 공직기밀법(Official Secrets Act), 불법결사법(Unlawful Associations Act) 등이다. 그중에서 특히 전자통신법 66(d) 조항은 최근 몇 년 사이 인터넷 사용이 급증한 미얀마에서 언론인·비언론인 모두에게 표현의 자유를 극히 제한하는 역할을 하고 있고 언론인들은 종종 명예훼손으로 고소당한다. DVB의 탄 윈 투는 전자통신법이 탄생한 배경과 현재 언론탄압에 악용되는 상황을 다음과 같이 설명하고 있다.

탄 윈 투 Than Win Htut, 48세, 〈버마 민주의 소리〉DVB 시사국장 겸 기획편집인
"2010년 총선 과정은 깨끗하지 않았지만 더러운 요소들에서 민주주의 이행기로 가게 되었고, 동시에 극단적인 민족주의운동도 천천

히 성장하기 시작했다. 2012년 이후 페이스북 같은 소셜네트워크 서비스(SNS)가 매우 대중화되었다. 전 정부가 검열을 폐지하고 온라인의 자유를 주어 더 많은 사람들이 페이스북과 SNS를 사용하게 되었다. 또한 통신 공급자들이 가격을 내려 전화비가 싸지고 인터넷이 매우 인기 있어지면서 '혐오발언'도 매우 많이 양산되었다. 2011년, 2012년에 무슬림과 개인에 대한 공격, 사이버폭력, 혐오발언 운동이 흔해졌는데 특히 무슬림과 불교 신자 간의 분란이 페이스북에서 심해졌다. 전 정부는 전자통신법 66(d)를 만들어 혐오발언과 불교극단주의 단체인 '마바타'(Ma Ba Tha)[45]를 끝내게 된다. 현재는 4~5년 전에 비해 페이스북에서 혐오발언이 많이 줄었다. 그런데 문제는 이 인터넷법으로 표현의 자유를 억압하고 처벌하는 사례가 많아졌다는 점이다."

불교극단주의자이자 극단적 민족주의자로 마바타를 이끈 승려 아신 위라투(Ashin Wirathu)는 '불교 테러의 얼굴'(The Face of Buddhist Terror)이라는 제목과 함께 2013년 7월 1일자 〈타임〉(Time)의 표지를 장식하기도 한 인물이다. "무슬림을 죽이는 것은 범죄가 아니다"라고 공공연히 선동한 그는 미얀마 불교계 종단과 대부분의 불교도들에 의해 부정되지만 과격 불교도 추종자들도 많은 편이다. 미얀마 정부는 그의 페이스북을 통제하고 계좌를 취소했다. 마바타는 2017년 정부에 의해 해산됐지만 그 세력은 여전히 존재해 현재 무슬림-불교도 간 갈등의 중심

---

45 마바타(Ma Ba Tha)는 2014년 1월에 설립되어 2017년 7월에 해체된 불교극단주의자 단체로, '인종(민족)·종교보호협회'의 의미를 가진 버마어의 약자를 따 만든 이름이다.

축을 이루고 있다.

페이스북과 소셜미디어를 통제하기 위해 2013년에 제정된 전자통신법(2017년 개정)이 위와 같은 배경에서 나왔다고는 하나, 탄 윈 투의 지적처럼, 현재 표현의 자유를 억압하는 최악의 법이기도 하다. 미국 정부의 기금으로 운영되는 '프리덤하우스'(Freedom House)는 매년 각국의 '인터넷상의 자유'를 가장 좋은 상태인 0에서 가장 나쁜 상태인 100까지 수치화해 비교한다. 그런데 이 자료에 따르면, 미얀마는 2016년 61점에서 2017년 63점으로, 2018년 64점으로 하락해 아웅산 수찌가 이끄는 민주주의민족동맹(NLD)의 새 정부가 들어선 후 오히려 인터넷상의 자유가 지속적으로 악화된 모습을 보여주고 있다.[46] 그렇다면 인터넷 통신법의 악용은 언론인에게 어떻게 영향을 미치고 이는 군부와 어떻게 관련되는 것일까? 탄 윈 투의 다음 말에서 그 대답을 얻을 수 있다:

"문제는 군부가 이 법을 악용해 군에 비판적인 글을 쓴 사람에게 적용한다는 것이다. 이제 많은 언론인들은 자기가 쓰는 글이 혹시 군부에 반대되는 것은 아닌지 자꾸 생각하게 된다. 자기 검열을 하는 것이다. 예를 들어, 당신의 기사가 '군대가 마을사람들을 죽였다'라는 것이면 다시 생각해 보아야 한다. 우리는 군에 확인해 그것을 명백히 해야 한다. 그들(군)이 '예스'라 할 수도 있고―결코 예스라 말하지 않겠지만―'노'라 할 수도 있고 대답을 안 할 수도 있다. 그들이 '예스'라 하면 '예스'인 것이고 '노'라 하면 '노'인 것이다. 진짜뉴스

46 https://freedomhouse.org/report/freedom-net/freedom-net-2016
    https://freedomhouse.org/report/freedom-net/freedom-net-2017
    https://freedomhouse.org/sites/freedom-net-2018-map/map.html

보도를 관장하는 군부의 위원회에 메일을 보내 물어볼 수 있지만 그들은 대답하지 않을 것이다.

소수민족 지역에 대한 기사를 쓸 때도 어렵다. 예를 들어, 오래전 샨주에 살윈강을 따라 댐을 건설할 때 군부가 마을주민들에게 이주 명령을 내렸고 그 말을 듣지 않은 사람들 수백명을 군대가 죽였다고 마을주민들이 비난한다. 그런데 그것이 사실인지 알기가 어렵다. 매우 오래 전 일이라 검증할 수가 없다. 이 기사 하나를 쓰려면 다시 확인해야 한다. 결국 확인을 위해 군에 물어보는데 그들은 대답을 하지 않는다. 정보를 검증하기 위해 노력하지만 군은 대답하지 않고 우리에게 다른 독립적인 검증방식은 없다. 그러면 우리는 다시 생각해야 한다. 군을 비난하는 마을주민들의 말을 쓰는 것이 군에 반대되는 것이 되지 않을까 해서이다. 이것은 모든 언론인들의 자기 검열이라 할 수 있다.

기자가 온라인, 웹사이트, 페이스북에 취재한 글을—특히 그들과 관련된 글을—올려 군과 정부의 마음에 들지 않으면 전자통신법 66(d)에 의해 피소되고 즉시 투옥된다. 이 법은 언론인에게 직결되는 매우 중요한 법이다. 이와 관련해 민주적으로 선출된 현 정부 하에서 더 많은 사례가 나오고 있다. 전 정부에서는 5년 동안 11건, 현 정부는 2년 내에 113건이 발생했다. 전 정부는 군부의 (민간)정부였다. 2015년 선거 이후 현 정부는 아웅산 수찌가 지도하는 정부라 더 민주적일 것이라 기대해 국민의 지지를 받았는데, 실제로는 언론인들에게 더 위협적이다. 많은 언론인들이 이 법의 폐지에 대해 말하고 있다."(탄 윈 투)

전자통신법 조항 66(d)에 의해 명예훼손 소송을 당한다는 것은 언론인의 취재와 보도에 악영향을 끼치는 것은 물론이거니와 일상생활과 그가 속한 언론사에도 영향을 미쳐 심리적 압박감을 가중시킨다. 그 언론사가 영세한 독립 언론매체이고 비판적인 탐사저널리즘을 펼칠 때는 더욱 그러하다. 그런데 언론의 비판적 역할에 충실하고 탐사저널리즘의 자세로 문제가 되는 이슈들을 파헤칠수록 언론 탄압의 올가미에 걸려들기 쉬울 수밖에 없다. 그러한 일례가 탐사저널 〈미얀마 나우〉(Myanmar Now)의 편집장 스웨 윈(Swe Win)의 경우이다. 한편, 〈로이터〉 통신 두 기자의 경우, 그들이 로힝야 문제를 취재하려다가 덫에 걸렸고 국가보안 관련 악법으로 중형을 선고받았기 때문에 훨씬 큰 논란과 국제사회의 비판을 받고 있다. 물론, 여기에 〈로이터〉라는 세계적 언론사의 이름이 갖는 힘—현지의 작은 독립언론사 〈미얀마 나우〉에 비해—도 무시할 수는 없을 것이다.

2) 언론인에 대한 사법적 탄압의 두 사례

① 전자통신법과 〈미얀마 나우〉Myanmar Now의 스웨 윈Swe Win

〈미얀마 나우〉는 2015년 11월 총선이 실시되기 전 톰슨로이터재단(Thomson Reuters Foundation)의 지원(2015~2017년)을 받아 현지 언론인들에 의해 설립된 독립언론이다. 탐사보도 뉴스매체인 〈미얀마 나우〉는 2017년 12월부터 2018년 3월까지 재정적 후원자를 찾지 못해 잠시 문을 닫았다가 이후 '스웨덴 버마위원회'(Swedish Burma Committee)의 지원을 받아 다시 보도를 재개했다. 버마어와 영어로 된 온라인뉴스를 발행하는 이 독립언론은 〈세븐 데이 뉴스페이퍼〉, 〈이라와디〉, 〈미지마〉, 〈프런티어 매거진〉 등 미얀마 내 주요 언론에도 기사를 제공하고 있다. 이 뉴스매체는 또한, 2018년 8월부터 종이신문을 발간할 예정이다.

〈미얀마 나우〉의 편집장 스웨 윈은 1998년 스무 살 대학생 시절 '체제전복적인' 팸플릿을 배포한 혐의로 21년형을 선고받고 2005년 사면될 때까지 7년간 복역했다.[47] 2017년 전자통신법 위반 혐의로 피소를 당해 2018년 현재까지 이어지고 있는 그의 사건의 전말은 다음과 같다 :

2017년 1월 아웅산 수찌의 법률고문이자 NLD(민주주의민족동맹)의 무슬림 변호사인 코 니(Ko Ni)가 양곤국제공항에서 암살되었다. 〈미얀마 나우〉는 코 니의 암살에 대한 탐사특집기사를 발행한다. 그 기사는 극단적 민족주의자 승려 아신 위라투(Ashin Wirathu)가 코 니의 살인 혐의자들을 지지한 것은 불교의 교리를 위반한 것이라고 말한 한 고승의 말을 인용했다. 2017년 3월 스웨 윈은 〈미얀마 나우〉에서 발행한 이 기사를 그의 페이스북에 올렸는데, 위라투의 지지자이자 불교극단주의자들의 단체 '마바타'의 멤버 초 묘 슈웨(Kyaw Myo Shwe)가 66(d)를 이용해 명예훼손으로 고소한 것이다.

그런데 위라투의 지지자가 고소를 한 시점은 미얀마 불교종단이 위라투에게 그가 예전 설법에서 혐오발언을 하고 페이스북에서 코 니의 살해 용의자들을 칭송했다는 이유로 일 년간 공개설법을 금지시킨 때와 일치한다. 게다가 초 묘 슈웨는 민족주의 승려·불교도들의 반정부

---

47 인터뷰 당시 스웨 윈은 자신의 민주화운동 경력에 대해 전혀 이야기하지 않았는데, 이후 인터넷 검색을 통해 언론매체들의 관련기사들을 발견했을 때 필자는 경이로운 감동을 받았다. 그는 단지, 인터뷰 도중 폭우로 인해 전기가 끊어지고 어둠 속에서 인터뷰를 진행하게 되자, 미얀마의 전기 상황에 대해 공손히 사과할 뿐이었다.

시위에 참여했다가 체포를 피해 도망간 후, 자신에게 체포영장이 떨어졌다는 것을 알면서도 며칠 뒤인 8월 7일, 자신이 고소한 스웨 윈의 재판에 스스로 등장한다. 그의 구금으로 인해 스웨 윈의 재판은 여러 차례 연기되었고 초 묘 슈웨는 계속 수감 중이다. 이 이상한 시간적 일치들에 대해 의혹을 버리고 그것을 단순히 우연이라 간주한다고 하더라도, 그로 인해 언론인으로서의 직업적인 일과 일상생활에 일 년 이상 막대한 지장을 받으며 재정적 타격까지 떠안아야 하는 스웨 윈의 상황은 사법시스템을 이용해 언론인들에게 괴롭힘을 가하는 한 예를 보여준다.

2017년 4월 종교문화부(Ministry of Religious Affairs and Culture)는 성명서를 발표해, 스웨 윈이 법을 위반하지 않았고 사실에 입각해 글을 썼으

〈미얀마 나우〉 편집장 스웨 윈. 전자통신법 66(d) 위반 혐의로 일년 이상 재판 중인 그는 학생 시절 민주화운동으로 7년간 복역했다.

며 언론인으로서 자기 할 일을 한 것뿐이라고 밝혔다. 그러나 그는 여전히 이 소송에 시달리고 있다. 자신이 처한 상황에 대해 그는 다음과 같이 말하고 있다.

스웨 윈 Swe Win, 40세, 뉴스통신사 〈미얀마 나우〉Myanmar Now 편집장
"나는 2017년 7월 30일 출장을 가던 중에 양곤국제공항에서 체포되어 만달레이 법정으로 이송되었다. 명예훼손으로 고소된 지역의 법정이다. 거기서 보석금을 내고 석방됐다. 단지 페이스북에 뉴스 기사를 공유했는데 전자통신법 위반으로 기소된 것이다. 나는 법정에 32회를 출두해야 해서 판사가 정하는 대로 매 10일 혹은 14일마다, 때로는 매주 양곤에서 만달레이로 가게 된다. 양곤에서 만달레이까지 600킬로미터가 넘고 이틀이 소모되며, 교통비·숙박비 등 약 500달러의 경비가 든다.

2명의 변호사와 함께 가는데, 비행기를 탔다가 연착해 법정에 늦게 도착하게 되면 그들이 그것을 구실로 보석을 취하하고 감옥에 보낼 것이기 때문에 나는 오전 10시 정각에 도착해야 한다. 그래서 우리는 개인택시를 타고 가는데 가는 데만 10~12시간이 걸린다. 나는 아직도 출국금지를 당해 있다. 나는 곧 감옥에 가야 할 것이다. 나는 그들의 법정심리에 대해 그다지 긍정적이지 않다. 그들이 긍정적인 선고를 할 것이라 낙관하지 않는다. 물론 기대는 한다.

미얀마의 사법부는 독립적이지 않다. 판사는 특히 예민한 이슈, 정치적 성질의 이슈를 두려워한다. 외부의 지시를 따르지 않으면 직업을 잃거나 외딴곳으로 전직되거나 진급을 못 하게 된다. 가장 중요한 것은 '법의 지배'(Rule of law, 법치)이다. 그것이 있으면 언론

인은 자신의 기사에 대해 합법적인 보호를 받게 된다.

　버마의 언론자유를 방해하는 요소는 빈약한 '법의 지배'이다. 특히 군부에 의해 만들어진 헌법이 문제다. 헌법상으로 모든 행정조직들—경찰력을 포함해—이 군부의 통제하에 있다. 경찰이 군에 보고를 해야 한다. 경찰은 독립적이지 못하다. 경찰은 사법부와 일해야 하는데 군과 일하고 있다. 이것은 우리(언론인)에게 매우 위험하다. 기사가 군 장교에 관한 것이면 경찰은 먼저 군을 부른다. 그러면 우리가 무엇을 하겠는가? 전형적인 자기 검열 방식은 기사로 다루지 않는 것이다. 어제[48] 네피도에서 군 장교가 두 기자를 모욕했는데 아무 미디어도 그에 관해 쓰지 않았다. 미얀마의 언론인들은 군이 관련되면 보도하지 않는다. 이것이 자기 검열이다. 때로 우리는 그렇게 해야 한다. 우리는 아무런 보호장치가 없기 때문이다. 그들은 총이 있는데 우리는 컴퓨터와 펜밖에 없다. 정치 발전이 없으면 언론자유의 발전도 없을 것이다. 그래서 '법의 지배'가 중요하다."

② 공직기밀법과 로이터Reuters의 두 기자

　최근 미얀마의 언론탄압 사례 중 가장 큰 주목을 받고 국제사회의 공분과 비판을 불러일으킨 사건은 로이터(Reuters) 통신의 두 기자, 와론(Wa Lone)과 초 소 우(Kyaw Soe Oo) 사건이다. 로힝야 취재를 해오던 이 두 기자는 2017년 12월 12일 양곤의 한 식당에서 경찰관들과의 저녁 식사 자리에 나가 경찰관이 건네준 문서를 받았다. 식당을 떠난 그

48　앞서 미지마의 소 민이 언급했던, 2018년 7월 25일 네피도 의회 취재 당시 군 장교가 기자에게 모욕을 준 사건으로 추정

들은 문서를 소지한 상태에서 경찰에 체포되었다. 두 기자는 경찰에 의해 '국가의 안전과 이익을 손상시킬 의도로 뉴스를 수집'했다는 혐의를 쓰고 '공직기밀법'(Official Secrets Act)에 의해 구금당하게 된다. 공직기밀법은 불법결사법(1908년)처럼 영국식민지 시절인 1923년에 제정된 법이다.

와 론과 초 소 우 기자가 경찰관으로부터 전해 받은 문서는 로힝야 무슬림에 대응할 라카인주의 보안작전에 관한 것이라고 보도되었지만 정확한 내용은 밝혀지지 않았다. 기자들은 경찰관이 그들에게 묻지도 않고 문서를 주었다고 법정에서 증언했고, 문서를 넘긴 뒤 체포된 경찰관 모 얀 나잉(Moe Yan Naing)은 그것이 미얀마 경찰청장의 지시로 이뤄진 함정수사였다고 말했다. 로이터는 두 기자가 미결 구금상태이던 2018년 2월, 그들이 취재한 기사 초고를 편집해 그들의 이름으로 발행했다. 그것은 마웅도(Maungdaw) 지역의 인딘(Inn Din) 마을에서 미얀마군과 불교신자 마을주민 2명이 로힝야 무슬림 10명을 살해한 일에 관한 것이다.

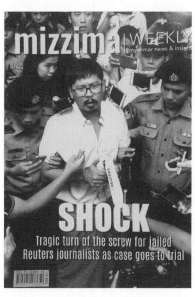

국제사회로부터의 많은 비판과 인권·언론단체들의 항의에도 불구하고, 두 기자는 끝내 2018년 9월 3일 양곤북부지방법원에서 유죄 판결로 7년형을 선고받았다. 이들에게 씌워진 공직기밀법은 최장 14년의 징

〈미지마〉 주간지 2018년 7월 12일자에 실린 로이터의 두 기자 관련 기사

역형에 처할 수 있게 규정하고 있다. 로이터 기자들의 사건은, 스웨 윈이 지적했듯이, '법의 지배'와는 거리가 먼 사법부가 군부의 영향력 아래에서 사법적 언론탄압을 주도하는 현실을 여실히 보여주고 있다.

전자통신법 66(d), 공직기밀법 3(1)(c), 불법결사법 17(1) 외에도, 종종 악용되는 법으로 형법 505조(b)가 있다. 505(b)는 "대중에게 공포 또는 불안을 유발"해 국가나 공공의 안녕에 반하는 범죄를 저지를 수 있게 하는 행위, 출판물 등에 대한 금지 규정이다. "대중에게 공포 또는 불안을 유발"하는 것의 적용범위가 애매한 만큼, 그 정의상 시민사회 단체의 시위나 항의집회를 탄압하는 데 특히 유용하게 사용된다. 형법 505(b)조가 언론인에게 사용된 최근 사례로는 2018년 10월 10일 일레븐 미디어 그룹(Eleven Media Group)의 주편집자 초 조 린(Kyaw Zaw Lin)과 나이 민(Nayi Min), 수석기자 표 와이 윈(Phyo Wai Win)이 체포되었던 일을 들 수 있다. 표 와이 윈 기자는 10월 8일 양곤 지역정부의 사업 거래와 예산에 얽힌 문제들을 비판하는 기사를 썼는데, 이것이 "잘못된 정보"를 발행해 국가에 반하는 범죄를 저지르고[49] 대중에게 공포 또는 불안을 유발했다는 얘기다. 이 세 기자는 10월 26일 보석으로 석방되었다. 이후 대통령 윈 민(Win Myint)이 양곤 지방정부에 소송 철회를 명령해 11월 9일 소송은 일단 철회되었으나, 아웅산 수찌의 측근인 양곤 주지사 표 민 테인(Phyo Min Thein)의 향후 대처가 주목되고 있다.

---

49 https://www.irrawaddy.com/news/burma/yangon-govt-sues-eleven-media-offenses-state.html

3) 사법적 언론탄압이 낳은 '자기 검열'

2018년 1월 10일자 〈뉴욕 타임스〉 기사는 미얀마 현지의 미디어 감시기구 '우리는 언론인을 지지한다'(We Support Journalists)를 인용해, 2016년 새 정부가 들어선 이래 최소 32명의 언론인이 다양한 범죄 혐의로 기소되었다고 전하고 있다. 신문 기사의 날짜를 기준으로 한다면 이는 2016년과 2017년 두 해에 해당된다.[50] 보다 민주적인 정부의 행보를 기대했던 언론인들은 정부의 현재 모습에 실망하고, 여전히 막강한 권력을 지닌 군부와 그 영향력 아래에 있는 정부가 휘두르는 사법적 제재들에 민감해져 있다. 그리고 그것은, 앞서 여러 언론인들이 표명했듯이, 조심스러운 자기 검열의 형태로 나타난다.

탐사저널리즘 월간지 〈모쿤〉(Mawkun)의 편집장 역시 '자기 검열'에 대한 견해를 앞에서 언급된 언론인들과 공유하는 듯이 보인다. 검열위원회가 있었던 과거 시절에 비해 자유로워졌지만 자유로울 수 없는, 자기 검열이 일어날 수밖에 없는 현재의 상황을 그는 다음과 같이 비교하고 있다.

자야 흘라잉 Zayar Hlaing, 37세, **시사월간지** 〈모쿤〉Mawkun, Chronicle **공동 설립자 겸 편집장, 미얀마언론인네트워크**Myanmar Journalist Network **대표, 미얀마언론위원회**Myanmar Press Council **위원**

"〈모쿤〉은 2012년 8월 24일에 시작됐다. 과거 군사정권하에서는 언론검열로 인해 이런 종류의 잡지를 만들 수가 없었다. 그들은 기사

뿐만이 아니라 심지어 광고도 검열을 했다. 우리는 2012년 8월 20일 검열제도가 폐지되고 4일 후인 24일에 첫 호를 발행했다. 2010~2011년부터 준비해오다가 검열이 폐지되자마자 즉시 발행한 것이다. 미얀마에서 빨리 발행된 독립탐사잡지라 할 수 있다.

그런데 정부는 언론인에 대해 소송을 많이 한다. 우리는 다행히 아직까지는 소송을 당하지 않았다. 금년 2월에 우리는 의회를 무시한 양곤 주지사를 다루었다. 우리는 윤리 문제와 규칙·규정에 매우 조심하면서 기사를 작성했고 발행 전에 법적인 조언을 받았다. 그런데 기사를 게재하려 하자 인쇄소에서 전화가 와서 다음과 같이 말했다. "잡지가 너무 좋아서 나는 감히 인쇄를 못 하겠습니다. 당신네 잡지는 정부에 대해 비판을 너무 많이 하고 있어요. 나는 이것을 인쇄하는 게 몹시 불안합니다." 내가 설득하자 그는 인쇄 면허번호 없이 인쇄하겠다고 했다. 나는 그렇게 할 수는 없다고 말했다. 인쇄 면허번호 없이 출판 면허번호만 넣으면 그것은 불법인쇄물이 된다. 그래서 나는 그를 계속 설득했고 결국 그는 문제가 생기면 모든 책임을 지겠다는 나의 각서를 받고 인쇄를 했다. 정부가 소송을 많이 하니 미디어 관계자들에게도 두려움이 생겨 이런 일이 생기는 것이다.

우리는 무엇이든 말할 권리가 있고 정부를 비판할 권리가 있는데 사람들은 두려워한다. 과거처럼 정부의 검열은 없지만 법에 의해 제약받고 대중에 의한 검열이 있는 셈이다. 기사가 명예를 훼손하거나 누군가의 마음에 들지 않으면 대중이 대답하게 된다. 자기 검열도 많다. 어떤 기사를 발행할 것인가 여부를 결정할 때, 그것이 발행되면 무슨 일이 생길지 신중하게 고려한다. 예를 들어, 우리는

시사지 〈모쿤〉 공동설립자 겸 편집장 자야 흘라잉

군부가 주도하는 사업에 대해 쓰고 싶은데 사실과 수치, 자료들을 얻기가 힘들다. 뉴스 팁은 있지만 진전을 시켜야 하므로 자료를 찾아야 하고 매우 구하기 힘든 증거들을 찾아야 한다. 설령 우리가 자료를 갖게 되어도 군부가 많은 권력을 갖고 있기 때문에 발행을 할 것인지에 대해 신경을 쓰게 된다.

군부와 정부, 고위권력자 아웅산 수찌와 관련된 이슈를 다룬다면 곤경에 처할 것이다. 그녀는 국가자문(State Counsellor)의 지위에 있어 권력이 있고 많은 것을 할 수 있다. 군부는 합법적으로 권력이 있지만, 아웅산 수찌는 국민이 믿으니까 힘이 있다. 하지만 때로 그녀는 잘못을 한다. 그럴 때 언론인은 비판해야 한다."

〈모쿤〉은 종이잡지여서 예전에는 인쇄출판법과 뉴스미디어법만 상관이 있었는데, 이제는 종이잡지와 함께 웹사이트에 기사들을 싣고 페이스북으로 링크를 시키기 때문에 전자통신법 66(d)에도 신경을 써야 한다. 자야 흘라잉에 따르면, 미디어와 관련해 '공공서비스미디어법'(public service media law)도 전 정부에 의해 계획되었으나 언론계의 반대에 부딪쳐 일단은 철회된 상태라 한다.

〈모쿤〉의 기자들 역시 위협을 많이 당했다. 그것은 주로 불교극단(민족)주의자 단체인 마바타(Ma Ba Tha)나, 라카인주 내 무슬림 로힝야 무장단체인 '아라칸 로힝야 구원군'(Arakan Rohingya Salvation Army, ARSA)에 관해 썼을 때 발생한 일이다. 종교 문제는 어김없이 대중의 온라인 댓글 위협을 불러오는 예민한 이슈 중 하나이다. 그러나 현재 미얀마의 가장 큰 문제라 할 수 있는 로힝야 사태는 물론 단순히 종교 갈등의 문제만은 아니다. 미얀마의 언론인들과 민주화운동 활동가들은 로힝야 학살에 대해 어떻게 바라보고 있을까?

3

로힝야 사태에 대한 시각

1) 언론인들의 시선

미얀마의 서해안 라카인주 그리고 특히 라카인주의 북부, 방글라데시 접경 지역인 마웅도(Maungdaw), 부티다웅(Buthidaung), 라테다웅(Rathedaung) 등지에서 벌어진 로힝야 학살은 70만명의 난민을 양산했다. 여기에는 미얀마 보안군과 로힝야 무장단체 '아라칸 로힝야 구원군'(ARSA) 사이의 충돌, 미얀마 내 소수민족(ethnic group)인 불교도 라카인족과 무슬림 로힝야인들의 갈등이 내재되어 있다. 미얀마의 소수민족들은 그들의 평등한 권리 확보를 위해 버마인의 중앙정부, 미얀마 군과 대립하고 있지만, 로힝야인들에 대해서는 더욱 적대적이라 할 수 있다. 라카인족은 학살 현장에서 미얀마 군의 편에 서 학살에 동참하기도 한다.

미얀마연방공화국은 68%의 다수를 차지하는 버마족(Bamar)을 위시해, 친족(Chin), 카렌족(Karen 또는 카인 Kayin), 카친족(Kachin), 카야족

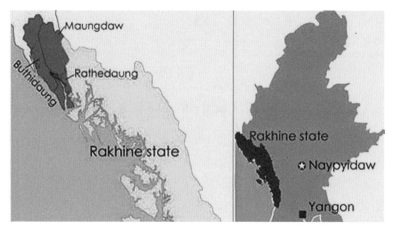

미얀마 라카인주의 세 분쟁지역(마웅도, 부티다웅, 라테다웅)을 표시한 〈자유아시아방송〉(RFA)의 그래픽. 자료 출처 : https://www.rfa.org/english/news/myanmar/bomb-making-materials-found-in-village-in-myanmars-maungdaw-township-12062017153948.html

(Kayah), 몬족(Mon), 라카인족(Rakhine), 샨족(Shan) 등 주요 소수민족 등, 총 135개의 민족으로 이루어져 있다. 여러 소수민족들의 반군은 현재 미얀마 정부가 진행하는 '평화협상'의 대상이기도 하다. 샨주와 카친주 의 경우에서 보이듯이, 반군과 정부군 사이의 충돌만 이어져온 것이 아 니라, 반군 대 반군의 교전도 있어왔다.

주로 라카인주에 모여 있는 로힝야인들은, 19세기 이전부터 아라칸 지역에 살았던 소수의 무슬림이라기보다, 제1차 영국-버마 전쟁(1824~ 1826년) 이후 버마의 아라칸(Arakan)과 남부의 테나세림(Tennaserim) 지 역을 차지한 영국이 식민지 정책의 일환으로 벵골 지역에서 아라칸 으로 이주시킨 무슬림들로 이해되고 있다. 영국의 식민지가 끝난 이후 에도 벵골족의 버마로의 이동은 계속되었다. 미얀마인들이 '벵갈리' (벵골인)로 부르는 이 무슬림들이 버마족뿐만 아니라 미얀마 내 소수민 족들의 적이 된 것은, 영국이 식민지 운영을 위해 버마족과 소수민족들의 땅을 빼앗아 '벵갈리'들이 경작하게끔 했기 때문이다. 또한, 버마에 일본군이 진출하면서 영국과 일본 사이의 싸움에 동원된 버마벵골인들은 일본군 대신, 일본으로부터 농토를 돌려받은 버마인(미얀마인)들을 공격해 학살함으로써 이들에게 오랜 원한을 남기게 된다.

그러나 아라칸의 무슬림들은 네 윈(Ne Win) 군사정부에 의해 박해를 받기 시작했고, '88항쟁' 이후 '1982년 시민권법'이 적용되면서 신분증 교체 과정 중에 시민권을 잃게 된다. 오랫동안 부당한 대우를 받아온 이들은 2010년 총선에서 시민권을 주겠다는 약속을 믿고 통합단결발전당(Union Solidarity and Development Party, USDP)에 투표하기도 했다. 통합단결발전당은 미얀마 군사정권의 핵심인 '국가평화발전위원회'(State Peace and Development Council, SPDC) 의장 탄 슈웨(Than Shwe)의 당으로, 시민권을 위해 국가평화발전위원회와 거래를 한 무슬림들은 이용만 당하고 끝난 것이다.

이것은 로힝야 문제가 역사적으로 얼마나 복잡한지를 보여주는 한 단면이다. 로힝야인들과 타민족들 간의 분쟁, 세계사적 재앙인 로힝야 학살은 단순히 종교적·민족적 갈등만을 의미하는 것이 아니라 정치적 함의를 띠고 있다. 이는 미얀마 군부가 소수민족과 로힝야인들을 어떻게 정치적으로 활용해왔는지의 문제이기도 하다. 그렇다면 로힝야 학살과 소수민족 문제에 대한 언론인들(대부분이 민주화운동의 경험을 가진)의 생각은 어떠할까? 그들의 의견을 들어보자.

탄 윈 투, 〈버마 민주의 소리〉DVB 시사국장 겸 기획편집인
"영국이 19세기에 들어오기 전, 수천년 동안 미얀마와 이웃나라들—태국, 중국, 인도, 방글라데시—의 국경은 없거나 명확하지 않았다.

강이나 울타리, 돌로 된 표지석(마일표)이 있기도 하고 아무것도 없기도 했다. 지도상의 국경선이 실제 땅 위에서는 불분명하다. 국경지대의 많은 소수민족들—몬, 카렌, 카레니(Karenni, Red Karens), 샨족이 오랫동안 고의적, 비고의적으로 국경선 양쪽을 넘어 다니며 살아왔다. 그들 중 국적이 없는 경우도 있고 양국의 신분증을 다 가진 경우도 있다. 버마의 중부를 지배하기는 쉽다. 그러나 교통 때문에 산악지대는 지배에 어려움이 있다. 그래서 영국도 자치지역으로 만들어 샨족, 카친족 등 소수민족 지도자들에게 통치권을 양도하고 분리통치전략을 사용해왔다. 따라서 소수민족들은 영국식민주의에 대해 다른 감정을 가질 수도 있다. 현재 버마 군과 싸우는 무장투쟁단체는 21개이다. 그들은 오랫동안 이어져온 그들의 영토, 역사, 정체성을 지키고 민족의 평등한 권리를 위해 싸우는 것이다. 최근

DBV가 2018년 6월 27일에 옮겨 실은 로힝야 관련 로이터 기사의 사진. 출처 : http://www.dvb.no/news/un-starts-registering-rohingya-refugees-in-bangladesh/81144

정부는 이들 무장단체와 평화협상 과정을 시작했다. 국경 문제와 소수민족 갈등은 영국식민지 시대를 포함해 전(全) 역사적 맥락에서 보아야 한다."

DVB의 다른 기자 에 나잉은 유엔(UN)의 데이터를 인용해, 현재 방글라데시-미얀마 국경의 난민이 70만명(로힝야/벵골인), 태국-미얀마 국경의 난민이 20만명(카렌, 카레니, 몬족)이고, '국내 실향민' 수는 추산할 수 없으며, 중국-미얀마 국경에도 2천~3천명 정도(업데이트 안 됨)가 있다고 말한다. 그에 따르면, 아라칸(라카인족)과 무슬림은 2012년부터 서로 죽이기 시작했다고 한다(물론 예전 역사가 아니라 최근의 분쟁과 관련한 설명이다). 그는 자신의 의견을 다음과 같이 밝히고 있다.

에 나잉, DVB 선임방송기자

"문제는 언론인인 우리가 그곳에 가도록 허가받지 못한다는 점이다. 가서 취재를 할 수가 없는데 국제 언론이 어떻게 정보를 얻을 수 있겠는가? 그냥 로힝야/벵골인들이 전화로 말해 주는 것을 그대로 받아 적는다. 우리는 믿지 못한다. 예를 들어, 2010년 내가 치앙마이의 DVB 사무실에서 일할 때 무슬림 지역의 마을주민이 전화를 해 "그들이 죽이고 있다"고 말했다. 내가 "몇명 살해되었나?"라고 물으니 "500명"이라고 했다. 그런 식의 정보는 믿을 수가 없다. 무슬림 지역의 마을주민들이 전화를 걸어 군이 몇십만을 죽이고 있다고 말할 때, 우리는 그것이 사실인지 아닌지 알 수가 없다. 그곳에 가는 것을 허가하지 않으니, 가서 확인할 수 없기 때문이다. 우리가 군에 확인을 요구하면 그들은 대답하지 않는다. 얼마나 많은 사람이 살해되었고 얼마나 많은 여성이 강간당했는지 얼마나 많은 어린이가 죽었는지 확인할 수가 없다. 그들이 전화를 해 "내 어머니를 강간하고 있다", "내 누이를 강간하고 있다"고 말할 때 우리는 거기에 가서 확인할 수가 없다."

초 즈와 모, 〈이라와디〉 영문판 선임편집자

"라카인주 마웅도 근처의 몇 마을에 기자들을 보내면 늘 많은 문제에 직면하게 된다. 기자들이 거기에 가는 게 허가되어 있지 않아서이다. 라카인 쪽과 무슬림 쪽 양측이 있고 경찰과 군대, 국경수비대가 있어 매우 위험한 지역이다. 모두는 아니지만 라카인 몇몇 마을 사람들은 우리가 그들에 대해 나쁘게 쓴다고 생각해 싫어하기도 한다. 혹은 단순히 어떤 정보가 밝혀지는 것을 싫어하기도 한다.

물론, 라카인주의 무슬림 거의 70만명이 방글라데시로 도피해 난민캠프에 있는 것이 큰 문제라는 것을 아무도 부정할 수 없다. 이는 미얀마 보안군에 의한 인권 위반임이 명백하다. 우리는 가능한 한 현장의 많은 병사들과 접촉해 취재하려고 애쓰지만 '아라칸 로힝야 구원군'(ARSA, 로힝야 무장단체)이 2016년과 2017년에 국경지대 미얀마 군경 초소를 공격하면서 미얀마 군대가 반격을 가하기 시작했다. 무슬림들이 탈출하게 되면서 로힝야인들에 대한 탄압이라는 국제사회의 비판을 가져왔다. 이것은 분명히 박해이고 인권유린이다.

우리(언론인)는 처음에 그곳에 가는 것이 허락되지 않기 때문에 사태의 맥락을 다루려고 애썼다. 하지만 군과 정부가 거기로 가는 것을 허락하지 않는 이상, 정보를 얻고 그 정보를 확인하는 것이

버마 안에서는 어렵다. 그것이 문제이다. 지금도 특정한 지역에는 가지 못한다. 그래서 유엔, 국제사회, 미디어들이 그곳에 접근할 수 있게 허가하라고 요구하는 것이다. 그런데 이런 상황에서, 검증되지 않은 정보와 뉴스를 보도하는 일부 서방언론이 있다. 그러한 몇몇 보도는 적합하지 않다고 생각한다. 보도에 대한 설명이 필요하기 때문이다. 그들은 때로 진짜 정보를 얻기가 힘들다. 나는 모든 정보를 말하는 것이 아니다. 그들은 좋은 기사, 진짜 정보들도 쓴다. 그런데 어떤 때는 신뢰도가 낮은 정보의 기사로 시작한다. 언론인은 때때로 정보를 검증할 수가 없다. 혹은 그들이 '피해자들이 한 모든 이야기는 진실이다'라고 생각했을 수도 있다. 그러나 그것은 때때로 진실이 아니다. 어떤 사람들은 거짓을 말하고 어떤 사람들은 과장한다. 그러므로 언론인은 사실을 확인해야 한다. 모든 정보가 진짜인지 다른 출처를 통해 검증해야 한다. 그에 관한 기사가 〈뉴욕 타임스〉에 실렸다. 해나 비치(Hannah Beech) 기자가 난민캠프의 몇몇 사람이 어떻게 그녀에게 거짓말을 했는지에 대해 썼다.[51]

70만명의 대탈출은 정말 인간의 재앙이다. 국제사회와 미얀마, 방글라데시는 이 난민캠프를 주목해서 미얀마 군대가 인권유린을 한다면 그에 대한 행동을 취하고 조사해야 한다. 우리는(이라와디) 언론인으로서 할 수 있는 한 많은 이야기를 취재하려 하지만 한쪽의 편을 들지 않는다. 양쪽의 입장에서 많은 사례들, 인권 위반의 사

---

51 https://www.nytimes.com/2018/02/01/world/asia/rohingya-myanmar-camps.html
2018년 2월 1일자 〈뉴욕 타임스〉 '아시아태평양판'의 기사 제목은 "The Rohingya Suffer Real Horrors. So Why Are Some of Their Stories Untrue?"이고, 2월 2일자 〈뉴욕 타임스〉 '뉴욕판' 종이신문(p. A9) 기사의 제목은 "Measuring the Damage of a False Narrative in a Refugee Camp"로 되어 있다.

례들을 다루려고 노력했다. 우리는 로힝야인들이 어떻게 박해받았는지, 어떻게 나라를 떠나도록 강요받았는지, 또한 동시에 불교도와 힌두교도들이 언제 이슬람 무장단체들에 살해되었는지, 어떻게 미얀마 정부가 이 이슈를 다루는지를 보도한다.

동시에, 로힝야 이슈가 단지 즉각적인 이슈가 아니라는 것, 그것의 맥락을 국제사회에 설명하려고 노력한다. 그것은 수십년, 수세기에 걸쳐 온 것이다. 우리는 그것의 역사와 배경, 사실, 현재의 상황을 국제미디어에 설명하려 애쓴다. 지금 일어나는 일만 보도한다면 전체 이슈를 이해할 수 없다. 그것은 19세기 영국이 우리 나라를 침략한 이래 계속되어온 매우 오래된 이슈이다. 이것이 미얀마가 현재 당면한 가장 큰 문제 중 하나이고 해결해야 할 문제다. 그러나 그것은 시간이 걸린다.

미얀마가 중대한 임계점에 서 있다는 것을 국제사회—미국, 유럽연합, 한국, 우리의 이웃나라들—가 이해했으면 한다. 우리는 민주주의로 이행하는 단계에 있고 상황은 아직 안정되지 않았다. 아웅산 수찌 정부는 100퍼센트의 권력을 가지고 있지 않다. 로힝야 이슈 때문에, 혹은 어떤 다른 이슈 때문에 민주주의로의 이행이 방향을 바꾸어서는 안 된다. 민주주의로의 이행은 자기의 바른 궤도대로 가야 한다. 그렇지 않으면 전 나라가 가장 큰 문제에 직면하게 될 것이다. 그것은 우리가 군사정권 아래로 되돌아가게 되는 것을 의미한다."

소 민, 미지마미디어 설립자 겸 대표, 〈미지마〉 편집장

"라카인 이슈는 매우 복잡하다. 우리는 서너 가지 영역에서 더 큰 그림으로 취재하려고 노력한다. 첫째는 시민권 문제이다. 시민 여부를 확인하는 과정이 어떻게 진행되고 있는지, 정부와 당국이 어떻게 하고 있는지 등이다. 둘째는 개발 이슈이다. 지역의 경제 상황, 직업 기회, 무엇이 도전적인 문제인지를 취재한다. 셋째는 지역사회의 삶에 관한 것으로 음식, 음악 등의 주제를 다룬다.

우리는 어느 한쪽의 편을 들지 않는다. 왜냐하면 지역공동체들이 오랫동안 거기서 살아왔기 때문이다. 군대가 그곳에 가 예민한 이슈들이 발생하는데, 우리는 한 이야기를 취재하기보다 전체의 그림을 그리고 전체 이야기를 구성해야 한다. 언론인들은 특정한 지역에 갈 수가 없고 정부가 조직한 여행에 참여한다. 그 여행에 참여해 기사를 작성하는 것은 괜찮다. 그런데 우리는 현지의 기자들과 협업한다. 때로는 우리가 그곳에 가지만, 많은 경우는 현지 기자들과 현지 미디어, 즉 라카인 미디어, 벵골 미디어로부터 기사와 정보를 얻는다."

이라와디와 미지마 언론인들의 말 중 공통분모는 그들이 어느 한쪽의 편을 들지 않고 광범위한 방식으로 로힝야 이슈를 다루려 한다고 강조한 점이다. 물론 DVB 언론인이 강조하듯이, 소수민족과 로힝야 이슈는 전체 역사적인 맥락을 이해하면서 접근해야 하므로 광의의 차원에서 다양한 각도의 접근을 하는 것은 필요하다. 그런데 이라와디가 사회·정치적 측면에서 여러 가지를 다루려 한다면, 미지마는 지역민의 음식·음악도 다룬다고 말하는 점에서, 민감한 이슈는 가능한 한

돌아가려는 전략으로 느껴지기도 한다. 물론 음식·음악이 인간의 삶에서 중요하지 않은 것도 아니고(사실 없어서는 안 되는 것이고), 소수민족과 지역공동체의 문화를 이해하는 것도 평화를 위해 필요하지만, 당장 발생하고 있는 생존의 문제 즉 학살과 인권유린이라는 뇌관을 건드려 폭탄을 폭발시키지는 않으려는 전략으로 보인다. 반면, '인권유린', '재앙'이란 말을 반복하며 긴 의견을 피력한 〈이라와디〉의 선임편집자 초즈와 모의 발언 속에는, 민주화 투쟁으로 인해 고등학생 시절부터 오랜 수감생활을 해야 했던 한 활동가가, 언론자유의 제약 속에서 어떻게 하면 이 민감한 이슈를 균형 있게 다룰 것인가 고민하는 모습을 느끼게 된다.

자야 흘라잉, 〈모쿤〉 공동설립자 겸 편집장
"나는 정치적 접근이 아니라 언론인의 접근으로 말하고 싶다. 처음에 '아라칸 로힝야 구원군'(ARSA, 로힝야 무장단체)이 검문소를 공격했다(우리는 이것을 '새벽 공격'이라고 부른다). 이것은 한쪽에서의 살인이 아니라 양쪽에서의 살인이다. 군대와 불교도 쪽에서만이 아니라 무슬림 쪽에서도 죽인다. 힌두교도, 라카인 불교도, 다른 소수민족들의 시체도 많이 발견되었기 때문이다. ARSA는 단지 테러리스트에 불과하다. 보통의 민간인들을 공격하기 때문이다. 군부는 국가안보에 책임이 있고 정부가 군대를 사용해 그들을 몰아내려 했다. 군대가 마을에 가서 ARSA를 찾아내 죽이려 하지만 누가 테러리스트이고 누가 일반인인지 구분하기 어렵다. 그런데 보안군이 마을에 도착하면 공격하고 죽인다.
　문제는 언론인들이 현장에 가서 취재를 하려 하는데 정부가 차단했다는 것이다. 그것은 정부의 잘못이다. 왜 우리가 그곳에 가도록 허락하지 않는가? 우리는 정부에 촉구한다. 정부가 몇 번 방문을 조직한 적은 있다. 그들은 언론인들을 헬리콥터로 그곳에 데려갔다. 그러니 우리가 그 당시를 알 수 없는 것이고 국제 언론이 한쪽 편의 정보에만 입각해 있는 한 이유이다. 우리가 어떻게 그런 정보에 의존할 수 있겠는가? 또한 정부의 미디어는 오직 버마 편에만 입각해 있다. 우리가 어떻게 한쪽 편에 입각한 정보에 의지할 수 있겠는가? 그것이 문제들 중 하나다. 세계가 그것에 대해 오해하고 있다. 나는 정부가 세계 언론이 그곳에 접근할 수 있도록 허가해 실제로 무슨 일이 일어나고 있는지 볼 수 있게 해야 한다고 생각한다. 그것이 언론인의 시각에서의 내 입장이다.

우리는 이 문제를 시리즈로 보도했다. 2017년 8월 17일 나는 우리 기자를 그 지역에 보내 취재를 하게 했다. 그것은 분쟁 발생 전이었다. 우리가 국가자문 정보위원회의 페이스북에서 무슬림 지도자, 마을 지도자가 살해되었다는 이야기를 발견했을 때(우리는 그 이야기를 많이 발견했다), 나는 저널리스트로서 의심을 품고 현장에서 무슨 일이 일어나고 있는지 알아보기 위해 미얀마의 서쪽인 라카인주 북부로 기자를 보냈다.

우리 기자가 현장에 다다르려 애쓸 때 군대가 그를 정지시켜 검문했다. "왜 우리 사진을 찍느냐?" "나는 〈모쿤〉 잡지 기자다. 여기 내 기자증이다." "정보부(Ministry of Information)나 언론위원회(Press Council), 아니면 지방 주지사의 허가증이 있느냐?" "없다. 뉴스미디어법에 따르면 언론인은 어디든 갈 수 있고 어떤 정보든 수집할 수 있다." 그런데 군 장교가 그의 카메라에서 모든 사진을 삭제했다.

우리 기자는 논쟁을 했다. "뉴스미디어법에 따르면 아무도 카메라를 가져가거나 사진을 지울 수 없다." 하지만 그는 그의 안전을 위해 삭제하게 돼야 했다. 그것이 2017년 8월 20일쯤이었다. 2017년 8월 24일 양곤에서 코피 아난(Kofi Annan)이 이끄는 '라카인주 자문위원회'가 프레스 브리핑을 했다. 우리 기자의 주제가 라카인주에 초점을 둔 것이니 그

'아라칸 로힝야 구원군'(ARSA)을 취재해 실은 잡지 〈모쿤〉 51호의 표지 (2017년 11월호)

는 프레스 브리핑을 취재하러 양곤으로 돌아왔다. 그리고 바로 다음날인 25일 새벽 ARSA의 공격이 시작됐다. 우리는 라카인 이슈에 초점을 맞추어 9월, 10월, 11월 시리즈를 냈다."

〈모쿤〉 편집장이 전하는 동료 기자의 ARSA 취재담은 분쟁이 일어나기 직전의 긴장된 상황을 전하고 있다. 여기에서 두 가지 눈에 띄는 점이 있다. 첫째는, 〈모쿤〉 기자가 만났듯이, 분쟁이 일어나기 전 이미 그 지역에 미얀마 군대가 들어가 기자를 저지시켰다는 점이다. 평소 ARSA를 견제하기 위해 원래 주둔한 것일 수도 있지만, 일부 언론에서 제기하듯이, 2017년 8월 24일 새벽, ARSA의 미얀마 군경 검문소 공격을 받고 미얀마 보안군이 몇 배로 갚아준 것은 군부가 강력진압작전을

미리 계획하고 준비해 왔을 것이라는 의혹을 품게 한다. 둘째는 〈모쿤〉 편집장이, 군대가 마을에 가서 ARSA를 수색할 때 누가 테러리스트이고 누가 마을 주민인지 구분하기 어렵다고 말한 점이다. 물론 그 이유가 마을을 통째로 불태우고 그 안의 사람들을 모두 죽여 버린 잔혹한 범죄를 정당화할 수는 없다. 그런데 DVB의 언론인도 같은 문제점을 다음과 같이 비판적 논조로 지적하고 있다.

탄 윈 투, 〈버마 민주의 소리〉DVB 시사국장 겸 기획편집인

"원래 군의 작전은 그 지역의 무슬림 테러리스트에 대해 싸우는 것인데, 군 작전 중에 민간인인 마을사람들까지 모든 것을 다 불태워 버렸다. 우리는 이런 일이 군 작전 중에 일어났던 것을 경험상으로 알고 있다. 지난 수십년 동안 주둔지가 있는 모든 곳—카렌주, 샨주, 카친주—에서 군대가 사람들을 쉽게 죽여 왔다. 그들은 민간인, 주민들, 무고한 사람들을 상관하지 않는다. 그들은 모두를 다 죽인다. 때로는 반란군이 사복을 입어서 군이 그들을 볼 때 민간인 주민인지, 테러리스트나 소수민족군대인지 알기 어려워 그럴 수도 있다. 과거 군사정권하의 50~60년 동안 그들이 버마의 매우 다양한 지역에서 무고한 민간인들을 학살해왔다는 이야기가 매우 많다. 사실일 수도 있고 아닐 수도 있다. 우리는 이에 대한 독립적인 조사 자료가 없다. 보통의 국민들은 이 학살을 받아들이지 않고 좋아하지 않는다. 그들은 군부를 신뢰하지 않는다."

참고로, '로힝야'/'벵갈리', '버마'/'미얀마'를 혼용해서 표기한 것은 인터뷰 당시 이들이 사용한 용어 그대로를 살리기 위해서이다. 이 용어들은 정치적 함의를 가지고 사용되어왔기 때문이다. 그러나 군부의 일방적인 국호 변경에 반발해 '버마'를 사용했던 민주화세력은—최소한 언론인의 경우—이제 개의치 않는다. 인터뷰를 했던 모든 언론인이 그런 반응을 보였다. 민주주의는 여전히 불안정한 상태의 이행기에 있지만, 아웅산 수찌의 민주주의민족연합(NLD) 민간정부로 정권이 이양된 현시점에서 그것은 논란의 가치가 없기 때문이다. 반면 '로힝야'와 '벵갈리'의 경우, 잘 알려진 바와 같이, 역사적으로 '로힝야'가 'ethnic group'으로서의 미얀마의 소수민족은 아니기 때문에 무슬림들이 스스로 사용하던 '벵갈리' 대신 '로힝야'를 쓰는 것은 시민권 획득과 관련된 정치적 용어임을 밝히고 있다. 〈모쿤〉의 편집장은 자신이 겪은 경험을 다음과 같이 들려 준다.

"그들이 자신을 로힝야로 지칭하는 것은 시민권법과 관련이 있다. 미얀마의 소수민족임을 증명할 수 있으면 시민권을 받을 수 있기 때문이다. 나는 2009년도에 마웅도(라카인주 북부 분쟁 지역)로 로힝야 이슈를 취재하러 갔다. 당시 한 노르웨이 미디어에 기사를 쓰고 있어서 무슬림들에게 같은 질문을 했다. "당신은 누구입니까? 어느 민족에 속합니까? '로힝야'라고 들어보았나요?"라고 물었는데, 열에 여덟은 '로힝야'를 사용하지 않았다. 그들은 그냥 '벵갈리' 아니면 '무슬림'이라고 말했다. 그들은 기층 민중에 속했는데, '로힝야'라는 말을 모르고 사용하지 않았다. 한 명은 "네, 나의 할아버지가 말했어요"라고 했다. '로힝야'라는 말을 사용하는 데는 정치적 의미가 있다. 이것은 논쟁적이고 역사적인 문제이다. '미얀마'와 '버마'의 사용은 지금은 이슈가 아니다."(자야 홀라잉, 〈모쿤〉 편집장)

그러나 언론인으로서, '로힝야'와 '벵갈리'의 사용 역시 그들에게는 문제가 되지 않는다. 그들의 말을 빌리자면, "언론인은 다양한 시각을 제공해야 하므로" 국내와 국외의 상황, 그들이 접하는 대상에 따라 두 용어를 병행해 사용하고 있다.

2) 민주화투쟁 양심수의 시선

이제, 언론인이 아닌 활동가 두 명의 의견을 짧게 소개하는 이유는, 미얀마의 현 상황을 바라보고 분석하는 그들의 시각에, 앞서 살펴본 언론인들과 다소 구분되는 지점이 있다고 여겨지기 때문이다. 이들의 운동가적 시선은 군부가 로힝야 문제를 어떻게 정치적으로 이용하고 있는지에 대한 이해를 돕는다.

테 우(The Oo)는 '전(前)정치범협회'(Former Political Prisoners' Society, FPPS) 창립멤버로, 단체가 설립된 2011년 12월부터 2017년 2월까지 행정 업무를 총괄했다. 88봉기 당시 대학 4학년이던 그는 1994년 태국-버마 국경으로 가서 '전(全)버마학생민주전선'(All Burma Students' Democratic Front, ABSDF)에 참여하게 된다. 그는 1994~1996년 동안 버마 안의 뉴스와 정보, 상황을 전버마학생민주전선에 보고하는 임무를 수행하다가 1997년 1월 2일 체포되어 26년형을 선고받았다. 국제 앰네스티 등의 노력으로 감형을 받고 15년간 복역한 후 2011년 10월에 석방된 그는 그때부터 꾸준히 운동가의 길을 걸어왔다.

테 우The Oo, 55세, 전全버마학생민주전선ABSDF 출신, 전前정치범협회
FPPS 창립 멤버

"많은 사람들이 버마에 많은 변화가 있다고 말하지만 변화는 아주
약간이다. 사실, 효과적인 변화는 없다고 생각한다. 최근 몇 해 동
안, 아웅산 수찌가 이끄는 민간정부는 운동적 측면에서 유효한 활
동을 해오지 못했다. 아웅산 수찌는 군부의 영향을 통제하지 못한
다. 그녀가 그것을 통제할 수 있다면 우리는 나라를 많이 바꿀 수
있다. 아웅산 수찌에 따르면, 그녀가 '국민적 화해'를 말한 이유는
자신이 국내적 차원 그리고 국제적 차원에서 많은 일을 할 수 없기
때문이어서라고 한다. 자신이 군부를 압박하면 더 나쁜 일, 더 큰 충
돌이 생길 수 있다는 걱정을 한다는 것이다.

현재 미얀마에서 일어나고 있는 모든 상황들, 분쟁과 사건들은
군부에 의해 잘 계획된 수순이라 생각한다. 그들은 모든 분쟁을 서
로 잘 연결시켰다. 라카인주뿐만 아니라 카친주, 북부 샨주에서 발
생하는 분쟁들은 군부가 주도하는 것이다. 군부가 사회를 불안정하
게 만들기 위해 잘 짜놓은 계획이다. 아웅산 수찌는 라카인 분쟁, 이
상황과 관련해 무엇인가 대답을 해야 한다. 그런데 그녀는 침묵을
지키고 있다. 국가자문으로서의 임무를 하려면, 이 나쁜 상황을 끝
내기 위해 그녀는 무엇인가 해야 한다. 그것이 그녀가 국내·국제적
차원에서 압력을 받는 이유이다.

NLD(민주주의민족동맹)에 투표한 것은 버마인들뿐만이 아니다.
소수민족들과 다른 종교인들도 했다. 이들은 아웅산 수찌가 침묵을
지키는 것에 대해 그녀가 말을 해야 하고 대응을 해야 한다고 생각
한다. 정치인들과 정치운동을 하는 활동가들도 그녀가, 자신의 의무

로서, 이 사태에 대해 말을 하고 이 사태를 끝내기 위해 군부에 영
향력을 행사해야 한다고 생각한다.

과거에 군부는 우리의 반대편이었고 우리는 항상 그들에 대항
해왔다. 우리가 민간정부를 가지게 된 후 군부가 이런 갈등과 분쟁
을 만들어내는 이유는 나라 안에서 자신의 이미지와 역할을 높이기
위해서이다. 그들이 라카인주와 다른 소수민족 지역들에서 분쟁을
일으키는 이유는 국민과 NLD와 아웅산 수찌로 하여금 '우리를 보
호하고 국가와 지역을 보호하기 위해서는 군이 필요하다', '불안정
한 상황을 통제하기 위해 군이 필요하다'고 생각하게 만들려는 것
이다. 소수민족들은 아웅산 수찌에 대해 과거에 가지고 있던 신뢰를
잃고 있다. 군부가 그녀와 소수민족들 사이의 신뢰를 깨고 있고 국
가 내 자신의 이미지와 역할을 제고하면서 갈등을 조장하는 것이다.

인권운동가 테 우는 전(全)버마학생민주전선(ABSDF) 출신으로 15년간 복역하고 전(前)정치범협회
(FPPS) 설립에 참여했다.

세계의 신뢰도 잃어버리고 있다. 나는 아웅산 수찌가 우리가 가진 힘과 연합해야 한다고 말하고 싶다. 그녀는 시민사회단체(CSO)들, 비정부기구(NGO)들, 여러 활동가들 등, 정당 멤버가 아닌 모든 세력과 연합해야 한다. 그래서 우리가 함께, 군부로부터 우리를 보호하고 군부와 강력한 기관들에 함께 대항해야 한다."

초 진 민(Kyaw Zin Min)은 전정치범협회(FPPS)를 지원하는 '정치범지원협회'(Assistance Association for Politcal Prisoners, AAPP)에서 일하는 활동가이다. 그는 보통 '조 모'(Zaw Moe)로 불리는데, 그것은 그가 지하활동을 하던 당시에 쓰던 이름이다. 대학생이던 1996년 학생운동을 시작한 그는, 2007년 말 전버마학생민주전선(ABSDF)에 참여해 양곤에서 지하활동을 하다가 2008년 9월에 체포되었다. 그는 19년형을 선고받았으나 앰네스티 등의 도움으로 감형되어 5년간 복역하고 2013년 4월에 석방되었다. 전정치범협회와 정치범지원협회는 2014~2015년에 걸쳐 1962년 이래의 정치범 3천명 이상의 데이터를 작업했다.

초 진 민 Kyaw Zin Min, Zaw Moe, 40세, **정치범지원협회 기록·연구부장 겸 외무부**副**부장**
"현재의 상황은 임계조건에 처해 있다. 위기 상황이다. 군부의 정당은 선거에서 졌지만 실제로는 그들이 원하는 것을 얻었다. 그들이 원하는 대로, 아웅산 수찌가 행하는 권한과 역할은 국제사회와 소수민족 지도자들로부터 비판을 받고 있다. 동시에 우리는 국제사회의 압력이 군부 지도자들을 움직이게 한다는 것을 알고 있다. 그래서 우리는 국제사회에 민간정부와 군부가 다르다는 것을 말하고 있다.

우리는 진짜 인형극을 만드는 게 또 다른 정부, 즉 군부의 지도자들이라는 것을 알고 있다. 그래서 유엔, 미국, 영국 등이 정부가 아니라 군부에 제재를 가하고 행동을 취하는 것이다.

상황은 매우 복잡하다. 어떤 점에서는 군부가 우위에 있고 다른 점에서는 정부가 우위에 있다. 예를 들어 세계은행은 정부에 돈을 빌려줄 준비가 되어 있다. 그러나 정부는 착수하지 않고 있다. 만약 정부가 세계은행의 돈을 빌리면 갚아야 한다. 우리 나라는 국제적인 부채가 많다. 우리가 돈을 빌리면 확신하건대 절반 이상이 군부로 흘러들어갈 것이다. 그런 종류의 돈을 쓸 수 없는 것이다.

정치적으로 매우 복잡한 이 상황에 대해 아웅산 수찌는 대답해야 한다. 그녀는 예전의 동맹들과 연합해야 한다. 그녀의 당이 정부가 되었을 때 예전 동맹들을 포기했다. 그러나 지금이 그녀가 그들과 다시 연합해야 할 때이다. 많은 활동가와 정치인, 시민사회단체들이 그녀를 지원하기 위해 기다리고 있다. 비록 우리가 그녀에게 실망한 점도 있지만 우리는 그녀에게 최선의 지원을 제공하기 위해 기다리고 있다. 그러나 그녀는 지금까지 대답을 하지 않고 있다. 내 생각에는, 그녀도 그것을 원하지만, 자신이 이런 힘을 가지고 있다고 군부에 보여주는 것에 대해 뭔가 문제를 가지고 있는 것 같다.

아웅산 수찌가 민주주의의 아이콘이었고 인권 챔피언이었다 해도, 그것이 그녀가 해야 할 옳은 일을 하지 않는 것에 대해 국제사회가 침묵해야 한다는 뜻은 아니다. 국제사회는 그녀에게 무엇을 해야 한다고 말해야 한다. 만약 국제사회가 그녀에게 잘못하고 있다고 말하지 않는다면 그녀는 군부에 아무 말도 할 수 없게 된다. '내가 당신들을 보호하느라 비난받고 있다', '내가 옳은 일을 하지

정치범지원협회(AAPP)에서 일하는 인권운동가 초 진 민은 5년간 복역했다.

않아 비난받고 있다. 그러니 당신들이 잘못된 일을 하는 것을 멈추어야 한다', '당신들이 잘못된 일을 하는 걸 멈추지 않는다면 나는 더 이상 당신들을 보호할 수 없다'고 말해야 한다. 그러므로 국제사회의 비판은 그들이 해야 할 옳은 일을 하는 것이다.

아웅산 수찌가 지금 하고 있는 것이 옳은지 아닌지는 모르겠지만, 그녀에게는 공공정책이 있고 그녀는 고위 수준의 정치와 외교에서 역할을 하고 있다. 그런데 문제는 그녀가 동맹을 포기하고 인권 위반에 침묵하고 있다는 것이다. 그녀는 때로 말을 해야 한다. 소수민족들은 그녀에 대한 신뢰를 잃고 있다. 앞으로 2020년 선거가 다가오고 있으니 우리는 2019년에 어떤 결과를 보게 될 것이다."

두 활동가의 의견은 공통된다. 그들은 그들의 '국가자문' 즉, 수십년간 미얀마 국민들의 구심점이 되어온 아웅산 수찌가 정부의 수장이 된

정치범지원협회(AAPP) 박물관에 대해 설명하는 코 코 아웅(Ko Ko Aung) 활동가

후 지금껏 보여온 행보에 실망하고 있지만, 아직은 그녀에게 제안하는 지원의 손길을 거둬들이지 않았다. 정권 획득과 함께, 자신에게 힘을 실어준 시민사회단체의 활동가들을 외면해 버리고 소수민족을 외면해 버리고 로힝야 학살에 침묵해버린 그녀가, 군부의 눈치를 보는 대신 군부와의 싸움에 나설지, 회의적이긴 하지만 아직은 지켜볼 일이다.

*　*　*

2015년 11월 8일 총선의 승리로 아웅산 수찌의 민간정부가 들어서면서 민주주의 이행에 대한 미얀마 국민들의 기대가 커졌지만, 2016~2018년 3년 동안 언론탄압은 점점 심해졌고 많은 언론인들이 법정을 오가며 사법적 제재에 시달려야 했다. 언론인들은 폐지된 검열위원회 대신, 스스로 문구 하나하나에 신경을 곤두세우는 심리적 위축

상태에 놓이기도 한다. 군부가 '설계'한 로힝야 분쟁과 소수민족들의 분쟁은 미얀마 사회에 드리워진 당면과제이지만, 언론인들은 정부가 주선하는 방문 외에는 라카인주의 현장에 달려가 취재를 할 수 없다. 헌법이 보장하는 군부의 권력을 새로운 헌법으로 바꾸지 않는 이상, 민주주의와 자유언론의 발전에 족쇄로 작용할 것이다. 그러나 고무적인 사실 하나는, 오랜 민주화 투쟁의 경험으로 단련되고 그 투쟁의 유산을 계승해가는 언론인들과 활동가들이 미얀마 사회에 많이 존재한다는 것이다.

4장

말레이시아

'뉴 말레이시아' 길 위에 선 자유언론

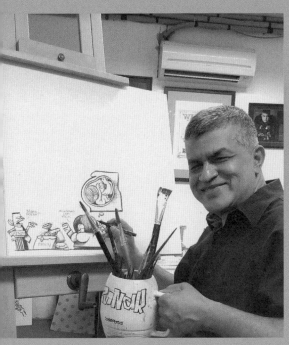

말레이시아는 다인종·다종교의 연방제 입헌군주국이다. 다인종·다종교라는 특징은 지난 세기부터 최근—선거로 정권교체가 일어나기 전—까지 말레이시아의 집권여당연합이 국민을 통치하는 데 효과적으로 이용한 '분열' 조장의 정치적 전략이기도 했다. 말레이시아 역시 아시아의 여러 다른 나라들처럼 식민지 시절을 겪었고, 통치자들은 청산되지 않은 영국 식민지 시대의 악법과 새로운 악법들을 국민의 언로를 막는 수단으로 종종 사용했다.

그러나 말레이시아 국민은 2018년 5월 9일 '선거혁명'이라 할 만한 역사적 사건을 만들어냈고 많은 개혁과제들의 실현에 골몰해 있다. 여기에는 물론 인권을 침해하고 언론·표현의 자유를 저지하는 강압적인 법들의 개정과 폐지도 포함되어 있다. 그러나 새 정부가 선거운동 기간에 선거공약 선언문을 통해 약속한 수많은 개혁조항을 실현하려면 넘어야 할 고비가 많아 보인다. 물론, 이 역사적 승리를 이끄는 데 토양이

된 시민사회단체들과 독립언론의 감시자 역할 또한 필수적이라 하겠다.

한 가지 분명한 사실은, 말레이시아의 언론이 예전보다 훨씬 많은 자유를 누릴 수 있는 환경이 되었다는 것이다. 지난 몇 년간 '국경 없는 기자회'가 발표한 세계 언론자유지수를 보면, 말레이시아는 최근 6년간 180개국 중 145위(2013년), 147위(2014년), 147위(2015년), 146위(2016년), 144위(2017년), 145위(2018년)로 낮은 위치를 점해왔다.[52] 그러나 정권교체가 언론환경의 변화를 가져와 2019년에는 순위가 상승할 것이라는 예측이 가능하다.

---

52 https://rsf.org/en/ranking# https://rsf.org/en/malaysia

1

61년 만의 정권교체,
정치적 지형의 변화

1) 인종·종교 갈등의 정치적 조장

2018년 5월 9일에 치른 제14대 총선거는 오랜 시간 말레이시아 국민들이 염원하고 외쳐온 '새로운 말레이시아'로 도약하기 위한 역사적 전환점이 되었다. 1957년 영국에서 독립한 이래 무려 61년간을 집권한 전 여당연합 '국민전선'(Barisan Nasional, BN)은 2018년 총선에서 패배함으로써 전 야당연합인 '희망연대'(Pakatan Harapan, PH)에 정권을 넘겨주었다. 국민전선은 하원 222석 중 79석을 얻은 반면, 4개의 정당으로 구성된 희망연대는 113석을 차지했다. 이로써 61년 만에 처음으로 정권을 교체한 말레이시아는 새로운 정치 지평을 열게 되었다.

말레이시아 인구의 60%는 말레이인과 다른 토착민들이고, 30%는 중국인, 8%는 인도인이며, 나머지 2%는 기타에 속한다. 이에 따라 종교도 이슬람, 불교, 힌두교 등이 공존한다. 말레이시아 사회의 다인종·다문화적 특성은 정당 구성에도 그대로 반영된다. 1957년 정당 연합인 동맹당(Aliance Party, AP)으로 시작해 1973년 국민전선으로 확대된 이 구 여당, 현 야당동맹의 핵심 정당은 말레이인 대상의 '통일말레이국민기구'(United Malays National Organization, UMNO, 이하 '암노')이다. 그 동맹인 '말레이시아중국인협회'(Malaysian Chinese Association, MCA)는 중국인 정당이고 '말레이시아인도인회의'(Malaysian Indian Congress, MIC)는 인도인 정당이다. 반면, 집권세력이 된 구 야당연합 희망연대는 '인민정의당'(Parti Keadilan Rakyat, PKR), '민주행동당'(Democratic Action Party, DAP), '말레이시아통일토착민당'(BERSATU), '국민신뢰당'(AMANAH)으로 이루어져 있다.

지난 61년간 정권을 유지한 국민전선의 세 당이 각각 말레이인, 중국인, 인도인의 이해를 대변한다는 것을 기억해둘 필요가 있다. 이들이 집권세력으로서는 서로 다른 인종집단과 동맹을 맺어 하나임을 강조하지만, 각자의 기반 지지층에 가서는 인종적·종교적 갈등과 분쟁을 조장했기 때문이다. 이에 대해 시민사회단체 활동가들은 어떻게

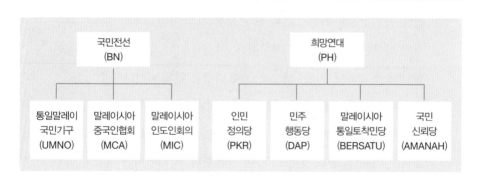

표1 정당연합 구조

생각할까? '깨끗하고 공정한 선거'를 위한 시민사회연합기구 '버시 2.0' (BERSIH 2.0)의 활동가들은 다음과 같이 설명하고 있다.(샤룰 사리는 새 행정부에 발탁되어 2018년 10월 버시 활동을 중단했다.)

샤룰 아만 모하맛 사리 Shahrul Aman Mohd Saari, **43세 전 '버시 2.0' 의장 대행, 말레이시아 이크람 조직**Pertubuhan IKRAM Malaysia, 이크람은 '희망'이라는 뜻의 아랍어 **부의장, 현 말레이시아 교육부 장관 언론비서관**

"말레이시아는 다인종 국가인데, 예를 들어 중국인만 해도 여러 종류의 중국어를 쓰는 그룹들이 섞여 있다. 국민전선은 인종을 기반으로 한다. 암노는 말레이인, MCA는 중국인, MIC는 인도인 대상이다. 이에 반해 희망연대(파카탄 하라판)는 인종과 종교의 의미에서 더 포용적이고 시민사회단체와도 가깝다. 예를 들어 희망연대의 인민정의당(PKR)은 혼합, 민주행동당(DAP)은 중국인이 많지만 말레이인도 있는 혼합이고, 베르사투(말레이시아통일토착민당)는 말레이인, 아마나(국민신뢰당)는 뉴 무슬림, 무슬림 민주주의자당[53]이다.

국민전선은 인종적 선전을 많이 한다. 희망연대가 중국인의 민주행동당에 의해 통제된다고 선전하고 민주행동당이 문제라고 한다. 하지만 민주행동당은 중국인이 많은 혼합당이다. 국민전선은 무슬림한테는 우리가 이슬람 챔피언이라 하고 말레이시아인에게는 하나의 말레이시아를 강조한다."

---

53 이와는 달리, 보수적 이슬람을 표방하는 '범말레이시아이슬람당'(Parti Islam Se-Malaysia, PAS)도 있다.

얍 스위 셍 Yap Swee Seng, **51세, 버시 2.0 사무국장, 버시 공동창립자, 인권단체 '수아람'**SUARAM, 말레이어로 '말레이시아 사람들의 목소리'라는 뜻 **출신**

"인종 이슈는 정부에 의해 계속적으로 이용된다. 그들의 통치에 효과적이기 때문이다. 이것은 영국이 식민지 지배 때 사용한 '분할통치'(Divide and Rule) 전술을 말레이시아의 독립 이후에도 정부가 그대로 사용한 것이다. 즉, 말레이인에게서 중국인을 분리하고 중국인에게서 인도인을 분리한다. 그들이 서로 결속해 자신에게 도전하지 못하게 한 것이다. 1969년의 인종충돌[54]도 집권당이 부추겼다.

구 여당연합의 '암노'는 말레이인만 당원으로 받고, MCA는 중국인만 받고 MIC는 인도인만 받는다. 이 세 당은 지배동맹을 구성하기 위해 협업한다. 하지만 그들 각자는 자신의 기반 공동체에게 다르게 말한다. 말레이(암노) 지도자는 말레이인 지지자들에게 "당신은 우리를 지지하는 게 좋다. 우리가 중국인들로부터 당신의 권리를 지켜줄 것이기 때문이다. 중국인들은 너무나 부자이고 경제를 다 지배하고 있다"고 말한다. 중국(MCA) 지도자는 "우리를 지지해라. 그러지 않으면 말레이인들이 당신의 권리를 다 뺏어갈 것이다"라고 말한다. 이런 식이다. 그러나 이 지도자들은 서로 연합해 권력을 함께 향유한다. 국민은 분열된다.

1969년 이후 인종문제는 더 심각해졌다. 1970년 정부가 '신경제정책'(NEP)을 시행하면서 말레이인들, '부미푸트라'(Bumiputra, 말레이인과 토착민을 지칭)에게 특권적 지위를 갖게 했다. 그들이 경제적

---

54 1969년 5월 13일 말레이시아의 쿠알라룸푸르에서 말레이인과 중국인들 사이에 발생한 폭력충돌사태

으로 더 불리하다고 인식되었기 때문이다. 이 정책으로 말레이인은 특별대우를 받았다. 예를 들어 공기업은 30%의 주식을 말레이인에게 귀속해야 하고, 말레이인은 장학금을 더 지급받으며, 대학 입학 정원, 채용 인원도 더 할당받고 사업자 등록증, 허가증 같은 것에서도 혜택을 받는다. 그들이 중국인들보다 가난하다는 것을 정당성으로 삼아 그들에게 특별한 지위를 부여한 것이다.

이 정책은 인종 간 분열을 강화했다. 가난한 중국인들에게는 지원이 없고 부유한 말레이인들은 계속 더 많은 부를 획득할 수 있었기 때문이다. 이것은 매우 문제성이 있는 정책이고 중국인, 말레이인, 인도인들 사이의 분열은 더 심각해졌다. 특히 비(非)말레이인들은 이 정책을 전혀 좋아하지 않았다. 1980년대에는 말레이인과

버시 2.0 사무국장 얍 스위 셍

비말레이인 사이에 불만과 인종적 감정이 더 심해졌다. 그러나 정부의 억압과 통제가 컸기 때문에 인종폭동이 다시 발생하지는 않았다. 시위 참가자는 곧 체포되었고, 이 정책을 비판하는 사람도 곤경에 처하거나 국가보안법, 선동법 등으로 처벌받았다.

이런 조건 속에서 당시 시민사회의 과제는 이 '분할통치' 정책에 어떻게 대응할 것인가 하는 점이었다. 정부는 몹시 부패한 상태였고 국민들은 분열되어 있어서 정부에 도전하는 것이 불가능했다. 그래서 당시 인권단체 '수아람'이 탄생했을 때 최고의 이상은 인권이었는데, 그것은 인종·종교에 상관없이, 그들이 말레이인이든 중국인이든 인도인이든 모든 인권피해자들을 지지했다."

이처럼 말레이시아의 인종문제는 정치인들이 조장하고 이용하며 정치화한다. 60%의 토착민(말레이인과 다른 종족들)과, 영국인에 의해 말라야(Malaya)로 이주해 온 중국·인도인들의 후손들 사이에는—얍 스위 셍의 말처럼, 1969년 이래 폭력으로 분출되지는 않지만—항상 긴장이 존재했다. 다음에서 또 다른 인권활동가가 설명하는 2018년 5월 총선의 모습은 인종문제가 어떻게 정치화되는지를 잘 보여준다.

샤레잔 조한Syahredzan Johan, 35세, 인권변호사, 민주행동당DAP 연방선거구 하원의원 림 킷 시앙Lim Kit Siang의 정치비서관
"인종문제는 매우 신중하게 다뤄야 한다. 2018년 선거 이슈는 60%의 말레이인이 당시 집권여당연합인 국민전선 안에 머물지, 야당연합인 희망연대로 지지를 옮겨갈지의 여부였다. 소수그룹인 중국인과 인도인들은 이미 희망연대로 지지를 바꾸었다. 특히 인구의

30%를 차지하는 중국인들은 2008년 이후 국민전선을 지지하지 않는다. 반면, 인구의 60%인 말레이인은 2008년과 2013년 선거에서 계속 국민전선을 지지했기 때문에 2018년 선거의 관심사였다. 국민전선은 2018년에도 그들이 이길 거라 믿었다. 그런데 상당수의 말레이인이 희망연대로 돌아섰다. 말레이인의 국민전선 지지율이 30%로 하락한 것이다. 우리는 국민전선의 고정 지지층이던 말레이인이 희망연대로 지지를 옮긴 것을 '말레이 쓰나미'라고 일컫는다.

말레이시아는 선거구에 따라 선출 의석수가 다르다. 선거지도상 상당수의 의석이 말레이인이 다수인 혼합구 지역에서 야권연대로 넘어갔다. 예를 들어 말레이인이 80%이고 중국인이 20%인 지역의 경우, 만약 국민전선 지지율이 30%로 떨어지면 당신은 이길 수 있다. 중국인들로부터 20%의 단단한 지지가 있기 때문에, (국민

선거 전후 상황을 설명하는 샤레잔 조한 인권변호사

전선을 지지하는 30%를 뺀) 나머지 50%의 말레이인들로부터 지지를 얻어 의석을 확보할 수 있기 때문이다. 이번 선거에서 스윙이 일어났을 때 많은 의석이 예전 야당으로 넘어갔고 우리는 새 정부를 갖게 되었다. 그런데 인종·종교 이슈는 예전 정부에 있던 사람들에 의해 계속 강조되고 이용된다. 오랜 세월 동안 주입해왔기 때문에 다수는 소수에 대해 많은 두려움을 가지고 있다. 그들은 항상 "소수가 모든 걸 지배하고 있다, 중국인들에 의해 권리를 뺏기고 있다"고 느낀다. 그래서 인종·종교 이슈는 섬세하게 다뤄야 한다. 이것은 앞으로도 예민한 이슈가 될 것이다."

2) 부패의 정점, 1MDB 스캔들

2018 총선에서 정권교체를 이룰 수 있었던 결정적 계기가 된 것은 나집 라작(Najib Razak) 전 총리의 1MDB 스캔들이다. 1MDB(1 Malaysia Development Berhad, 말레이시아개발유한회사)는 2009년 나집 총리가 국내외 자본을 유치해 경제개발 사업을 한다는 목적으로 설립한 말레이시아의 국영투자회사이다. 나집 전 총리는 측근들과 함께 1MDB에서 45억 달러(약 5조900억원)[55]가 넘는 자금을 횡령해 현재 배임·부정부패·자금세탁 등의 혐의로 기소되어 있다. 2013년 선거를 앞두고 1MDB 자금 중 26억7천만 링깃(약 7200억원)이 그의 개인계좌로 입금된 것이 밝혀

---

55 한화 금액은 2018년 11월 기준 환율로 표시했다. 자금 규모와 횡령액이 워낙 천문학적인 수치인데다 아직 수사 중인 사건이고 시기상 환율 변동도 있어 정확한 횡령액을 표시하기는 어렵다. 언론의 보도마다 수치상의 차이가 있는 것도 이 때문일 것이다.

졌고 2014년 12월에도 1000만 달러(약 113억원)가 입금된 것으로 알려졌다. 또한 그의 아내 로스마 만소르(Rosmah Mansor)의 자택에서는 명품 핸드백과 보석, 현금 등 2억6000만 달러(약 2950억원) 상당의 물품이 발견되었다. 부실 운용으로 인한 1MDB의 손실 규모는 500억 링깃(약 13조5000억원)에 이르는 것으로 보도되고 있다.

몇 년간 의혹이 계속되면서도 베일에 싸여 있었던 이 천문학적인 횡령 사건은 2015년 영어권의 〈사라왁 리포트〉(Sarawak Report)와 〈월스트리트 저널〉, 그리고 말레이시아의 경제지 〈에지〉(Edge)를 통해 폭로되었다. 1994년에 설립된 〈에지〉는 〈비즈니스 위클리〉와 일간지를 말레이시아에서 발행하고 있으며, 2002년 싱가포르에 진출한 이래 싱가포르판 〈비즈니스 위클리〉도 발행하고 있는 경제지이다. 〈에지〉의 대표는 1MDB 스캔들을 조사해 폭로하게 된 과정을 다음과 같이 이야기하고 있다.

호 케이 탓Ho Kay Tat, 59세, 에지Edge미디어그룹 CEO 및 〈에지〉 발행인
"2009년에 시작된 1MDB는 말레이시아의 큰 이슈인데 정보가 거의 없었다. 비즈니스, 파이낸스 계통의 사람들은 거기에 무엇인가가 있다는 것을 알게 되었고 묻기 시작했다. 그러나 정보는 여전히 없었다. 그래서 우리는 2014년에 시리즈 기사를 쓰기 시작했고, '1MDB가 왜 이것을 하나?', '1MDB가 왜 정부 부처에 그렇게 많은 돈을 지불하나?', '그 모든 돈에 무슨 일이 생겼나?' 등등의 질문을 했다. 그러자 1MDB의 배후에 있는 사람들이 매우 불편해하기 시작했는데 우리에겐 아직 확실한 증거가 없었다. 우리는 단지 많은 질문을 던졌다.

그런데 2015년 2월 우리는 1MDB에 무슨 일이 일어났는지를 알려주는 자료들을 확보했다. 그리고 2015년 2~7월 동안 1MDB 의 모든 문제들, 즉 돈이 사라졌다는 것을 폭로하는 일련의 기사들 을 발간했다. 이 돈에 무슨 일이 일어났는지, 돈이 어떻게 횡령되었 는지, 자금 흐름과 은행계좌 입출금 내역서 등 보여주어야 할 모든 것을 보도했다. 정부는 계속해서 잘못이 없다고 방어를 했다. 그래 서 당시 말레이시아에는 정치적 긴장이 심화됐다. 7월 15일 그들은 마침내 우리의 라이선스를 정지해 두 신문(경제주간지, 경제일간지)의 발행을 석 달 동안 중단시켰다. 그것은 우리가 한 폭로 때문이었다. 하지만 우리는 그 일을 법정으로 가져가서 승소했고, 우리 신문들 의 발행 중단은 9주 동안만 계속되었다.

지난 몇 년간 말레이시아에서 가장 큰 사건은 1MDB 스캔들이 다. 이것은 세계에서 가장 큰 재정 스캔들이다. 미국 법무부는 이것 을 45억 달러를 유용한 최대의 '도둑정치'(kleptocracy)라고 묘사했다. 정부가 우리의 두 종이신문을 발행 중단시켰을 때 우리는 직원들의 월급을 3개월간 그대로 지급했고, 비록 규모는 작지만 온라인뉴스 를 지속했다. 종이신문은 라이선스가 필요하지만 온라인은 필요하 지 않기 때문이다. 물론 그들이 웹사이트를 차단할 수는 있다. 신문 발행이 중단된 시기 동안 독자들은 우리를 매우 많이 지지했고 그 들을 잃지는 않았다. 그러나 광고 수익을 많이 잃었다. 말레이시아 는 디지털 광고 수익이 아직 크지 않고 종이신문 광고 수익이 더 크 기 때문이다. 뉴스언론사의 디지털 광고 수익 점유율은 작다. 모든 게 구글과 페이스북으로 간다."

〈에지〉 일간지에 실린 나집 전 말레이시아 총리의 1MDB 스캔들 기사. 2018년 7월 4일(왼쪽)과 7월 5일자(오른쪽)

　〈에지〉의 폭로가 가능했던 이유는 이 매체가 독립적이기 때문이라고 호 케이 탓 대표는 말한다. 사실, 말레이시아 언론사들은 대부분 그 소유권이 정당들에 있다. 정당들은 자신이 소유한 언론매체의 편집권을 통제하고 이 매체들은 정권의 대변인 구실을 해왔다. 구 여당연합 국민전선(BN)이 주요 일간지들과 지상파 방송 등 미디어를 장악해 통제한 것은 말레이시아 내 언론의 자유를 방해하는 가장 큰 원인이었다고 할 수 있다. 예를 들어, 영어 일간지 〈뉴 스트레이츠 타임스〉(New Straits Times)를 소유한 '미디어 프리마'(Media Prima)는 정부 투자 미디어기업인데, '미디어 프리마'의 최대 주주는 암노(국민전선의 대표 정당)이다. 말레이어 신문인 〈우투산 말레이시아〉(Utusan Malaysia)의 최대 주주도 암노이다. 암노는 말레이 언론 그룹 우투산과 〈뉴 스트레이츠 타임스〉를

2002년에 통합했다. 공영 방송인 TV1과 TV2, 민영 방송인 TV3, TV7, TV8, TV9, 그리고 라디오의 말레이어 채널 'Hot FM' 역시 암노의 '미디어 프리마'가 최대 주주로 있다. 영어 일간지 〈스타〉(The Star)와 중국어 신문 〈남양상보〉(Nanyang Siang Pau, 南洋商报)는 국민전선의 중국 정당 MCA의 소유이고, 타밀어 일간지인 〈타밀 네산〉(Tamil Nesan)은 국민전선의 인도 정당 MIC의 소유이다.

이와 같은 상황을 볼 때, 구 여당연합이 지난 61년 동안 정권을 유지할 수 있었던 데는 집권당에 의한 총체적인 미디어 장악과 언론 통제의 역할이 컸음을 알 수 있다. 이는 물론 언론과 관련된 여러 악법을 통해 언론의 자유를 말살한 것에서 기인한다. 선거 때마다 여당의 선전과 정보만 듣고 일방적으로 선거 패배를 당해야 했던 말레이시아 국민들이 인터넷에서 새로운 정보를 찾고 언로를 모색한 것도 자연스러운 결과였다. 2018년 총선 승리는 나집의 1MDB 스캔들과 정부의 상품서비스세(GST) 적용이 계기가 된 것은 사실이지만, 탄압 속에서 오랫동안 민주적 개혁을 위해 활동한 독립언론과 시민사회의 노력이 기반이 되었음은 물론이다. 사실, 2008년과 2013년 선거에서 조짐이 보이기 시작한 구 여권의 붕괴는 〈말레이시아키니〉(Malaysiakini), 〈말레이시안 인사이더〉(Malaysian Insider) 같은 비판적 온라인뉴스매체들의 활동과, 선거개혁을 위해 수년간 캠페인과 집회를 진행한 시민사회연합기구 버시 2.0의 노력이 모여 가능했고, 마침내 2018년의 승리를 이끌어 낸 바탕이 되었음을 부인할 수 없다.

한편, 국민전선의 수장으로 22년간 말레이시아의 총리직을 맡아 실질적 통치를 한 마하티르 모하맛(Mahathir Mohamad)이 나집의 부패를 비판하고 자신의 정적 안와르 이브라힘(Anwar Ibrahim)과 손잡아 야권

연합 '희망연대'로 선거에서 승리했다는 점을 눈여겨볼 필요가 있다. 정치권에 부패 기반을 마련한 실질적 책임이 있다고 회자되는 이 92세의 노련한 정치인이 다시 총리로 돌아왔기 때문이다. 그가 이끄는 새 정부가—물론 정부 안팎에서 시민사회 활동가들이 매의 눈으로 견제하겠지만—과연 말레이시아 국민들의 바람대로 개혁을 충실히 이끌어 갈지는 긴장하고 지켜볼 일이다.

탄압 대 표현의 자유

1) 독립언론 〈말레이시아키니〉

1MDB 폭로 기사를 연속으로 쓴 〈에지〉는 2015년 당시 온라인뉴스 매체인 〈말레이시안 인사이더〉를 함께 운영하고 있었고 사무실도 함께 쓰고 있었다. 〈에지〉의 호 케이 탓 대표와 〈말레이시안 인사이더〉의 수석 기자 아민 이스칸다르(Amin Inskandar)는 정부가 에지미디어그룹의 출판사업 허가를 3개월간 정지시키기 전 당시 함께 연행되기도 했는데, 호 케이 탓의 말을 빌리면 이러하다 : "2015년 3월 말 그들이 우리 사무실로 난입해 자료와 컴퓨터 등을 가져갔다. 우리가 나집 총리의 1MDB 자금 유용 의혹을 보도했기 때문이다. 〈말레이시안 인사이더〉의 아민 이스칸다르와 나, 그리고 다른 5명의 언론인이 경찰서에 잡혀가 하룻밤을 지냈다."

　　〈말레이시안 인사이더〉의 편집자들에게 씌워진 혐의는 선동법, 통신

멀티미디어법 위반이었다. 이 뉴스포털사이트는 이후 계속 탄압을 받았고, 출판정지 3개월 처분을 받았던 에지는 재정상의 문제를 이유로 들어 결국 2016년 3월 〈말레이시안 인사이더〉의 웹사이트를 폐쇄했다. 〈말레이시안 인사이더〉는 이후 에지미디어에서 독립해 〈말레이시안 인사이트〉(Malaysian Insight)로 계승되었고 현재 독립뉴스매체의 소임을 다하고 있다.

〈에지〉나 〈말레이시안 인사이더〉의 경우에서 보듯이, 말레이시아에서 언론인과 직접적 연관이 있는 법으로는 '인쇄언론출판법'(Printing Press and Publication Act), '통신멀티미디어법'(Communications and Multimedia Act), '가짜뉴스방지법'(Anti-Fake News Act)이 있다. 이들 중 가짜뉴스방지법은 2018년 5월 총선을 눈앞에 두고 4월에 제정되어 실행된 악법으로, 당시 여당연합이 정부에 비판적인 기사를 쓴 언론인을 처벌하기 위해 만든 것이었다. 이 법은 새 정부가 들어선 뒤 폐지되었다. 그밖에 언론인들에게 종종 적용되는 법으로 영국 식민지 시절의 유산인 '선동법'(Sedition Act)이 있고, '공직기밀법'(Official Secrets Act)과 '국가보안법'(Internal Security Act)도 자주 언급되는 법들이다.

온라인뉴스매체 〈말레이시아키니〉(Malaysiakini, 'Malaysia Today'의 뜻)는 정권의 탄압을 많이 받은 대표적인 독립언론이다. 인종·언어·종교·문화의 상이성이 정치적으로 이용되는 말레이시아 사회에서 모두를 포괄하기 위해 영어·말레이어(Bahasa)·중국어·타밀어의 4개 언어로 뉴스를 발간하는 최초의 언론매체이기도 하다. 자수성가형인 이 매체는 학생운동가 출신인 두 설립자가 시민의 지지와 소통을 바탕으로 성장시킨 언론이다. 이곳의 언론인들은 직위상 상급자라 하더라도 따로 독립된 사무실을 갖고 있지 않다. 각자 역할 구분은 있으되, 상하 없

〈말레이시아키니〉 공동설립자 겸 편집장 스티븐 간 (사진 크레딧 : malaysiakini.com)

이 평등하고 민주적인 인간관계를 지향하는 철학은 모두가 공동의 열린 공간에서 작업을 하는 구조로 반영되었다. 〈말레이시아키니〉가 언론탄압을 극복한 데는 시민들의 지지가 있었음을 편집장 스티븐 간이 다음과 같이 밝히고 있다. 그는 '언론인보호위원회'(CPJ)의 2000년도 '국제언론자유상' 수상자이기도 하다.

스티븐 간 Steven Gan, 55세, **〈말레이시아키니〉 공동설립자 겸 편집장**
"경영 담당인 공동설립자 프레메시 찬드란(Premesh Chandran)과 편집 담당인 나는 1999년에 〈말레이시아키니〉를 설립했는데, 당시 우리는 네 명이었다. 당시는 인터넷 붐이 막 시작되던 때였지만 기반 시설은 좋지 못했다. 〈말레이시아키니〉가 살아남고 오래 지속될 수 있었던 이유는, 부분적으로, 많은 말레이시아인들의 기대를 충족시킬 수 있었기 때문이다. 당시 주류언론의 보도는 매우 나빴고, 특히 정치 이슈에서는 반대파를 배제한 보도만 했다. 국영 텔레비전에서 야당 지도자는 거의 볼 수 없고, 수도 쿠알라룸푸르에서 5만명이 시위를 하면 〈스타〉 신문이나 다른 신문에서 5000명이라고 보도하는 식이었다. 그러나 시위에 참여했던 사람은 참가자가 5000명보다 많다는 것을 알기 때문에 주류언론에 대한 신뢰를 버리고 많은 사람이 인터넷으로, 대안언론으로 옮겨가게 되었다. 인터넷은 주류언론이 보도하지 않는 정보를 제공하기 때문이다.

〈말레이시아키니〉는 이런 환경에서 시작되었다. 당시 뉴스정보를 전하는 웹사이트가 많이 있었는데, 차츰 다 사라지고 결국 우리만 살아남았다. 우리는 2004년 초 포스트코뮤니스트 국가들의 독립언론을 지원하던 다국적 벤처자본 '미디어개발투자기금'(Media Development Investment Fund, MDIF)의 지원을 받았다. 처음 몇 해 동안은 적자였다. 사람들에게 구독에 대한 확신을 주려면 시간이 걸린다. 2008년부터는 적지만 수익을 내기 시작했고 현재는 직원이 90명으로 늘었다. 〈말레이시아키니〉는 외부의 투자자들에게 주식의 29%만 허용하고 나머지 71%를 공동설립자와 편집자, 기자들이 가지고 있다. 편집권을 우리가 갖기 위해서다. 우리에게 독립은 매우 중요하기 때문에 투자자들한테서 편집권에 참견하지 않겠다는 각서를 받는다.

우리는 지난 19년 동안 정부의 불시 급습을 다섯 차례 이상 당했다. 2003년이 제일 컸는데, 경찰이 와서 19개의 컴퓨터와 모든 하드웨어를 가져갔다. 우리는 컴퓨터를 다 잃었는데, 이때 외부의 지원이 많았다. 사람들이 사무실로 와서 컴퓨터를 기부하기 시작했다. 이것은 굉장한 일이었다. 한 남자는 큰 데스크톱을 가져와서—요즘은 모바일이나 노트북을 써서 그런 것은 안 쓰지만—말하기를, "이건 내 딸 건데 그 애는 좋아하지 않겠지만 이걸 쓰세요. 그리고 나중에 돌려주세요"라고 했다. 나는 받을 수 없으니 딸에게 돌려주라고 말했지만, 그것은 정말 대단한 일이었다. 사람들이 와서 우리를 정말 많이 지원했다. 그렇게 우리가 살아남았다.

우리 기자들은 전에 몇 번 체포되었다. 〈말레이시아키니〉에 만평을 싣는 만평가 주나르(Zunar)도 괴롭힘을 많이 당하고 여러 차례 체포당했다. 때로는 그의 행방을 알 수가 없었다. 나 자신은 2년 전인 2016년 공동설립자 찬드란과 함께 체포당했다. 1MDB 스캔들과 관련된 비디오를 게시했기 때문이다. 그 건은 아직도 법원에 계류 중이다. 새 정부가 법정에서 해야 할 일을 정확히 하길 기대하고 있지만, 만약 유죄 판결이 나면 통신멀티미디어법에 따라 1년 형을 받게 될 것이다. 이 법에 따르면, 괴롭히고 상처를 주고 공격하는 게시물을 올리면 안 된다는 것인데, 우리가 게시한 그 비디오는 사실 기자회견 장면이었다. 암노(구 집권여당연합 대표정당)의 지도자가 반부패위원회에 가서 법무장관을 고소했다. 당시 법무장관이 그보다 몇 달 전 나집 총리의 부패 혐의를 벗겨버렸다. 그런데 미국 법무부가 소송을 제기해 1MDB의 자금으로 미국 내에서 구입한 것들에 접근할 수 있게 하라고 요구했는데, 그들은 훨씬 많은 증거를 가지고 있었다. 암노의 리더는 반부패위원회에 그들이 새로 발견한 추가 증거가 있으면 공개하라고 요구했다. 그리고 반부패위원회의 건물 밖에서 기자회견을 하면서 법무장관을 향해, 눈앞에 증거가 있는데 나집의 혐의를 벗겨버렸으니 말레이시아 역사상 가장 멍청한 법무장관이라고 비난했다. 법무장관이 그 비디오를 봤을 때 물론 그의 마음에 안 들었고 우리에게 비디오를 내리라고 했다. 우리는 그것이 기자회견이니 그럴 수 없다고 했다. 우리가 거부하자 경찰이 와서 우리의 컴퓨터를 가져가고 통신멀티미디어법을 적용해 우리를 고소한 것이다.

그 외에도 소송이 꽤 많았는데, 그 하나는 여기서 200마일 떨어진 루압(Ruab)의 호주 금광회사가 우리를 명예훼손으로 고소했던 건이다. 그 금광회사가 채굴을 할 때 독성 물질이 함께 나와 지역 주민들의 수질을 오염시키게 됐고 우리가 그 환경문제를 다루었다. 2018년 1월 연방고등법원에서 우리에게 35만 링깃(약 9500만원)을 지급하라고 명령했다. 우리가 대법원에 상고하더라도 준비는 해놓아야 해서 시민들에게 도움을 요청했고, 11일 만에 그 액수의 기부금이 모아졌다.

시민들의 지원을 보여주는 또 하나의 예는, 우리가 4년 전 현재의 건물을 사려고 결정했을 때이다. 우리는 벽돌을 1000링깃(약 27만원)에 팔아 돈을 모으기로 했다. 그리고 1000개 이상의 벽돌을 팔아 석 달 안에 170만 링깃(약 4억6000만원)을 모았다. 이사를 해야 했던 이유는 우리가 세 들어 있던 곳에서 쫓겨났기 때문이다. 건물주가 정부로부터 압력을 받아서 우리에게 퇴거명령을 내렸는데, 우리는 다른 사무실을 찾아볼 시간도 없었다. 그래서 우리는 일주일 이상을 쇼핑몰에 있는 버거킹 바깥에 앉아 일을 했다. 그런데 한편 그것은 좋은 일이기도 했다. 우리가 사람들에게 이 사실을 알리자 지지자들이 찾아왔고 그들은 쇼핑 후 밖으로 나와 우리에게 말을 걸고 걱정해 주었는데, 그것은 멋진 일이었다. 우리가 지지자들과 그렇게 연결되어 있다는 것을 느껴서다. 우리는 에어컨이 있는 안쪽

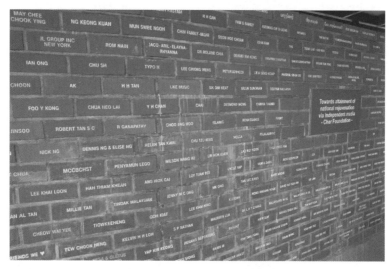

시민의 후원기금을 마련한 벽돌벽. 각 벽돌 위에는 후원자의 이름이 쓰여 있다. (사진 크레딧 : malaysiakini.com)

이 아니라 바깥 자리에 앉아 일했는데 나중에 쇼핑몰에서도 쫓겨났다. 안에 있는 전기플러그를 사용했기 때문이다. 이제 마침내 우리에게 집이 생겼다."

스티븐 간 편집장의 말을 길게 인용한 것은, 이 언론매체의 힘이, 〈말레이시아키니〉가 언론으로서 수행하는 비판 기능과 그들이 언론인으로서 갖는 책임의식에만 있는 것이 아니라, 그들의 독자들로부터 받는 단단한 신뢰와 지지에 있음을 말하고 싶어서다. 독자들의 불신이 팽배한 우리 언론계의 현실을 생각할 때 더욱 그러하다. 그러나 우리에게도 언론의 자유와 민주주의를 위한 훌륭한 투쟁의 역사가 있었다. 〈말레이시아키니〉의 편집장이 '동아일보 백지광고 사태'와 '동아자유언론수호투쟁위원회'의 역사를 알고 있다는 것은 가슴 벅찬 자랑스러운 일인 반면, 43년이 지나도록 당시의 언론인들이 당한 부당해직의 취소와 명예회복을 통한 역사의 정정이 완성되지 못하고 있다는 사실은 부끄럽기 그지없는 일이다. 〈말레이시아키니〉에 보내는 시민들의 지지는 '동아일보 백지광고 사태' 때 우리 시민들이 보낸 지지와 같은 것이다. 그러나 이제, 현재의 동아일보는 물론이거니와, 그런 지지를 보낼 만한 주류언론이 거의 없다는 데에 시민들의 고민이 있다.

〈말레이시아키니〉의 직원식당이 있는 야외에는 독자들의 기금을 모았던 벽돌들이 하나의 벽을 이루고 서 있다. 벽돌 위에 적힌 기부자들의 말레이, 중국, 인도 이름들은 조작·주입된 인종갈등을 넘어서는 진정한 시민의식을 보여준다. 〈말레이시아키니〉의 건물에는 이 건물을 공사한 다국적 노동자들에게 감사의 말을 기록해 놓았는데, 그 역시 이 언론매체의 철학이 담긴 것이다. 공동설립자 스티븐 간과 프레메시 찬드란이 호주 유학 시절, 아시아의 학생운동 관련자들에게 기금을 모아 보낸 것도, 말레이시아로 돌아와 정권의 언론탄압에 굴복하지 않고 비판보도를 계속한 것도 민주주의에 대한 열망 때문이다.

"우리는 1980년대 아시아의 학생운동에서 많은 영감을 받았다. 한국은 전두환 치하, 중국은 천안문, 필리핀은 반(反)마르코스, 인도네시아는 반(反)수하르토, 버마의 88봉기와 학생운동, 태국의 반군사정권 등 1980년대는 흥분되는 시기였다. 우리는 호주에서 기금을 모아 민주주의 투쟁에서 고난을 겪은 아시아의 학생운동 활동가들에게 보냈고 그렇게 정치화됐다. 학생운동 활동가들의 투쟁 덕분에 우리는 민주주의의 필요성을 강하게 믿었다. 분명히 우리는 남한, 인도네시아, 필리핀, 태국, 버마 등 아시아 학생운동의 투쟁에 영향

〈말레이시아키니〉의 사무실. 이곳의 기자들은 공동의 열린 공간에서 일한다. (사진 크레딧 : malaysiakini.com)

을 받았고 그 시대로부터 왔다. 당신이 노동자를 언급해주어 고맙다 (건물 건설 노동자에 대한 감사 문구 관련). 우리는 노동자를 지지한다. 사실 우리 조직은 완전히 평등하다. 내가 편집장이기는 하지만 누구나 비판할 수 있다. 여기서는 나도 누구도 따로 혼자 있는 사무실이 없다. 누구나 모두와 함께 앉는다. 내 테이블에 누구나 와서 얘기한다. 우리는 모두가 그러기를 바라고 모두가 평등하다는 것을 알기를 원한다."(스티븐 간)

2) 만평가 주나르의 도전

시사 · 정치 만화로 유명한 주나르(Zunar, 본명 Zulkiflee Anwar Haque)는

선동죄로 여러 차례 체포되었다. 정치권에서 일어나는 모든 이슈를 만화로 풍자하고 분석해 독자들에게 정보와 비판적 인식을 심어주니 정부로서는 눈엣가시일 수밖에 없었을 것이다. 그런데 그에게 번번이 위반 혐의를 씌우는 선동법은 1948년 식민지 시절 영국이 말레이시아의 독립운동가들을 겨냥해 만든 법이다. 말레이시아 정부는 그동안 식민지 시절의 악법을 이용해 정부에 대한 각종 비판 활동을 금지했다. 다행히 정권교체 이후, 2018년 10월 현재 선동법은 사형법과 더불어 폐지가 논의되는 중이다. 이 법에 의해 최장 43년 형에 처해졌던 만평가 주나르는 표현의 자유를 억압받은 경험을 다음과 같이 전하고 있다.

주나르Zunar, 56세, 만평가

"나는 30년 이상 그림을 그려왔다. 내 만화가 처음 간행된 것은 열두 살 때다. 그러나 나는 만화나 예술 교육을 정식으로 받지 않았다. 나는 과학을 전공했기 때문에, 낮에는 병원에서 임상병리사로 피검사를 했고, 밤에는 잡지에 보낼 만화를 그렸다. 대학 때부터 만화를 그렸고 잡지에 만화를 보내곤 했는데, 병원에서 일할 당시에도 유머 잡지에 내 칼럼을 보내고 있었다. 1985년 전업 만화가가 되기 위해 병원 일을 그만두었는데, 사직의 결정적 계기가 된 것은 내가 검사 수치를 계산하는 데 실수를 했기 때문인데, 이렇게 만화와 병행하다가는 환자에게 해를 끼칠 것 같았다.

내가 만화에 메시지를 넣고 정치적 내용을 담아 풍자하기 시작한 이유는 부패와 부당한 일을 보았을 때 참을 수 없었기 때문이다. 처음에는 편집자들이 뭐라 했지만, 나는 만화로 그려 사람들이 만화를 통해 내 생각을 읽게 해야겠다고 결심했다. 만화에 정부에 보내는 강한 메시지를 담았고 전 총리(나집)와 모든 장관들을 타깃으로 삼았다. 나의 주 관심사는 부패이다. 당시 아무도 뭔가 하지 않았다. 전 정부에서 부패가 아무리 커도 그에 대항해 행동을 취하는 게 없었다. 그래서 나는 점점 더 목소리를 내기 시작했다.

전 정부는 내 만화책 아홉 권을 금지시켰다. 마지막 금지는 2017년 9월이었는데, 인쇄언론출판법(PPPA)에 의한 것이었다. 공공질서에 유해한 내용이 독자로 하여금 반정부적이 되게끔 영향을 미친다는 것이 이유였다. 나는 선동죄로 네 차례 체포되었고 그 법으로 9건의 혐의를 받아 최장 43년 형에 처해졌다. 정부 당국은 또한 내 사무실에 여러 차례 들이닥쳤다. 현재의 사무실은 세 번째 사무실인데, 이번에는 그들이 찾기 어려웠으면 한다(웃음). 그들은 또 내 만화를 인쇄한 인쇄업자들도 급습해 결국 아무도 인쇄소 이름을 넣고는 인쇄하려 하지 않았다. 경찰은 인쇄업자 세 사람의 공장에 가서 내 책을 또다시 인쇄하면 사업허가를 취소하겠다고 말했다. 책 한 권 때문에 사업허가를 잃을 수는 없는 일이다. 그래서 나는 인쇄소 이름 없이 인쇄를 해야 했다. 경찰은 또한 내 웹마스터, 판매담당자도 체포했다. 서점들에도 내 책을 팔면 선동죄로 기소당할 것이라고 경고해 내 책을 팔지 못하게 했다. 그래서 내 책은 온라인에서 판매되었는데, 그러자 경찰이 내 웹마스터와 판매담당자를 체포하고 역시 선동죄로 기소하려 한 것이다.

하지만 이 모든 상황에도 불구하고 중요한 것은 내가 이 일을 계속 수행하길 원한다는 점이다. 나도 웹마스터도 계속 할 수 있고 우리는 멈출 수 없다. 우리가 중단하면 우리는 실패하는 것이고 만화가로서의 내 일도 실패하는 것이다. 그래서 나는 계속 하겠다고 말한다. 나에게 재능은 '선물'이 아니라 '책임'이다. 이것은 책임에 관한 것이다. 만화가로서 나는 이 일을 계속해나가야 한다고 말한다. 무슨 일이 일어나든지, 내가 감옥에 가든 내 책이 금지를 당하든 무슨 위험에 처하든, 계속 해야 한다. 내가 그러면 사람들은 당신이 감옥에 가야 하는데 두렵지 않으냐고 묻는다. 물론 나도 인간이니 두렵다. 사람은 누구나 두려움이 있다. 그러나 무엇이 더 크냐고 묻는다면, 나에게는 두려움보다 책임이 더 크다. 선거유세 기간 동안 나는 내 그림 모두 저작권을 포기했다. 그것은 책임이기 때문이다. 그래서 누구나 그냥 사용할 수 있게 했다. 어떤 예술가들은 저작권으로 많은 돈을 번다. 그러나 돈도 중요하지만 책임이 더 중요하다."

스튜디오에서 작업 중인 만평가 주나르 (사진 제공 : 주나르)

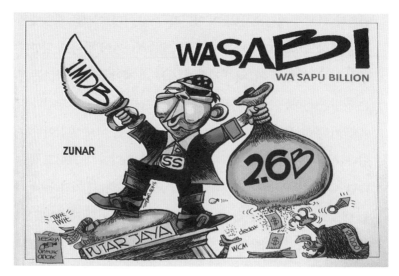

1MDB 사건을 다룬 주나르의 만화책

　주나르는 2016년 6월부터 출국금지를 당했다가 2018년 5월 총선으로 새 정부가 들어선 직후 금지가 풀렸다. 말레이시아 정부는 그 전에 이미 주나르의 만화책 1000권 이상과 그림 40점을 압수해 갔다. 인터뷰 당시 그는, 그의 책과 그림을 압수하고 그의 책 판매를 금지한 것에 대해 정부에 민사소송을 제기했다. 그는 또한 자신에게 내려졌던 출국금지에 대해서도 소송을 제기했는데, 이미 새 정부가 출국금지를 풀었는데도 적극적으로 대처하는 이유를 그는 이렇게 밝히고 있다 : "당시 그들이 '특별한 이유로' 금지한다고 했는데 그 이유가 무엇인지 밝히지 않았다. 그래서 나는 여전히 도전하려 한다. 출국금지는 해제되었지만, 당시 그것이 권력 남용이었다는 것, 그들이 왜 그런 일을 했는지를 조명할 필요가 있다. 나는 지난 2년 동안 내 권리를 잃었고 외국에서 보내온 많은 초청을 놓쳤다. 누군가가 책임을 져야 하는 것이다."

〈말레이시아키니〉처럼 주나르도 탄압으로 곤경에 빠졌을 때 그의 독자들과 시민들로부터 많은 지지를 받았다. 그 역시 독자들에게 정치 상황에 대한 정보와 지식을 제공했을 뿐만 아니라 시민의 목소리를 대변하는 언로 구실을 하면서 신뢰를 받아왔기 때문이다. 다음에 나오는 그의 말에서 이를 확인할 수 있다.

"나는 말레이시아 국민들로부터 좋은 지지를 받았다. 내 생각에 그것은 내가 만화에 그들이 원하는 목소리를 그려냈기 때문이다. 나는 만화 안에 이슈들을 가져와 독자들이 그것들을 연결할 수 있게 했다. 그래서 내가 문제에 봉착하면 나는 수많은 지지를 보게 된다. 그 수를 세어보지는 않았지만 한 예로 2015년 3월 경찰이 9건의 선동죄 혐의로 나를 고발했을 때 그들은 나를 법원으로 데려가기 8시간 전에 "4만5000링깃(약 1200만원)을 준비하시오"라고 알려왔다. 8시간 안에 그 돈을 마련해야 하는 것이다. 물론 나는 그만한 돈이 없었고 어디서 그 돈을 구해야 할지 몰랐다. 그래서 나는 인터넷, 페이스북, 트위터 등에 "내일까지 돈이 필요합니다. 말레이시아 지지자분들, 저를 도와주세요. 만약 돈을 구하지 못하면 감옥에 가야 합니다"라고 썼다. 그러자 사람들이 내 계좌로 돈을 보내기 시작했고 다음날 아침 나는 충분한 돈을 확보할 수 있었다. 이것은 말레이시아 국민들이 내게 보여준 강한 지지였고 그것이 내가 이 일을 계속할 수 있는 이유이다."(주나르)

주나르는 '개혁'을 압박하기 위해 만화를 사용한다고 말한다. 사람들은 그의 만화가 전하는 메시지를 이해하고 정치 현실에 눈을 뜨기도 한다. 예를 들어 한 독자는 68세 된 그의 장모가 항상 정부(구 여당) 지지자였지만 주나르의 만화책을 읽고 나서 생각을 바꾸어 총선에서 야당을 찍었다고 고백한다. 만평가 주나르의 정치만화들은 이렇듯 일종의 언론매체 구실을 하고 있다. 그가 타깃으로 삼았던 이들은 추락했으나, 만평가로서 그의 일은 여전히 남아 있다. 그 이유를 그는 다음과 같이 설명한다 : "나는 예전에 지금 여당인 야당을 지지했다. 하지만 이제 그들이 정부에 있는 이상 우리는 어떤 정부든 단순히 맹목적으로 지지하면 안 된다. 만약 그렇게 하면 정부가 점차 예전의 문화로 되돌아갈 수 있기 때문이다. 나는 만평가로서 비판적으로 정부에 국민이 정부를 지켜보고 있다는 걸 상기시켜야 한다. 책임을 다하라, 부패를 피하라, 모든 개혁의 약속을 지켜라, 라고 말해야 한다."

새 정부는 선동죄와 인쇄언론출판법의 폐지를 약속했고 언론인들

말레이시아의 선동법을 풍자한 주나르의 그림

은 그것을 기다리면서 정부의 움직임을 지켜보고 있다. 주나르의 마지막 말은, 지속적인 탄압에도 불구하고 개혁을 위해 시민의 언로 구실을 자임해온 한 예술가의 쉼 없는 노력이 어떤 철학에서 나온 것인지를 보여준다 : "모든 사람이 자신의 의견(stand)을 갖는 것이 중요하다. 만화가로서 그림을 그릴 때 나는 내 펜을 넣어두는 유리컵이 있다. 나는 그것을 '펜 스탠드'(pen stand)라고 부른다. 하물며 내 펜도 스탠드가 있는데 내가 어떻게 중립적일 수 있겠는가? 그것이 나의 철학이다."

3) '깨끗하고 공정한 선거'를 위하여, 버시 2.0

2006년 야당들의 주도로 시민사회단체들과의 연합 조직인 '버시'(Bersih, '깨끗함', '청렴'을 뜻하는 말레이어)가 만들어졌다. 그러나 2008년 야당 의원들 몇몇이 선거에서 승리해 주(State)정부의 집권당이 되면서 정당을 배제하고 순수한 시민사회단체들의 연합기구인 '버시 2.0'(Bersih 2.0)이 탄생하게 된다. '버시 2.0'이라고 이름을 붙인 것은 2006년 야당들과의 연합으로 만들어진 '버시'와 구분하기 위해서다. 버시의 탄생은 1998년 외환위기 당시 말레이시아 국민들 사이에서 널리 전개되었던 '레포르마시'(Reformacy) 운동으로부터 이어졌다고 볼 수 있다. 변혁을 하려면 선거개혁이 우선되어야 한다는 인식을 공유한 야당들은 각자 이념은 다르지만 '선거개혁'이라는 공통의 이해를 위해 연합하고, 시민사회단체들 역시 공정한 선거시스템을 만들기 위해 동참하게 된다. 최초의 버시는 개혁에 대한 국민적 열망을 담아 이런 배경에서 2006년에 탄생했다.

말레이시아에서 선거개혁이 중요한 이유는 구조적인 문제들 때문이다. 그것은 무엇보다도 부당한 선거구 방식에 있다. 예를 들어, 도시에서는 15만명당 의원(하원) 1명을 선출하는 데 비해 시골에서는 3만명당 1명을 선출한다. 대체로 도시의 유권자들이 진보적인 반면 시골의 유권자들은 친여 성향이 강하고 여당의 부정행위도 더 쉽게 이뤄질 수 있다는 점을 고려할 때 이 불공평한 방식은 국민전선이 대대로 집권하는 데 큰 도움이 되었다. 2013년 선거의 경우, 집권여당연합인 국민전선은 47.38%의 지지율을 획득했지만, 총 의석수 222석 중 133석을 차지해 전체의 약 60%를 점유했다. 반면, 야당연합인 희망연대는 50.87%라는 더 높은 지지율을 획득하고도 89개의 의석만 얻게 되는 불합리한 상황이 발생한 것이다. 이런 불균형적인 의원 할당 방식과 더불어, 소선거구제의 게리맨더링(선거구를 자신에게 유리하게 변경하는 것) 역시 집권당의 의석수 확보를 돕는 역할을 해왔다.

이런 조건들 속에서, 버시는 '선거개혁'으로 정권을 바꾸지 않는 이상 어떤 민주주의적 가치의 실현도 어렵다는 인식 아래 '깨끗하고 공정한 선거'를 위한 전국적 캠페인과 집회들을 조직하게 되는데, 그 첫 집회인 버시1(최초의 '버시'가 조직)은 2007년에 대규모로 이루어졌고 다양한 인종그룹을 결집시켰다. 이후 야당을 배제하고 새롭게 탄생한 버시 2.0은 버시2(2011년), 버시3(2012년), 버시4(2015년), 버시5(2016년)로 이어지는 대규모 집회들을 꾸준히 조직해왔다.[56] 가장 큰 규모로 열린 것은 2015년의 버시4 집회로, 약 50만명이 집결했다. 2016년의 버시5 집

---

56 혼동이 될 수 있는데, 버시 2.0은 시민사회단체들의 연합기구인 단체명이고, 버시2, 버시3, 버시4, 버시5는 집회를 개최한 순서이다.

2015년 8월 30일 쿠알라룸푸르 중심가에서 열린 버시4 집회에 참가한 시민들 (사진 제공 : 버시 2.0)

2016년 11월 19일 버시5 집회, 쿠알라룸푸르의 페트로나스 트윈 타워(Petronas Twin Towers, KLCC) 앞 (사진 제공 : 버시 2.0)

회는 규모가 크지는 않았으나 32시간 동안 지속되어 참가자들이 도로에서 잠을 자기도 했다. 버시 2.0의 집회는 매우 평화롭고 질서정연한 것이어서, 집회가 끝난 후 버시의 청소 덕분에 도로가 더 깨끗해졌다는 농담이 나올 정도였다.

물론 버시 2.0은 이 모든 활동 기간 내내 정부의 탄압에 시달려야 했다. 탄압의 경험을 증언하는 버시의 전 의장대행 샤룰 사리의 말 속에 5·18기념재단과 광주가 등장하는 것이 흥미롭다.

샤룰 아만 모하맛 사리, 전 버시 2.0 의장 대행, 말레이시아 이크람 부의장, 현 말레이시아 교육부 장관 언론비서관

"2016년 우리가 5·18기념재단의 '광주인권상' 수상자로 선정되어 버시 2.0 의장인 마리아 친 압둘라(Maria Chin Abdullah)가 한국으로 가려 했을 때 그녀는 공항에서 출국을 금지당했다.[57] 그래서 광주의 5·18기념재단이 5월에 이곳으로 왔고 방글라데시, 필리핀 등 역대 수상자들도 모두 이곳으로 왔다. 그런데 재미있는 것은 역대 수상자들이 그 후 다른 일로 다시 말레이시아에 왔을 때 입국금지를 당했다는 점이다. 2014년 광주인권상 수상자인 방글라데시의 아딜루 라만 칸(Adilur Rahman Khan)이 그해 7월 버시와의 회의에 참석하기 위해 다시 왔을 때, 그는 공항에서 이민국에 의해 입국을 저지당하고 돌려보내졌다. 광주인권상 시상식에 왔었다는 이유로 블랙리스트에 올라간 것이다. 필리핀 인권위원회 위원장 치토 가스콘도 왔

---

57 2016년 광주인권상은 버시 2.0과 함께 베트남의 인권운동가 응우옌단꾸에(Nguyễn Đan Quế, 베트남前양심수협회 공동의장)가 공동으로 수상했는데, 둘 다 출국금지로 한국에 오지 못해 5·18재단이 직접 말레이시아로 가서 상을 수여했다.

다가 저지당했다. 전에 광주(5·18기념재단) 행사에 참석했던 사람들은 모두 저지한 것이다.

정부는 광주가 돈을 주는 곳이고 사실은 미국이나 소련의 대리인이라고 생각했다. 저들은 이것이 외국의 기금이라는 것을 두려워해서 광주와 관계된 모든 것을 저지하려 했다. 우리가 2016년에 받은 외국 돈은 광주의 돈뿐이었고 그것은 적은 금액의 인권상 시상금이었는데, 그들은 이것을 증거로 가져갔다. 그리고 광주 행사에 참여한 사람은 누구나 입국을 금지한 것이다. 필리핀 인권위원회의 치토가 입국금지 당했을 때 필리핀 선거위원회 소속의 다른 동행인들은 통과되었다. 재미있는 사실은 그가 말레이시아 인권위원회와 코피아난재단이 함께 주최한 공식적인 행사, 나집 전 총리의 포럼에 발표자로 왔다는 것이다. 총리의 행사에 온 것인데도 저지당했다. 결국 그는 말레이시아 인권위원회의 도움으로 입국할 수 있었지만, 단지 광주의 행사에 참석했다는 이유로 이런 일들이 벌어졌다.

게다가, 그보다 여러 해 전에 학생 신분으로 5·18기념재단을 통해 광주에 가서 인턴십을 한 아민 이스칸다르[58]와 다른 이들도 모두 경찰에 소환당해 조사를 받았다. 그들은 '광주가 누구냐?', '5·18기념재단이 누구냐?' 하고 의심한 것이다. 사실 그 배경은 이렇다. 전 정부는 우리가 소로스재단(OSF)에서 돈을 받아 정부를 전복하려 했다고 말했다. 우리는 2011년에 소로스재단에서 돈을 좀 받았지만 많은 금액은 아니었다. 그런데 2012년에 정부 매체인

---

[58] 앞서 언급된 〈말레이시안 인사이더〉와 그 후신 〈말레이시안 인사이트〉의 전 기자와 동일인이다.

〈뉴 스트레이츠 타임스〉(암노 소유인 '미디어 프리마' 산하)가 버시와 인권단체 '수아람'을 비롯한 많은 엔지오들이 정부를 불안정하게 만들려는 계획의 일환으로 외국으로부터 자금을 수령했다고 보도했다. 우리는 이 일을 법정으로 가져가려다가 〈뉴 스트레이츠 타임스〉에 요구해 사과를 받아냈고 고소는 하지 않았다.

우리의 (깨끗하고 공정한 선거를 위한) 캠페인이 여당연합의 최대 정당인 암노의 총회 얼마 전에 있었기 때문에, 이들이 (우리에게 선거와 관련해) 외국의 돈을 받았다고 모함한 것은 매우 정치적인 것이었다. 그들은 2016년 암노 총회 전, 우리가 버시의 5번째 집회를 가지려 할 때 또다시 같은 일을 했다. 이번에는 〈뉴 스트레이츠 타임스〉가 아니라 미디어 프리마 산하의 다른 매체인 TV3으로 우리를 공격했다. 그들은 우리가 저번에는 500만 링깃(약 13억5000만원)을 소로스재단에서 받았다고 하더니 2016년에는 32억 링깃(약 8600억원)을 받았다고 했다. 32억 링깃이라고 한 것은 1MDB 스캔들의 횡령액이 26억 링깃이라서 그보다 많게 한 것이다. 버시가 1MDB보다 더 나쁘게 된 것이다(웃음). 사실은 이런 맥락에서 광주를 문제 삼았다.

2016년 당시 우리는 깨끗한 선거 캠페인을 위해 6개의 팀이 7주 동안 전국을 순회하고 돌아와 11월 19일 버시5 집회를 열 예정이었다. 그런데 전날 경찰이 버시 2.0의 사무실에 들이닥쳐 컴퓨터, 하드디스크, 은행 계좌, 재정 보고서 등 모든 자료들을 압수해 갔다. 버시 2.0의 의장인 마리아 친 압둘라와 버시의 매니저 만딥 싱(Mandeep Singh)은 연행되어 '보안위반특별조치법'(Security Offences Special Measures Act, SOSMA)으로 구금됐다. 하지만 그들은 증거를 발

샤룰 사리, 전 버시 2.0 의장 대행 겸 현 교육부 장관 언론비서관

2016년 버시 2.0이 공동수상한 광주인권상

버시 2.0 사무실의 활동가들

견할 수 없었고, 결국 1년 후 우리 컴퓨터와 모든 자료를 돌려주고 버시의 의장과 매니저도 돌려보내 사건을 종료했다."

버시 2.0이 2016년 9월 말부터 11월까지 7주 동안 전국을 순회한 이유는 국민들을 통합하기 위한 것이었다. 정치 상황을 잘 아는 도시인 들에 비해, 시골에는 정보가 잘 전해지지 않아 1MDB 부패 스캔들을 잘 모르는 사람도 많았기 때문이다. 버시 2.0의 임무는, 인종과 지역에 따라 정치적 견해가 항상 분열되어 있는 말레이시아 국민을 하나로 통 합해 정부와 정당들이 이들을 이용할 수 없게 하는 데 있었다. 인종과 지역에 따른 사람들 사이의 분열은 정부와 정당들이 조장해왔기 때문 이다.

샤룰 사리에 따르면, 버시 2.0의 의장과 매니저가 연행되었을 때 그 들에게 적용된 법은 '보안위반특별조치법'(SOSMA)이다. 이 법은 2012 년에 나집 전 총리가 1960년에 제정된 국가보안법(Internal Security Act, ISA)을 폐지하고 대신 만든 법이다. 국가보안법(1960년)은 예비구금법 으로, 영국 식민지 시기인 1948년 공산주의자들의 활동을 저지할 목적 으로 영국이 시행한 예비구금법에 기초해 있었다. 이 법은 정부에 비판 적인 행위를 하는 사람들을 탄압하는 데 사용되었다. 이를 대체한 보안 위반특별조치법 역시 논란이 많은 악법으로, 테러방지법, 범죄방지법 과 함께 한 사슬을 이루는 구금으로 불리고 있다.

뜻밖의 맥락에서 '광주'가 말레이시아 정부의 관심을 끌었던 2016년, 집권세력이 버시 2.0을 괴롭힌 방식은 다양하고 졸렬했다. 그들이 그 런 대처를 했던 것은 버시 2.0으로 집결된 국민의 힘에 대한 두려움 때 문이었을 것이다. 샤룰 사리는 당시의 상황을 전하면서 마지막에 다시 광주의 이야기를 다음과 같이 덧붙인다.

"광주와 관련된 사람들이 경찰에 불려가 조사를 받았던 2016년, 버시5의 집회와 관련해 6~7개월이 될 때까지 100여명이 소환돼 조사를 받았다. 정부가 우리를 법정으로 데려간 경우는 참으로 많다. '티셔츠가 불법이다', '집회가 불법이다', '인쇄언론출판법 불법이다', '우리가 폭력을 만들고 있다' 하면서 괴롭히고, 정부 관리와 관영 언론매체들을 동원해 흑색선전을 하고 우리에게 위협을 가했다. 심지어 그들은 텔레비전을 이용해 '우리가 소로스재단의 돈을 받았다', '이스라엘인, 유대교, 자이나교 등 종교 조직들과 불법적으로 연합했다', '버시는 반(反)말레이다', '반(反)이슬람이다', '테러리스트다' 하면서 선전했다. 하지만 우리는 법정 소송을 했고 매번 우리가 승리했다. 그들이 증거를 입증할 수 없었기 때문이다. 2016년 TV3이 우리에 관한 흑색선전을 했을 때도 우리는 법적 고지를 했다.

이 모든 상황 후, 2017년 내가 5·18재단을 통해 광주의 전남대학교에 한 달간 인권 관련 대학원 수업 특강을 갔을 때, 우리는 이를 공개하지 않았고 비밀리에 조용히 갔다. 귀국한 뒤에도 공개하지 않았다. 이제는 괜찮다(웃음). 그래서 우리는 2018년 5월 광주인권상 시상식에 버시 2.0의 임원 두 명을 보냈다."

*   *   *

말레이시아는 현재 역사적인 전환점에 서 있다. 국민들은 '말레이시아를 위한 새로운 시작'이라는 의미로 '뉴 말레이시아'(New Malaysia)

라는 표현을 사용하고, 모두들 '뉴 말레이시아'의 구현을 기대하고 있다. 그러나 기대에 못지않게 그것이 또한 매우 어려운 과제임을 이들은 잘 알고 있다. 그것은 항상 정치에 얽혀 이용당해온 인종문제, 지역문제의 해결책을 고심해야 한다는 점이고 민족 정체성을 고민해야 한다는 점이다. 이는 단지 정부를 바꾸는 것만이 아니라, 사람들의 사고방식과 문화를 바꿔야 하는 어려운 과제이기도 하다.

인권변호사 샤레잔 조한은 말레이시아인들에게 주어진 도전과제로, 정부의 개혁 약속이 실현되게끔 시민사회단체가 계속 정부를 감시하고 압박해야 한다는 점, 제도적 개혁을 이루어 더 이상 예전과 같이 총리 한 명에게 모든 권력이 집중되지 않게 분산해야 한다는 점과 더불어, 국민의 사고방식을 바꾸어야 한다는 점을 지적하고 있다. 선거로 정부를 바꾸었지만 사람들의 사고방식과 문화를 바꾸는 것은 또 다른 문제이기 때문이다. 그는 바꾸어야 할 사고방식과 문화의 예를 다음과 같이 들고 있다 : "사람들은 총리가 수십억 달러를 횡령한 것은 부패라고 생각하지만, 경찰에 불려가지 않기 위해 50링깃을 주는 것은 괜찮다고 생각한다." 사회 전반에 스며 있는 부패문화를 척결하고 사고방식을 변화시키는 것은 말레이시아인들이 지향하는 '뉴 말레이시아'의 또 하나의 주요 과제이다.

2018년 5월 9일 총선 승리로 정권을 잡은 희망연대(파카탄 하라판) 구 야당연합은 진보적인 시민사회단체들과 가까운 관계에 있었기 때문에, 시민사회단체 활동가들 중에서도 새로 출범한 행정부에 발탁되어 참여하게 된 사람이 적지 않다. 전 〈말레이시안 인사이더〉와 〈말레이시안 인사이트〉의 기자 아민 이스칸다르는 국방장관의 언론비서관으로 임명되었고, 인권변호사 샤레잔 조한은—행정부는 아니지만—

민주행동당(DAP)의 연방선거구 하원의원 림 킷 시앙의 정치비서관으로 발탁되었다. 버시 2.0의 매니저였던 만딥 싱은 새 정부의 통신멀티미디어부에서 일하고 있고, 전 의장 마리아 친 압둘라는 하원의원으로 당선되었다. 인터뷰 당시 마리아 친을 대신해 의장 대행 업무를 수행하던 샤룰 사리는 최근 교육부 장관의 언론비서관으로 임명되었다. 행정부 안팎에서 또 의회 안팎에서 전·현직 활동가들이 나름의 역할을 해나가겠지만, 말레이시아의 개혁 과정에는 여전히 험로가 기다리고 있을 것이다.

독립 이래 61년 만에 처음으로 이루어진 말레이시아의 정권교체는 여러 해 동안 시민사회가 힘들게 일한 결과이다. 이제 사람들은 민주주의와 인권에 대한 인식으로 변화의 첫걸음을 내디뎠다. 이는 버시 2.0의 사무국장 얍 스위 셍이 말하듯이 "종교·인종·민족·언어·문화가 다른 사람들이 부패하고 억압적인 권력에 대항해 결집했기 때문에 가능"했던 일이다. 얍 스위 셍은 그러나 "우리의 예전 친구이자 동맹이었던 새 정부에 대해 우리가 오랫동안 요구해온 개혁들을 잘 수행하는지 감시하고 점검을 계속할 것"이라고 말한다. 권력을 가진 자는 그 권력을 유지하려는 속성이 있고, 권력을 분산하거나 국민에게 더 많은 권력과 권리를 주기가 쉽지 않다. 그렇기 때문에 이제 말레이시아의 시민사회단체와 독립언론들은 더욱 철저하게 비판자와 감시자 역할을 해야 할 것이다.

5장

싱가포르

언론으로부터 자유로운 싱가포르 정부

싱가포르 언론은 서구 자유주의 국가처럼 권력의 제4부 역할을 할 수 없다. 기자들이 정치지도자와 정부 정책에 대한 비판 기사를 자유로이 쓸 수 없기 때문이다. 만약 언론인들이 선출된 권력자나 그들이 행한 정치적 행위에 대해 비판 보도를 할 경우 모두 형사처벌된다. 기자들은 사적으로 정치권력에 국민의 민심을 전달하거나 정부 정책 방향에 대해 충고를 할 수 있을 뿐이다. 즉, 싱가포르 정치권력과 언론의 관계는 지배자와 피지배자의 관계이지 상호 견제와 비판을 통한 사회의 동지적 관계가 아니다.

싱가포르 초대 총리이자 국부로 추앙받고 있는 리콴유(李光耀)는 1959년 말레이시아-싱가포르 연방국가 시절 싱가포르 자치령 선거에서 "싱가포르 어떤 누구도 선출된 정부의 정당성을 훼손하는 글을 쓸 수 없다. 그것은 정당의 일이지 언론의 일이 아니다"라고 말했다. 리콴유의 이 같은 언론관이 법과 제도로 정착되면서 비판적인 언론사들은 폐간됐다. 기자들은 체포되거나 가택연금 됐다. 심지어 싱가포르 국내 정치를 비판하는 외신들조차도 국가사회주의자 리콴유의 언론관에 굴복했다. 권력에 대한 언론의 비판이 거세된 것이다. 이런 싱가포르의 상황에 대해 체리안 조지(2012)는 "싱가포르에서 언론의 자유는 정부로부터의 자유다"라고 주장했다.

그런 의미에서 싱가포르는 민주주의 국가가 아니다. 언론과 사상 그리고 표현의 자유가 민주주의의 전제조건이기 때문이다. 비록 싱가포르가 삼권분립을 법적으로 보장하고 있다고는 하지만, 정치권력이 입법권과 사법권 위에 존재한다. 이런 권력의 위계가 언론에도 적용된다. 그래서 싱가포르 언론자유지수는 경제협력개발기구(OECD) 중 최하위다.

권위시대가 아닌 시장주의가 지배하는 상황에서 어떻게 이러한 언론통제 방법이 가능한 것일까? 사물을 비판적으로 보도하는 것을 생업으로 하는 기자들은 어떻게 비판을 거세당했는가? 왜 이런 상황에도 저항하지 않는가? 이번 장은 이 질문들을 중심으로 분석해 보겠다. 싱가포르에 대한 전반적 개요와 정치 경제학적 제도 변화, 언론법과 제도의 변동 추이와 편집국 내부의 통제 시스템 그리고 인터넷 언론의 역할 등을 중심으로 논의하겠다.

1
———

국가사회주의-싱가포르
근대 풍경들

싱가포르는 영국과 일본의 식민지였다. 이 나라는 1941년까지 영국의 식민지였고 42년부터 45년까지는 일본의 지배를 받았다. 세계 자본주의 역사에서, 영국은 말레이시아, 싱가포르, 플라카(말라카) 그리고 브루나이 등을 해협식민지로 분류한 다음 영국 동인도 회사를 통해 일괄 통치했다. 2차 세계대전이 끝난 이후, 해협식민지들은 느슨한 연대 형태인 연방 체제를 유지하다 각각 독립국가의 길로 나아갔다. 싱가포르는 1959년부터 1963년까지 말레이시아와 연방 국가 체제를 유지하다, 1965년 공화국으로 독립했다.

싱가포르가 20세기 초반부터 국제 항구도시로서 위상을 갖추게 된 것은 식민지 역사와 지형학적 특징의 결과물이다. 이 나라는 인도양과 태평양을 연결하는 아시아 대륙 남동쪽 끝에 위치해 있다, 이런 지리적 특징은 싱가포르가 국제 항구도시로서 개발될 수 있는 장점을 제공했다. 영국과 일본 등 제국주의자들이 식민지였던 인도차이나 반도와 인도네시아 그리고 말레이시아에서 찬탈한 지하자원을 가공하기 위해 본국으로 보내야 했기 때문이다.

싱가포르 공화국은 인구 500만의 다민족 다인종 도시국가이다. 대략적인 인구 구성비는 중국인 74%, 말레이시아인 13%, 인도인 9% 그리고 소수 인종 4%다. 인구 구성비율은 언어 사용 인구 비율과 유사하다. 이들이 믿는 종교도 인종에 따라 상이하다. 중국계 대다수는 불교나 도교 신자들이고, 중국계와 인디언계 대부분은 무슬림을 종교로 갖고 있다. 싱가포르 정부는 영어, 중국어, 말레이어 그리고 타밀어 등을 국가 공식 언어로 지정했다. 하지만 직장과 학교에서 사용할 수 있는 언어는 영어뿐이다. 미디어는 4개의 언어 시장으로 나뉘어 있다. 싱가포르 인종 정책은 공공주택 할당이나 학교 언어 수업 그리고 선거 과정에까지 영향을 미친다. 예를 들면, 중국계 싱가포르인들은 만다린 중국어를 배워야 하며, 서열을 중요시하고 지역 화합을 강조하는 유교적 가치를 습득해야 한다. 말레이 싱가포르인의 경우 말레이어를 익혀야 하고 이슬람교를 숭상해야 한다.

싱가포르 도서관에서 열린 초창기 광고전시회

싱가포르는 외형상으로는 의원내각제이지만 국민행동당(People's Action Party, PAP) 중심의 권위주의 독재체제다. 국민행동당은 말레이시아와 연방 국가를 형성한 1959년부터 1963년

싱가포르 식민지 시절 다국적기업 광고 사진들

싱가포르 초창기 광고 속 싱가포르

까지 그리고 독립한 1965년 이후 현재까지 싱가포르를 지배하고 있다. 1959년 영국 식민 정부에 의해 자치령을 인정받은 이후 한 번도 집권 정당이 바뀐 적이 없다. 그래서 싱가포르를 국가사회주의 독재 모델이라 부른다. 엘리트 정부가 국민의 정치 사회적 자유를 제한하되 경제성장과 사회 안정성을 보장한다는 측면에서 제왕적 정치체제다. 소수의 엘리트가 의회와 행정부를 이끌고 사법부와 언론 등 사회기관들은 엘리트를 보좌하는 수준에만 머물러야 한다는 측면에서 상당히 권위주의적이다. 1959년부터 1990년까지 싱가포르 총리를 지낸 리콴유가 이 모델을 개발 정착시켰다. 비록 그는 2015년에 세상을 떠났지만 이 모델은 여전히 효과를 발휘하고 있다. 그의 아들인 리셴룽이 2004년부터 싱가포르 총리를 맡고 있기 때문이다.

이 같은 이씨 가문의 권력 세습에 대한 어떠한 비판도 싱가포르 언론에는 나오지 않는다. 선출된 권력과 고위 관료에 대한 비판이 법으로 금지돼 있기 때문이다. 싱가포르 언론은 정치권력에 대한 비판은 거세돼 있고 상업적인 콘텐츠에 집중하고 있다. 광고주의 이익에 충실한 언론이다. 이런 싱가포르 모형을 '개발언론'(development journalism)이라 부른다. 정치권력이 국가 건설과 경제적 성공 그리고 사회적 번영과 통합을 위해 언론의 자유를 제한할 수 있는 것을 지칭한다. 정부가 기대하는 언론의 역할은 두 가지다.

첫 번째 언론 역할은 대중들이 경제개발을 통한 부강한 국가 건설을 위해 노력하는 정치적인 지도력을 따를 수 있도록 국가와 국민 간의 소통 창구 역할을 해야 한다. 국가의 생존을 위해 도구가 되라는 뜻이다. 지하자원도 없고 다양한 인종이 모여 사는 다민족 도시국가인 싱가포르가 부강한 국가가 되기 위해선 국민들은 교육을 잘 받아야 하고 일정한 사회권도 제한받을 수 있다는 논리를 전파하라는 의미다. 두 번째 언론의 역할은 지역 공동체 협력과 사회적 화합을 위해 아시아적 가치를 널리 전파해야 한다는 것이다. 아시아적 가치는 공동체 화합과 연장자를 존중하는 위계질서를 강조하는 유교의 전통을 싱가포르 정치체제와 결합해 만든 이념이다. 이 가치는 싱가포르의 제왕적 권위주의 체제를 지탱하는 중요한 정치적 이념이다. 서열을 중시하는 아시아적 가치는 정치권력과 언론 사이에도 적용된다. 선출되지 않은 권력인 언론은 선출된 정치권력과 고위 공무원을 존경하고 보좌해야지 비판해서는 안 된다. 기자들은 정부의 부당한 권력 행사를 비판하기보다는 정부의 뜻을 적극적으로 국민들에게 전달하고 국민들의 불만을 정부에 전달하는 시민 관료에 머물러야 한다.

2

언론 독재자, 리콴유

1973년 리콴유는 언론인 클럽 모임에서 다음과 같이 발언했다.

"매일 아침 나는 4~5개의 신문을 읽는다. 이 일은 매우 귀찮은 일이다. 때때로 나는 상스럽고 저열한 내용들을 적어둔다. 나는 그런 것들과 함께 살 수 있다. 그러나 신문들이 이 같은 언어와 문화 종교적인 독약들을 매일 쏟아낸다면, 내가 선두에 나서 싸울 준비를 할 것이다. 만약 당신들이 이런 일을 계속한다면, 나의 준비는 행동으로 옮겨질 것이다."

국가 사회주의자 리콴유의 발언은 빈말이 아니었다. 언론사 발행인들이 모인 자리에서 공개 경고를 한 그는 1년 뒤 1974년 법과 제도를 통해 행동으로 옮겼다. 그의 싱가포르 언론 비판 거세 작전이 시작된 것이다. 그는 1970년대 비판적인 국내 언론사와 중국의 전통을 강조하는 비판적인 중국어 신문을 몰살시켜 버렸다. 중국어 신문에 자금을 제공했던 미국계 은행에도 항복을 받았다. 그의 강공책은 1980년대 싱가포르 국내 정치에 유일하게 비판적인 외국 언론사들을 제압했다. 그 결과, 싱가포르 국내 정치를 정기적으로 비판하는 언론사는 사라졌다.

역사적으로, 리콴유가 언론을 그의 방식으로 통제하기 위해 언론법과 제도를 이용하기 시작한 것은 공산주의와 자본주의 이념 대리전쟁이었던 베트남 전쟁 때인 1970년대와 시장 중심주의 이데올로기가 제도화되기 시작한 1980년 중반이다. 리콴유가 언론을 장악하기 위해 사용한 법은 영국 식민지 때 제정된 국가보안법(Internal Security Act), 신문출판법(Newspaper and Printing Presses Act), 공직기밀법(Official Secrets Act) 그리고 명예훼손과 법원모독죄 등이다.

국가보안법(ISA)은 싱가포르 사회를 해칠 우려가 있는 사람은 재판 없이 2년간 감금할 수 있도록 규정하고 있다. 제국주의자의 식민지 언론 탄압 방법이었던 국가보안법의 사회 안정을 해친다는 애매한 규정은 해방 이후에도 위력을 발휘했다. 리콴유는 이 법을 근거로 1970년대부터 싱가포르 국내 정치에 비판적인 언론인과 언론사를 탄압하는데 활용했다. 이 법이 적용된 곳은 싱가포르에서 발행되는 가장 많이 읽히는 중국어와 영어 발행 신문사들이었다.

1977년 신문시장 현황을 살펴보자. 당시 15개 언론사가 약 52만 7000 부수를 판매했다. 이 중 12개 언론사가 일간지였다. 언어별 판매 유가 부수는 중국어, 영어, 타밀어 순위였다. 4개의 중국어 발행 언론사가 전체 시장 규모의 46% 정도를 차지하는 24만6500 부수를 발행했다. 3개의 영자지 시장 점유율은 약 41% 정도였다. 나머지 13% 시장은 타밀어, 말레이시아어 등이 나눠 가졌다.

하지만 이러한 중국어와 영어 발행 위주의 신문 시장 특징은 리콴 유의 자유 언론 탄압과 영어우선주의 정책으로 변화했다. 싱가포르 인 구 비율에서 화교가 74%를 차지한다 할지라도, 중국어 신문은 시장에 서 서서히 사라졌다. 가장 큰 이유는 리콴유의 직접적인 중국어 신문 탄압이다. 1971년 일간지 〈남양상보〉(南洋商報)와 〈성주일보〉(星洲日報) 가 폐간됐다. 싱가포르 경찰은 국가보안법을 근거로 두 신문의 발행인 과 기자들을 체포 구금했다. 이들 언론인의 혐의는 공산주의 사상을 추 종해 사회 불안을 야기했다는 간첩 혐의였다. 하지만 이것은 사실이 아 니다. 왜냐하면 말레이시아와 싱가포르에서 동시에 중국어로 발행되는 이 신문의 주요 내용은 화교들의 경제활동 등을 주로 보도했기 때문이 다. 당시 간헐적으로, 편집인들과 기자들이 리콴유의 영어 우선주의 정 책의 불합리성을 지적했다. 〈남양상보〉는 또한 싱가포르 정부가 인구 의 다수를 차지하는 중국인들을 배려하지 않는다고 지적하면서 중국 어를 싱가포르 행정 공식 언어로 지정해줄 것과 중국 문화를 존중할 수 있는 교육과정을 개설해줄 것 등을 요구했다. 〈성주일보〉도 옥스퍼 드 출신 변호사이자 영어 사용자인 리콴유와 그의 측근들이 중국인들 을 위한 정책을 소홀히 하고 있다고 지적했다.

그러자 국가사회주의 정권은 〈남양상보〉와 〈성주일보〉 소속 기자 들을 간첩 혐의로 체포하고 신문을 폐간시켰다. 이에 대해 〈남양상보〉 발행인은 항의의 의미로 백지 신문을 발행하고, 그 이유를 독자에게 지 면으로 설명했다. 그러자 리콴유는 〈남양상보〉가 공산주의 이념을 전 파하고 인종갈등을 조장했다는 혐의로 4명의 언론인을 국가보안법 위 반으로 체포 구금했다. 발행인은 재판 없이 가택연금에 처해졌고 그 기 한은 5년 동안 지속됐다.

리콴유가 이처럼 중국어 신문을 강하게 탄압한 것은 싱가포르 인종의 다수를 점하고 있는 중국계 싱가포르인들의 정치적 성장을 꺼렸기 때문이다. 더 엄밀히 살펴보면, 싱가포르의 좌경화에 대한 강한 두려움 때문이었다. 국제적 물류도시이자 금융도시로서 경제개발 계획을 갖고 있던 그의 가장 큰 우려 중 하나는 싱가포르 거주 중국인들이 공산화된 중국 본토와 연계되는 것이었다. 이런 정치적인 이유 때문에 1970년대 정치적인 성향의 중국어 신문들은 몰살당했다. 이 사건 이후 중국계 싱가포르인들은 정치와의 관계보다는 경제계로 발길을 돌렸다.

독재자 리콴유는 국가보안법을 외국신문에도 적용했다. 1971년 정권에 비판적인 영어 일간지 〈이스턴선〉(Eastern Sun)을 폐간하고 기자들을 간첩 혐의로 체포했다. 하지만 이것은 핑계였다. 다국적 기업 오너이자 홍콩에 본부를 둔 이 신문의 사주 워(Aw) 가문에 대한 두려움 때문이었다. 동남아시아에서 가장 많이 팔리는 호랑이 연고를 제조 판매하는 홍콩 화교 가문이 싱가포르에서 영향력을 키우는 것을 꺼렸기 때문이다. 잠재적 경쟁자를 제거하기 위해 국가보안법을 악용해 정권에 비판적인 외국신문을 강제 폐간했다.

리콴유의 이같은 폭거는 대내외적인 저항을 불러왔다. 문화 영자지 〈싱가포르 헤럴드〉(Singapore Herald)는 〈이스턴선〉을 폐간한 것과 기자들을 간첩으로 체포한 것은 명백한 언론 탄압이라고 비난했다. 그러자 리콴유는 이 신문에 게재 예정이던 정부 광고를 철회하고 면허 허가권을 취소했다. 또한 외국인 취업 비자를 통해 이 신문사에서 일하고 있는 외국 기자들을 국외 추방했다. 리콴유의 이 조치에 대해 외국인 취업 비자를 갖고 싱가포르 영자지에서 근무하는 기자들이 연대하기 시작했다. 이들은 무료로 자발적으로 〈싱가포르 헤럴드〉 지면에 자신들

1971년 〈스트레이츠 타임스〉 파업 사진

1971년 〈스트레이츠 타임스〉 파업 상징물

1971년 〈스트레이츠 타임스〉 파업 당시 편집국 모습

의 기사를 게재하기도 했고 자사 기자를 파견하는 언론사도 있었다. 특히 〈홍콩 스탠더드〉(HongKong Standard) 발행인인 싱가포르 헤럴드에 50만 미국달러를 지원했다. 이에 격분한 리콴유는 홍콩 스탠더드의 발행인을 싱가포르로 소환했다. 동시에 공항에서 사과 기자회견을 하지 않을 경우 면허를 취소하겠다고 위협했다. 그는 또한 미국의 체이스맨해튼(Chase Manhattan)은행에 〈싱가포르 헤럴드〉에 대한 자금 지원 중단을 요구했다. 이러한 리콴유의 권위주의적인 언론 탄압 행위는 국민들의 반발을 불러왔다. 싱가포르 국민들은 헤럴드를 구하자는 운동을 전개했다. 이는 1975년 한국 동아일보 기자들이 정부의 강압적인 언론정책에 반발해 언론 자유투쟁을 벌일 당시 국민들이 백지광고와 부수 배가 운동을 전개한 것과 유사한 양상이다. 싱가포르 국민들의 전폭적 지지에 힘입어 이 신문의 발행부수는 4배까지 증가했다. 하지만 언론자유 투쟁의 기쁨은 짧았다. 전체주의 독재자 리콴유가 신문 발행을 취소하고 신문 제작에 자발적으로 참여한 취업 비자를 갖고 있는 외국 기자들을 국외 추방했기 때문이다.

두 번째 언론탄압 도구는 1974년 제정된 신문출판법이다. 이 법은 싱가포르에서 발행되는 국내외 모든 신문은 정부 허가를 매년 받도록 강제 규정하고 있다. 또한 모든 언론사는 기업을 공개해 주식시장에서 거래하도록 했다. 공개된 신문사는 성격이 다른 '경영'과 '일반' 두 종류의 주식을 발행하도록 했다. 경영주식은 정부의 허가를 받는 사람이나 법인만 소유할 수 있다. 하지만 일반주식은 아무도 소유할 수 있다. 두 주식의 또 다른 차이점은 경영주식은 회사 경영과 기사의 논조에 관여할 수 있다. 하지만 일반주식은 배당만 받을 수 있고 회사 경영 권한을 행사할 수 없다. 여기에 경영주식은 싱가포르인만 소유할 수 있다.

특별히 정부 허가를 받은 외국인도 경영주식을 소유할 수 있기는 하지만 조건이 까다롭다. 이 법은 또한 동일 가문이나 동일 법인은 최대 5%까지만 주식을 소유할 수 있도록 했다. 1977년 법 개정을 통해 3%로 낮췄다. 이는 결과적으로 가족 신문사를 시장에서 퇴출시켰다. 반대로, 국영 기업의 신문사 내부 영향력은 강화시켰다. 왜냐하면 모든 신문사의 일정 부분의 경영주식을 반드시 국영기업체에 배정하도록 했기 때문이다. 그래서 발행부수가 많은 신문사의 경영진이나 이사들은 대부분 전직 고위직 관료들이다. 리콴유의 측근들이 싱가포르 언론사의 경영진으로서 소유와 논조를 조율하고 있는 것이다. 즉, 이 신문출판법은 리콴유 정부가 신문사를 직접 소유하고 편집국을 장악할 수 있는 제도적 포문을 열어줬다.

특히, 신문출판법은 1980년대 개정을 통해 싱가포르에서 유통되는 모든 외국 언론사 지면에서 싱가포르 국내 정치 비판기사 게재를 금지했다. 국내 정치는 싱가포르 정치제도, 정치적 이념, 공공기관의 활동 등을 포함한다. 국내 이슈를 정부 허가 없이 외국신문이 보도할 경우, 싱가포르 내 신문 배포를 금지하고, 싱가포르 관보에 그 내용을 싣도록 했다. 심지어 1990년대에는 싱가포르에서 300부 이상 팔리는 외국신문사들은 반드시 정부 허가를 받도록 했다. 이 법은 효과를 즉각적으로 발휘했다. 예를 들면 홍콩에 본부를 둔 광고 경제지인 〈미디어〉(Media)는 이 법 발휘 이후 판매부수가 1500부에서 300부 미만으로 떨어졌다.

싱가포르 정부는 또한 명예훼손과 법정모독죄로 외국 언론사들의 기사의 예봉을 꺾었다. 외국인 소유 신문과 방송사들이 싱가포르 사법당국 판결을 비판할 경우 벌금 부과 항목을 신설했다. 1974년 〈뉴스위크〉(Newsweek)가 싱가포르 법원이 국민행동당 일당 정당 제도를 옹호하는 판결을 내리자 이를 비판하는 기사를 실었다. 그 결과 이 잡지사와 이를 보도한 기자들은 벌금 1500싱가포르달러를 내야 했다. 1991년 〈아시안 월스트리트 저널〉이 외국계 진보적 매체인 〈파이스턴 이코노믹 리뷰〉(Far Eastern Economic Review)가 연관된 명예훼손 판결에 대해 부당함을 지적한 것은 사법부를 능멸하는 것이라며 벌금 9000싱가포르달러를 부과했다. 유사하게 1995년 〈인터내셔널 헤럴드 트리뷴〉(International Herald Tribune)이 싱가포르 여당 지도자들이 법원 판결에 의존해 야당 정치인들의 경제적 어려움을 가중시키고 있다고 보도했다. 그 결과 이 신문은 법정모독죄로 벌금 2만500싱가포르달러를 내야 했다. 심지어 당시 총리였던 고촉통이나 전 총리 리콴유를 비판한 외국 매체들의 벌금 액수는 각각 67만8000미국달러와 21만4000미국달러에 달했다. 이 같은 싱가포르 법원의 벌금 판결이 이어지자 〈인터내셔널 헤럴드 트리뷴〉은 싱가포르 국내 정치에 대한 비판적인 기사를 아예 다루지 않기로 결정했다.

마지막으로 언론을 탄압하는 법은 공직기밀법(Official Secrets Act)이다. 이는 기사를 취재하는 취재원과 언론사를 동시에 탄압하는 방법이다. 실제로 〈비즈니스 타임스〉(Business Times)가 1994년 정부의 공식 발표가 있기 전 싱가포르 경제성장률을 발표했다가 공직비밀법 위반으로 관련자 5명이 벌금 2만1000싱가포르달러를 냈다.

요약하자면, 국가 사회주의자 리콴유는 국가 발전과 사회 안정이란 명분으로 국내외 언론을 탄압했다. 국민행동당 당수이자 총리였던 그는 식민지 언론법 개악과 언론사 주식 소유 제한을 통해 싱가포르 모든 언론사를 장악했다. 특히 국민행동당 정책에 비판적인 중국어 신문들을 몰살했다. 선출되지 않은 권력인 중국어 언론이 선출 권력인 싱가포르 국민행동당과 당 대표인 그를 비판하는 것을 용납하지 않았다. 이런 억압적인 언론 탄압정책은 외신들에도 그대로 적용됐다. 여기에 명예훼손과 법정모독죄란 죄목으로 외신들의 싱가포르 비판 기사를 용납하지 않았다. 독재자의 승리였다.

3

———

국가사회주의 미디어 재벌

복합미디어 기업 등장은 미디어 시장주의라는 세계적인 흐름과 함께 등장했다. 신자유주의와 동의어인 시장주의는 작은 정부와 시장의 자율을 최대한 보장하는 기업 우선주의 경제이념이다. 시장에선 기업 소유 규제 완화와 공기업 사기업화란 형태로 나타난다. 시장 우선주의는 공공의 이익을 사적 이익보다 상대적으로 우선시하는 전 세계 미디어 산업에도 영향을 미쳤다. 기업간 인수 합병을 활성화시키기 위해 각 기업의 소유 규제를 완화했다. 또한 통신과 방송 등 국가가 소유하고 있던 기업들을 대자본이 소유할 수 있도록 사유화했다.

이 같은 과정은 서구와 아시아에서 동시에 유사한 유형으로 진행됐다. 다만 한 가지 차이점이 존재한다. 미국과 영국 등 서구권 국가들은 기업이 주도적으로 미디어 시장주의를 이끈 반면, 아시아에선 국가가 주도적으로 미디어 자유화를 추진했다는 점이다. 특히, 싱가포르는 아시아 국가 중에서 앞장서서 시장주의를 미디어 산업에 접목했다. 리콴유

정부는 1980년 초반 싱가포르를 아시아 물류 중심지에서 금융 허브지로 변모시키기로 결정했다. 이를 위해 미디어 대형화와 정보기술(IT) 산업 육성에 총력을 모았다.

여기에, 정치적인 변수도 함께 작용했다. 1981년 국회의원 선거에서 싱가포르 국민행동당은 비록 집권 여당으로서의 지위를 잃지는 않았지만 예년에 비해 낮은 득표율과 의석수를 얻었다. 국민행동당 지도부는 선거에서 신승을 거둔 것은 폐간과 복간을 반복하고 있는 〈남양상보〉와 〈성주일보〉 등 중국어 신문의 당에 대한 비판적 기사 때문이라고 진단했다. 그래서 싱가포르 정부는 1982년 이 두 신문사를 싱가포르 뉴스 퍼블리케이션 리미티드(Singapore News and Publications Limited, SNPL)에 합병시켰다. 1년 뒤인 1983년 〈남양상보〉는 〈연합조보〉로, 〈성주일보〉는 〈연합만보〉로 개명했다. 싱가포르 정부는 또 1984년 에스엔피엘(SNPL)을 〈스트레이츠 타임스〉를 발행하는 스트레이츠그룹과 합병해 싱가포르 프레스 홀딩스(Singapore Press Holdings, SPH)를 설립했다.

이 회사는 아시아 최초 복합 미디어 기업이다. 에스피에이치(SPH)는 1984년 싱가포르 주식시장에 상장됐다. 이 회사의 소유지분은 싱가포르 정부뿐만 아니라, 영국, 타히티, 싱가포르, 뉴질랜드, 오스트레일리아, 태국, 브루나이, 말레이시아, 홍콩 출신의 기업들이 갖고 있다. 앞서 설명했듯, 싱가포르는 의사 결정 과정에 영향력을 행사할 수 있는 '경영' 주식과 배당만 받을 수 있는 '일반' 주식으로 나뉜다. 다국적 기업들이 소유하고 있는 에스피에이치의 경영 주식은 모두 싱가포르 정부의 허가를 받았다. 이외의 경영 주식은 정부 통제하의 싱가포르 금융 공기업들이다. 이 회사의 자금력은 싱가포르 주식시장 순위에서 10위권

이내에 해당된다. 이 규모는 설립된 1984년부터 현재까지 변하지 않고 있다.

에스피에이치의 대주주는 표면적으로 싱가포르 금융기업들이다. 하지만 싱가포르 정부가 가장 큰 영향력을 행사하고 있다. 금융회사들과 다국적 기업 소유 주식들은 싱가포르 정부의 통제 권한 아래에 놓여 있기 때문이다. 즉, 아시아 최초 복합 미디어 기업의 실질적 대주주는 싱가포르 정부다.

싱가포르 정부의 영향력은 조직의 최고 의사 결정 기구인 이사회를 통해 드러난다. 대부분의 이사회 임원과 의장은 리콴유 측근들만

2018년 현재 발행되고 있는 싱가포르 신문

임명된다. 초대 의장은 인도계 싱가포르인인 전 싱가포르 국가정보원 책임자 나산(S. R. Nathan)이다. 그는 1988년까지 이 복합 미디어 기업을 이끌었다. 그 이후 전 싱가포르 내무부 장관이자 부총리 출신 쫑익민(Tjong Yik Min)이 1994년부터 2002년까지 회장 직을 수행했다. 그는 9년 뒤 2011년부터 2017년까지 에스피에이치 이사회 의장으로 복귀했다.

이 복합기업의 대표적인 신문 브랜드는 영어지 〈스트레이츠 타임스〉(Straits Times)다. 1845년 영국 식민지 시대부터 발행된 이 신문은 말레이시아와 싱가포르 양국에서 동시 발행 유통되어 오다가 2005년 이후 각 나라에서 별도 발행되고 있다. 이외 영자신문은 일요일판 〈선데이 타임스〉(Sunday Times), 〈더 뉴 페이퍼〉(The New Paper)와 〈비즈니스 타임스〉(Business Times) 등이 있다. 또 중국어 일간지 〈연합조보〉 등을 발행하고 있다. 또한 말레이어 일간지 〈베리타 하리안〉(Berita Harian), 중국어와 영어 2개 국어 발행신문 〈마이 페이퍼〉(My Paper) 등도 발행한다. 이외에도 방송, 잡지, 출판, 음악 사업 등을 벌이고 있다.

싱가포르에 하나의 언론기업만 존재한다는 비난을 피하기 위해 싱가포르 정부는 정부의 홍보 방송국이었던 미디어코프(MediaCorp)를 지상파 상업 방송국으로 법인화했다. 싱가포르 유일 지상파 방송국이다. 투자 회사인 테마섹 홀딩스가 미디어코프 주식 80%를 소유하고 있다. 하지만 미디어코프도 싱가포르 정부가 실질적 최대 주주다. 왜냐하면, 테마섹홀딩스는 국유 투자회사이기 때문이다. 여기에, 에스피에이치가 미디어코프의 방송 사업 부문(20%)과 신문 사업 부문(40%)의 주식을 보유하고 있다.

광고 수입으로 운영되는 미디어코프의 주요 콘텐츠는 오락과 정부

홍보물을 혼합 가공한 것이 대부분이다. 미디어코프의 대표 브랜드는 '채널 뉴스아시아'(Channel NewsAsia)다. 싱가포르 텔레비전과 라디오 방송 시장 최대 강자이다. 이 방송국은 또한 〈투데이〉(Today)란 무료 주간 신문도 함께 발행하고 있다. 미디어코프는 유료 방송 시장에도 진출해 있다. 브랜드는 스타허브(StarHub)와 미오티브이서비스(mioTV Service)이다. 이 두 유료 방송은 국내 뉴스를 반영하지 않는다. 이들은 〈비비시〉(BBC)와 〈시엔엔〉(CNN) 등 국제 뉴스만을 시청자들에게 제공하고 있다.

다시 말하면, 싱가포르 복합 미디어 기업인 에스피에이치와 미디어코프는 싱가포르 정부 통제하에 놓여 있다. 이들 각각의 기업이 신문과 방송 시장에서 다른 브랜드를 선보여 경쟁자처럼 보이지만, 싱가포르 정부가 사실상의 최대 주주이다. 경영 주식 소유와 거래 여부에 대한 최종 결정권이 기업에 없기 때문이다. 정부의 허가를 받지 않은 기업은 기업 내 통제 권한을 발휘하는 경영 주식을 소유할 수 없고, 시장에서 자유로이 주식을 거래할 수도 없다. 싱가포르 정부가 복합 미디어 기업 내부 통제를 통해 미디어 시장을 지배하는 시장 검열자인 셈이다.

4

편집국 통제 장치들

싱가포르 정부는 복합 미디어 기업을 출범시킨 이후 기사 논조에 대해 재갈을 물리기 시작했다. 통제 방식을 편집인과 기자들을 직접 신체적으로 위협하는 방식에서 정부 출신 관료들을 편집국 간부로 파견해 기사 논조를 조절하는 간접 방식으로 전환했다. 이는 싱가포르 정부가 언론사 내부의 권력 위계질서(이사회-경영진-편집국 책임자-기자)를 적극적으로 활용했다는 의미이다. 신문과 방송 시장 80%를 장악하고 있는 에스피에이치(SPH)와 미디어코프(Mediacorp)는 기업 이사회에 의해 편집국 내부가 통제됐다. 나머지 20% 정도 시장 점유율을 보이는 중소형 신문사와 방송사들도 정부 통제 아래에 있는 점은 동일하다. 다만 차이점은 복합 미디어 기업들이 이사회가 인사권을 통해 기사 논조를 조율한다면, 중소형 언론사들은 정부 제시 가이드라인 평가 점수에 따라 달라진다는 점이다. 이들 언론사가 가이드라인을 따르지 않았을 경우, 다음해 신문 면허가 거부된다. 중소형 언론사 사주들은 정부의 가이드라인을 적극적으로 따른다.

싱가포르 정부는 에스피에이치와 미디어코프 경영진만 임명하지 편집국에는 일체 관여하지 않는다고 공언한다. 실제 정부가 임명한 이들 두 언론사의 고위 책임자들은 대부분 옥스퍼드대학에서 교육을 받고 정부의 정보기관에서 10년 이상 근무한 사람들이다. 이들의 정보기관 근무부서는 첩보 수집이 아니라 조직 경영과 운영에 관한 업무였다. 정보기관 부서에서 운영을 담당했던 사람들이 복합 미디어 기업 경영에 대한 전권을 행사하고 있다.

하지만 2004년 싱가포르에서 가장 영향력 있는 신문사인 〈스트레이츠 타임스〉에서 취업 비자를 받고 일한 영어권 출신 기자가 전한 내부 분위기는 사뭇 다르다. 이름을 밝히지 않은 그는 싱가포르 언론사 내부의 폐쇄성을 비난했다.

"이 신문은 언론과 상관없는 사람들이 실질적인 편집인으로 권한을 행사한다. 나의 상관은 …(생략)… 정보기관 공무원이다. 다른 중요한 편집인들도 모두 싱가포르 고위직 관료들이거나 정부의 안보 업무를 본 사람들이다. 그들 모두는 정부 사람들의 일상을 감시하는 정보기관과 연결돼 있다."

이 글은 싱가포르 정부가 편집국 내부에는 관여하지 않는다는 공언이 거짓임을 드러낸다. 전직 정보기관 출신 공무원이 취재기자들에게 직접적으로 취재 지시를 내릴 수 있는 권한을 갖고 있는 것으로 보이기 때문이다. 사실, 싱가포르 정부가 이사회를 통해 신문사를 장악하자 기자들의'자기 검열'이 심화됐다. 이사회 최고 의장이나 이사들이 직접적으로 편집국 내부에 영향력을 행사하진 않지만, 그들이 기자들의 상사인 편집국장이나 부서 책임자 그리고 기자에 대한 최종 인사권을 갖고 있기 때문이다. 기자가 소신을 갖고 불의한 권력에 대한 비판 기사를 작성할 경우, 몇 가지 경우의 수를 계산해야 한다. 첫 번째로 기자에게 작동하는 필터는 '이 기사가 상사와 싸울 만한 가치가 있는 기사인가'라는 판단을 하기다. 두 번째 필터는 '어떻게 싸움이 전개될 것이며 어떻게 대응해야 할 것인가'를 미리 생각하기다. 마지막 필터는 '해고된다면 어떻게 생계를 해결할 것인가'이다. 대부분의 기자들은 첫 번째 필터에서 포기한다. 같은 부서에서 근무하는 상사와의 싸움은 엄청난 피곤함을 동반하기 때문이다. 하지만 가장 강력한 필터는 세 번째다. 일자리를 잃는다는 것은 주택을 포함한 모든 것을 잃는다는 것을 의미하는 싱가포르에서 실직의 공포는 기자들의 자기 검열을 심화시켰다.

이는 싱가포르 편집국에는 가시적으로 보이진 않지만 기자들이 자기 검열 필터를 자동으로 작동시킬 만큼 민감한 사안들이 존재한다는 의미이다. 이처럼 기자들이 자발적으로 취재보도를 꺼리는 주제를 아웃 오브 바운즈(out of bounds) 또는 오비(OB)라고 부른다. 이는 편집국 기자들이 기사를 작성할 때 심리적 자기 검열의 경계 부분을 말한다. 아웃 오브 바운즈는 '취재보도 금지 구역'이라 번역될 수 있다. 이 구역에 들어갈 수 있는 주제는 집권 여당과 고위 관료 그리고 정부 정책에 대한 비판 기사, 인종 갈등을 보도하는 기사, 종교적 내용에 관한 기사 등이다. 이는 싱가포르 언론에서 사라진 기사 영역이라고 주장할 수 있다. 경제개발선진국에선 흔히 발견할 수 있는 지면기사와 영상 리포트들이 도시국가인 싱가포르에서 사라졌기 때문이다.

서구 선진국 언론기사로 흔히 접하게 되는 인종과 종교 갈등이 싱가포르에서 금지된 것은 1950년 12월 11일 마리아 허토프 폭동 사건(Maria Hertogh Riots) 이후이다. 당시 싱가포르-말레이시아 연방체제에서 말레이시아 법원은 네덜란드 천주교 부모가 버린 소녀를 입양해 키운 말레이시아 회교도 부모에게 아이를 백인 친부모에게 되돌려 보내야 한다고 판결했다. 이에 대해 신문들은 이 사건을 '인종-종교' 갈등 프레임으로 보도했다. 법원 판결이 나온 이후 말레이시아와 싱가포르 회교도인들이 폭동을 일으켰다. 3일 동안 싱가포르에서만 18명이 사망했다. 이 같은 인종-종교 갈등은 1964년에도 유사하게 재현돼 싱가포르인 36명이 사망했다. 이 사건 이후 싱가포르 정부는 인종 간의 반목을 조장하는 보도를 금지하는 내란선동죄(Sedition Act)를 제정했다.

또한 1974년 언론법 개정을 통해 싱가포르 언론은 정치인과 고위직 공무원이 집행하는 정책에 대한 어떠한 비판 기사도 쓸 수 없도록 했다. 1970년대 중국어 신문 기자들과 본부를 해외에 둔 언론사들이 이에 대해 지속적으로 저항했지만, 비판적인 중국어 신문을 만드는 기자들과 편집인들은 감옥에 가거나 가택 연금됐다. 하지만 신문은 싱가포르 정부에 의해 다시 복간돼, 정부 소유 언론사가 됐다. 비판의식을 가진 기자들이 사라진 자리에 순치되어야만 했던 기자들이 똑같은 신문사 제호 아래 다른 색깔의 기사를 작성하고 있다.

순치된 기자들은 오비 구역에 들어갈 수 있다고 판단되는 주제들은 취재 자체를 시도하지 않거나, 취재한 다음 기사만 작성하거나, 또는 기사를 송고한 다음 오비 마커스(Out of Boundary Markers, OB Markers)의 결정을 기다려야 한다. 내부 검열자로 해석될 수 있는 오비 마커스의 주요 임무는 기자들의 취재 아이템이 취재보도 금지구역에 들어가는지 그렇지 않은지를 감별하는 일이다. 비록 오보, 부패 그리고 정책에 대해 비판은 허용된다 할지라도 각 신문사의 편집권 독립은 허락되지 않는다. 동시에 선출된 관료나 정치인에 대한 풍자나 비판조차도

〈스트레이츠 타임스〉 2000년 4월 17일 1면 마이크로필름 파일

허용되지 않는다. 정부 파견 공무원인 이들의 다른 임무는 기사의 논조를 약화시키는 것이다. 즉, 기사가 유통되기 전에 정치권에서 민감하게 반응할 것으로 예상되는 기사는 오비 마커에게 보내져 꼼꼼하게 검토된다. 이 같은 오비 마커에 의한 기사 검열 관례는 싱가포르 복합미디어 기업 내부에서 일상화돼 있다.

다시 말하면, 싱가포르 편집국에는 두 가지 기사 검열 필터가 상시적으로 작동하고 있다. 기자들은 정치권력 비판, 인종, 종교 그리고 국가 정책 등에 관한 취재와 보도를 하지 않도록 자기 검열 기제를 작동하고 있다. 또한 정부에서 파견한 내부 검열자들이 편집국에 상주하면서 정치적으로 민감한 주제에 관한 기사를 걸러내고 있다. 이런 편집국 내부의 검열 장치들은 언론의 고유 기능인 사회 환경 감시 기능마저 작동하지 못하도록 하고 있다.

5

싱가포르 디지털
언론 전사들

싱가포르에서 인터넷은 1994년 처음 등장했다. 정부가 최대 주주인 싱가포르 통신은 '싱넷' 인터넷 서비스를 상업화했다. 정부가 상업화에 나선 것은 정보기술(Information Technology, IT)을 이용해 싱가포르를 아시아의 금융 국가로 만들기 위해서였다. 이는 인터넷의 등장이 국가 경제를 위한 목적이었다는 의미이다.

하지만 인터넷의 기술성 특징들이 싱가포르 정부와 유일 여당인 국민행동당을 곤혹스럽게 했다. 네트워크 연결방식의 기술적 특징은 중앙 통제식 언론 탄압 방식에 익숙한 싱가포르 정부를 어리둥절하게 만들었다. 전통 미디어와 달리 인터넷 미디어는 개개인들이 자유롭게 의견을 수시로 표시할 수 있는 점도 언론사나 기자들의 처벌을 통해 여론을 통제해왔던 싱가포르 정부를 당혹스럽게 만들었다. 여기에 국제적으로 표준화된 인터넷 기술도 싱가포르 당국의 골칫거리였다. 오비구역에 속하는 주제들이 해외에서 지속적으로 싱가포르 인터넷 게시판

에 게시됐기 때문이다. 그렇다고 싱가포르만의 인터넷 기술을 고집할
수도 없었다. 이는 국제 금융 도시로서의 싱가포르 위상을 심각하게 손
상하는 일이었기 때문이다.

그래서 국가사회주의 정부는 인터넷 하드웨어에 대한 규제를 하지
않고 콘텐츠에 대해 규제했다. '수신 차단 정책'(class license)이 대표적인
인터넷 콘텐츠 통제 방법이다. 기존 신문사는 반드시 정부의 허가를 받
아야만 기사를 작성 유통할 수 있었다. 하지만 인터넷 콘텐츠 공급자는
정부의 허가를 받지 않아도 정보 서비스를 유지할 수 있다. 그래서 싱
가포르 정부는 인터넷 정보 제공자에게 면허를 발급해 주는 대신, 서비
스 시작 이후 몇 가지 조건을 충족하도록 했다. 첫 번째 조건은 서비스
업체는 사후 등록을 의무화했다. 두 번째 조건은 콘텐츠를 생산하는 직
원들에 대한 인적 정보를 정부에 제출하도록 의무화했다. 특히 편집 팀
은 반드시 사회적 책임을 다해야 하며 이를 어길 경우 처벌을 받을 수
있다는 서약서를 제출하게 했다.

이런 인터넷 정보 서비스에 대한 규제는 기존 신문과 방송사에 적
용했던 법률에 비해 상대적으로 자율성을 보장한 것으로 보인다. 하지
만 콘텐츠에 대한 규정은 온라인과 오프라인 매체가 동일하다. 온라인
미디어도 종교와 인종 그리고 정치적인 내용을 비판하는 정보를 게재
해서는 안 된다. 즉 온라인 취재보도 금지 주제가 동일하다는 뜻이다.
또한 온라인 청원이나 입소문 마케팅을 전개할 수 없다. 이를 어길 경
우 기존 신문과 방송에 적용됐던 내란선동죄나 사람과 기관에 대한 명
예훼손죄 등으로 처벌받게 된다.

오프라인에서 적용됐던 언론탄압 정책들은 싱가포르 온라인 매체
들이 시민저널리즘의 형태로 진화하는 것을 방해했다. 기존 시민 저널

리즘은 일반 시민이 정치와 사회의 부조리에 대해 자유롭게 비판할 수 있는 참여 민주주의의 한 형태를 말한다. 하지만 싱가포르에는 한국의 '오마이뉴스' 같은 온라인시민 언론이 존재하지 못한다. 하지만 인터넷은 싱가포르 국민들에게 기존 언론에서 취재보도를 금지했던 주제를 말할 수 있는 공간을 제공했다.

그래서 체리안 조지(2012)는 싱가포르 대안언론을 크게 '전통 언론의 뉴미디어 사용'과 '인터넷 언론' 두 가지로 분류했다. 기존 언론사들은 자체 온라인 홈페이지를 통해 뉴스를 전달한다. 오프라인 뉴스뿐만 아니라 속보에 해당하는 뉴스를 온라인에 지속적으로 게재한다. 기사 송고 내용은 이미 보도된 내용에 대한 추가 정보, 또는 좀 더 결과 중심적인 것, 사건에 대한 반응 등이다. 온라인 뉴스를 편집하는 기자들은 온라인상에 유통되는 정보에 대해 조금 더 열린 자세를 유지하려 한다. 유사한 주제를 기자와 시민기자가 함께 보내왔을 경우, 시민기자의 시각을 우선 보도한다. 하지만 오프라인상의 '취재보도 금지주제'인 정당이나 정책 그리고 종교 등에 대한 내용은 여전히 유통되지 못한다.

특히, 오프라인에서 존재했던 자기 검열의 관례가 온라인상에서도 재현된다. 왜냐하면 편집국 운영 자체가 기존 위계질서가 그대로 작동하기 때문이다. 그래서 기자들이 편집자에게 취재 현장과 다른 지시가 내려왔을 경우 스스로에게 "기사를 위해 싸울 것인가? 아니면 지시대로 기사를 송고할 것인가"라고 질문을 한다. 만약 기자가 싸울 결심을 했다면 스스로에게 "결과가 어떻게 될 것 같은가? 그럼에도 불구하고 정말 싸울 가치가 있나"라고 자문한다.

특히, 시민기자들이 작성한 기사들이 기존 시각과 다를 경우 편집자와 함께 온라인상에 기사를 게재하는 것이 적당한지 그리고 정치적으로 민감한 주제는 아닌지에 대해 논의한 다음 게재 여부를 결정한다. 기자들이 정부 파견 공무원들인 오비 마커가 했던 검열 기능을 하고 있는 것이다. 한 전통매체 기자는 이에 대해 "비록 우리도 서구의 자유민주적 언론 지형을 지향한다 할지라도, 자유민주적 언론도 사회 화합이 허용할 수 있는 범위 내에서 가능한 일이다. 왜냐하면, 우리는 계속 정부와 함께 일을 해야 하기 때문이다. 이같은 상황은 인터넷 시대가 도래했다고 바뀐 것은 아니지 않은가"라고 반문했다. 이는 언론은 국가 발전의 동반자라는 개발언론 이데올로기가 시민기자들의 기사를 검열하는 기자들에 의해 여전히 온라인에서도 위력을 발휘하고 있음을 보여준다. 즉, 전통 미디어의 온라인 버전은 시민들에게 새로운 시각을 제시하기는커녕, 시민들의 의견 표시가 그들의 광고주에게 더 많이 눈에 띄도록 하기 위해 장사를 하고 있다.

대안언론의 또 다른 형태는 블로거들과 홈페이지들이다. 국내 블로그는 실명으로 개인이 의견을 표시하진 않는다. 대신 시민단체 등의 블로그에 익명으로 자신들의 정치적 의견이나, 인종 그리고 종교에 대한 의견을 제시한다. 이름을 밝히는 블로거들은 대부분 외국에 거주하는 싱가포르인들이다. 예를 들면, 싱가포르 윈도(Singapore Window)와 테마섹 리뷰(Temasek Review)가 대표적인 경우다. 또는 시민단체 소속의 블로거들이다. 신터컴(Sintercom)과 온라인 시티즌(Online Citizen) 등이다. 또 다른 그룹 홈페이지는 정당의 공식 홈페이지 그리고 시민단체 등이다. 예를 들면, 싱크센터(Think Centre)와 민주주의를 위한 싱가포르인(Singaporeans For Democracy) 등이다.

이들 인터넷 대안언론의 등장은 기존 싱가포르 정치권에 파장을 일으켰다. 왜냐하면, 정치권력이 여론을 통제해왔음을 국민들이 알아챘기 때문이다. 이로 인해 국민행동당의 국가 어젠다 통제력을 약화시켰다. 싱가포르 유일 집권여당은 기존에는 국민들에게 무엇에 대해 어떻게 생각하고 행동해야 하는지를 결정해왔다. 이 정당이 결정한 어젠다와 방향성을 신문과 방송이 그대로 전달했기 때문이다. 하지만 인터넷 기술의 양방성과 시간과 공간을 뛰어넘는 접근성은 집권당이 제시하는 어젠다의 신뢰도를 검증 가능하도록 했다. 국민행동당의 어젠다 신뢰도 하락과 함께 기존 언론에 대한 신뢰도도 동반 하락했다. 오랫동안 관행처럼 여겨졌던 싱가포르 '숨겨진 원고'의 권언유착 사례들이 조금씩 드러났기 때문이다. 국민들은 온라인 매체들 접속을 통해 언론이 사실을 보도하지 않는다는 것을 알게 됐다.

두 가지 사례를 통해 싱가포르 대안언론의 경향을 살펴보자. 싱가포르에서 인터넷이 정치적인 수단으로 사용된 첫 번째 사이트는 싱크센터(http://www.thinkcentre.org/)이다. 미디어 학자이자 정치 운동가인 제임스 고메즈(James Gomez)가 중심이 돼 1999년 처음 만들어진 정치사회운동을 하는 시민단체 홈페이지이다. 이 사이트는 국민행동당의 장기 집권에 따른 국가적 폐쇄성을 지적하며 익명으로 정치적 의견을 문자로 게시하는 내용이 주류를 이룬다. 가끔 선거 영상물도 게시된다. 게시판에 올라오는 내용은 노동당 등 야당의 선거 일정, 집회에 모인 사람들의 영상과 그들의 목소리 등이다. 이 사이트를 시작한 고메즈는 "정부가 정치적 내용을 게시하는 것을 금지하지

제임스 고메즈

만, 우리들은 단지 야당의 선거 일정과 캠페인 내용 등을 공유할 뿐"이라며 정부의 탄압에 개의치 않는다. 그는 반대로 정부가 탄압하는 행위 일체를 사이트에 게시함으로써 "감시자를 감시"하는 전술을 구사하고 있다. 이 사이트에서 클릭수가 높은 정보는 정부에 의해 탄압받은 내용을 구체적으로 공개하는 내용들이다. 이 사이트는 여전히 홈페이지에 존재하지만 제임스 고메즈는 싱가포르에서 살지 못하고, 현재 방콕대학 미디어학과 교수로 재직하면서 아시아센터(Asia Center)를 설립해 동남아시아 정치 민주주의와 인권 향상을 위해 학교와 길거리에서 투쟁 중이다.

고팔란 나이르 변호사

두 번째 디지털 전사는 미국 출신의 변호사 고팔란 나이르(Gopalan Nair)이다. 그가 디지털 전사인 이유는 싱가포르 정부 정책 억압성을 그대로 드러냈기 때문이다. 그는 싱가포르 출생이긴 하지만 미국 샌프란시스코에서 변호사로 일하고 있는 싱가포르계 미국인이다. 그는 2006년부터 블로그를 통해 싱가포르 국민행동당의 일당독재를 지속적으로 비판했다. 예를 들면 "별 볼 일 없는 독재자들이 유력 야당 정치지도자를 제거하기 위해 싱가포르 사법부 재판 권한 남용을 묵인하고 있다"는 글을 게시하는 식이다. 그는 이 글을 통해 싱가포르 네티즌들의 폭발적인 지지를 받았지만 국가 지도자를 모욕하고 사법부를 능멸한 죄로 기소됐다. 하지만 싱가포르에 살고 있지 않아서 체포되진 않았다. 인터넷 언론에 대해 유화적인 정책을 추진하던 싱가포르 정부도 정치지도자들과 고위 공직자들에 대한 비판을 금지하고 있는 언론법을 공개적으로 무시하는 그를 묵과할 수 없었다. 2008년 나이르가 가족을 만나기 위해 싱가포르에 입국했을 때 체포됐다. 그는 싱가포르 정부의 폭력성을 도발한 측면도 있었다. 왜냐하면 그는 싱가포르 입국 전부터 입국 시간과 머무를 장소 등을 블로그에 공개하면서 "리콴유 총리, 나는 너의 권한 아래에 있는 사법 시스템 영역으로 들어간다. 너의 부패한 경찰과 사법부가 나를 구속할 수도 있을 것이다. 그러나 그것은 범죄이고 불법임을 알아야 한다"는 글을 지속적으로 게시했기 때문이다. 이 사건으로 미국과 외교 문제가 발생할 수 있다는 것을 알았지만 싱가포르 정부는 그를 체포했다. 외교 문제보다 국내 정치에 위험 발언을 하는 자는 외국인이어도 처벌받는다는 전례를 만드는 것이 중요했기 때문이다. 인터넷상에 반정부 발언이 난무하는 게일라식 시민 불복종 운동의 확산을 저지하기 위한 의도도 있었다.

6

나가는 글

싱가포르 언론은 국민의 의사를 반영하는 기사보다 정부 관료들이 보여주고 싶은 모습만을 반영하는 반쪽짜리 시대의 거울이다. 싱가포르에선 정치권력과 언론의 상호 견제와 감시의 투쟁은 1970년대에 이미 끝났다. 엘리트 국가사회주의자 리콴유와 그의 측근들이 언론을 제압했기 때문이다. 비판적인 편집인과 기자들은 감옥에 가거나 싱가포르를 떠나야 했다. 비판 언론에 재갈을 물리는 것에 성공한 리콴유는 지면과 화면에서 그의 정치 세력에 대한 비판 기사를 사라지게 만들었다. 기자들은 선출된 권력 아래에 있어야 한다는 그의 제왕적 언론관은 싱가포르 언론에서 비판을 거세한 결과를 가져왔다. 싱가포르 정부는 언론으로부터 자유로운, 세계에서 몇 안 되는 국가인 것이다.

참고문헌

Edge, M. (2014). Singapore-style press control? Not in Fiji. Internaional Communication Gazette, 76(3), 255~274.

George, C. (2012). Freedom from the press : Journalism and state power in Singapore. Singapore : NUS Press.

Holman, J. & Arunachalam, D. (2015). Representing harmony and diversity : media representations of multiculturalism and ethnicity in Singapore. Asian Ethnicity, 16(4), 498~515.

Sussman, G. (2003). The tao of Singapore's Intenrnet politics : Towards digital dictatorship or democracy? The Journal of International Communication, 91(1), 35~51.

Tey, H.T. (2008). Confining the freedom of the press in Singapore : A "pragmatic" press for "nation-building"? Human Rights Quarterly, 30, 876~905.

Unesco (2014). World trends in freedom of expression and media development : Regional overview of Asia and the pacific. Paris : Unesco.

Wu, S. (2018). Uncovering alternative journalism crisis narratives in Singapore and Hong Kong : When state influences interact with Western liberal ideals in a changing media landscape. Journalism, 19(9~10), 1~17.

6장

인도네시아

'판차실라' 미디어 시스템 속의 자유언론

동남아시아에서 인도네시아 언론은 상대적으로 가장 자유로운 국가이다. 기자들이 정치권력에 대해 비판적인 기사를 쓸 수 있기 때문이다. 비록 비판 수위가 서구 자유주의 국가 수준에 미치지 못한다 할지라도 기자들이 권력의 감시견 역할을 포기하지 않았다는 것은 인도네시아 사회가 동남아시아 국가 중에서 더 민주주적일 수 있다는 증거일 수 있다. 저항이 거세된 언론은 사회를 획일화시키지만, 비판이 살아 있는 언론은 민중의 역동성을 언제든지 끌어낼 수 있기 때문이다.

실제로, 2018년 '국경 없는 기자회'가 전 세계 180개국을 대상으로 발표한 언론자유 순위에서 인도네시아는 124위다. 이 수치는 인도네시아 언론 자유가 필리핀(133위), 싱가포르(151위) 그리고 베트남(175위)보다 자유롭다는 것을 의미한다. 인도네시아 순위가 다른 인접 국가에 비해 높은 이유는 기자들의 자유언론 투쟁이 지속되기 때문으로 풀이된다. 바람이 불면 넘어졌다 바람이 지나면 다시 일어서는 잡초처럼, 권력

감시견으로 자유 언론을 수호하기 위한 인도네시아 기자들의 저항은 계속되고 있다.

투쟁과 저항의 시작은 제국주의 네덜란드(17세기 초반~1942년)의 지배와 일본(1942~1945년)의 식민지 체제에서부터 시작됐다. 당시 기자들은 다민족 사회인 인도네시아가 통일된 국가로서 독립해야 한다는 믿음으로 정치적 활동과 혁명 지식인으로서의 역할을 담당했다. 독립 국가 건설 이후 기자의 저항 정신은 혁명의 전사에서 자유투사로 국가 발전의 동반자이자 판차실라(인도네시아 건국 이념)의 수호자로 머무르도록 강요됐다. 독립운동의 동지였던 정치 지도자들이 언론의 비판 감시 기능을 제도적으로 제한하는 권위주의 독재자의 길을 걷기 시작했다. 독재자들은 인접 국가의 개발언론관을 언론법과 정책으로 명문화했다. 언론은 다양한 인종, 언어 그리고 문화를 갖고 있는 인도네시아의 통합과 경제 발전을 위해 정치권력에 대한 비판을 자제하고, 하나의 인도네시아를 위해 협력할 것을 요구했다.

하지만 모든 언론인들이 체제에 순응한 것은 아니었다. 독립운동가 출신 대통령이 독재자가 되어가는 모습을 비판하다 체포되거나 살해당했다. 공산주의에 반대하는 이념과 군대를 기반으로 하는 철권통치자를 비판하는 기사를 작성했다는 이유로 해고됐다. 정부 블랙리스트에 올라 기자로서 재취업을 할 수 없었다. 국가기관의 감시와 도청도 계속됐다. 기자들이 정치권의 직간접적인 폭력에 노출됐다. 심지어 정치 민주화가 이뤄진 1998년 이후에도 기자들에 대한 국가 폭력은 계속되고 있다. 동시에 미디어 시장주의가 복합미디어 기업들을 등장시키면서 기자들은 자본과의 힘겨운 싸움을 하고 있다. 즉, 기자들은 정치-자본-언론의 권력복합체를 상대로 자유 언론 쟁취 투쟁을 벌이고 있다.

1

인도네시아 개요

적도에 위치한 인도네시아는 열대우림의 총천연색이 정치와 종교 그리고 문화에 묻어 있는 나라이다. 400여년간의 유럽 식민지를 거치면서 인도네시아는 세계 자본주의 역사에서 혹독한 착취를 당한 국가로 기록돼 있다. 또한 공산주의, 자본주의, 군사 철권정치, 민족주의 그리고 제3세계를 중심으로 한 비동맹주의 등 다양한 정치적 이념 스펙트럼도 이 나라에서 실험됐다. 또한 세계인이 믿는 모든 종교들이 군도의 나라에 퍼져 있다. 다양한 종교와 언어 그리고 착취의 식민지 유산들이 하나로 모여 현재의 인도네시아를 구성하고 있다.

인도양과 태평양을 연결하는 통로에 위치한 인도네시아는 다문화 사회다. 중세 때부터 20세기 초반까지 영국, 네덜란드, 인도, 아랍권 나라들과 지속적으로 교류했다. 오랜 교류는 인도네시아를 다문화 사회로 만들었다. 기독교와 무슬림, 힌두교, 불교 그리고 유교가 동시에 공존하는 국가다. 인도네시아는 세계 기록을 몇 개 보유하고 있다. 세계에서 가장 많은 섬을 가진 나라다. 약 1만3677개의 섬으로 구성된 도서국가다. 세계 최대 무슬림 인구를 보유한 나라다. 인도네시아인의 종교 비율은 이슬람교의 수니파 87%, 기독교(개신교와 가톨릭) 10%, 힌두교 1.7%, 불교 0.7%, 유교 등이다. 한 국가에서 사용하는 언어가 가장 많은 나라다. 자와족(40%)과 순다족(16%) 외에 300여종의 소수 인종이 약 700여개의 언어를 사용하고 있다. 하지만 국가 공식 언어는 바하사 인도네시아어이다. 소수 인종의 언어를 직장이나 관공서에서 사용할 수 없다. 다만 제2언어로 영어, 중국어, 일본어, 아랍어 등을 습득할 수 있는 기회는 학교에서 제공한다.

세계에서 네 번째로 많은 인구수를 갖고 있지만 인구의 3분의 2 정도가 수도 자카르타가 있는 자바섬에 밀집돼 살고 있다. 주요 섬으로는 자바, 수마트라, 술라웨시, 칼리만탄과 뉴기니섬이 있다. 특히 인도

초대 대통령 수카르노 철권통치자 수하르토

네시아 가장 동쪽에 위치한 뉴기니섬은 인도네시아에선 서파푸아라고 부른다. 독재자 수하르토가 1969년 서파푸아를 강제 점령한 뒤 군대를 현재까지 주둔시키고 있다. 따라서 독립을 원하는 서파푸아 원주민과 인도네시아 공권력의 충돌이 끊이지 않는 곳이다.

1945년 일본으로부터 독립한 이후 대통령 중심제와 다당제의 민주주의 정치체제를 유지하고 있는 인도네시아는 몇 번의 정치 변혁기를 겪었다. 이 시기의 구분은 대략 수카르노 '교도 민주주의'(1945~1966년), 수하르토 '신질서'(1966~1998년), 포스트 수하르토(1998년~현재까지)로 나눌 수 있다. 독립운동가 출신인 수카르노는 인도네시아 국가 이념인 '판차실라'(Pancasila)와 교도 민주주의(Guided Democracy)를 통해 인도네시아를 지배했다. 군인 출신인 수하르토는 반공산주의와 시민단체를 가장한 친위부대 골카르(Golkar)에 의존해 30년간 인도네시아를 철권 통치했다. 1998년 인도네시아인 대규모 시위를 통해 수하르토를 권좌에서 쫓아낸 이후 인도네시아는 절차적·정치적 민주주의 체제에 진입했다.

구체적으로 살펴보자. 독립할 때 당면한 가장 큰 문제는 다양한 인종과 문화 그리고 종교를 가진 군도로 이뤄진 국가를 어떻게 하나로 통합된 단일 국가의 정체성을 갖도록 하는가였다. 당시 주요 지도자들의 정치 성향은 민족주의, 이슬람교 근본주의, 공산주의 등 다양했다. 각기 다른 이념적 성향을 가진 지도자들은 '다양성 속의 통일'이란 큰 가치 아래 조정과 합의 과정을 통해 인도네시아만의 독특한 이념 '판차실라'를 만들어냈다. 인도네시아어로 다섯 개의 초석이란 뜻의 판차실라는 인도네시아 정치 체제를 지탱하는 다섯 가지 국가 운영 원칙으로 자리 잡았다. 다섯 가지 원칙은 다음과 같다.

첫째, 유일의 신성 혹은 신의 존재성

둘째, 정의롭고 인간적인 인류애

셋째, 인도네시아의 통일

넷째, 협의와 대의 속에서 지혜에 의해 지도되는 민주주의

다섯째, 인도네시아 전 국민을 위한 사회 정의

이 원칙들은 개별적 의미를 갖는 것이 아니라 피라미드식으로 상호간에 서로 긴밀하게 연결돼 있다. 신의 존재성이 인류애의 바탕이며, 그 인류애는 타협과 협상을 통해 하나의 인도네시아를 이루기 위한 전제조건이다. 이 같은 원칙들은 인도네시아 국민들이 정의로운 사회에 살기 위한 대전제다. 즉, 수카르노를 비롯한 건국 지도자들은 판차실라가 인도네시아의 다양한 종교, 종족, 정치적 신념의 차이를 뛰어넘는 보편적 가치로서 모든 국민들에게 수용될 수 있다고 믿었다.

판차실라를 국가 행동규범으로 채택한 수카르노는 인도네시아 초대 대통령이 됐다. 그는 판차실라 정신을 헌법에 명문화하고 모든 기관은 판차실라의 가치 내에서 판단하고 행동하도록 했다. 그는 또한 1959년 인도네시아 방식의 민주주의 정착을 위해 교도 민주주의라는 개념을 꺼내 들었다. 교도 민주주의란 인도네시아의 가족체제에 기반한 것이다. 일반 대중이 정치의 중요사항을 결정하는 것이 아니라 엘리트(정치 지도자)가 정치 주도권을 결정하고 일반 대중은 지시에 따르는 톱-다운 방식의 정치체제를 말한다. 그가 표면적으론 다당제 난립에 따른 사회 불안을 해소하고 정치 안정을 위해서란 명분을 내세웠지만, 이는 장기 집권을 위한 포석이었다. 왜냐하면 수카르노는 교도 민주주의를 선포한 이후, 그를 비판하는 정당을 해산시켰다. 1960년 영향력 있는

무슬림 정치 정당과 사회당은 수카르노 체제에 의해 강제 해산을 당했지만 그에게 우호적인 인도네시아 공산당은 건재했다.

하지만 공산당과 수카르노의 공존관계는 1965년 9월 끝이 났다. 당시 군인이던 수하르토 중장은 쿠데타를 기획한 공산당을 진압한 다음, 새로운 정치 지도자로 떠올랐다. 수카르노로부터 전권을 이어받은 수하르토는 인도네시아에서 공산주의는 불법이라고 선언했다. 그는 공산당 해산과 함께 친공산주의 성향의 지식인과 정치 지도자들을 사회 불안을 획책하는 세력으로 규정하고 체포하거나 감옥에 넣었다. 그 뒤 수하르토는 1967년 대통령으로 취임했다. 대통령에 취임한 그는 새로운 인도네시아 건설이라는 '신질서'(New Order)를 함께 건설하자고 주장했다. 이 이념은 개인의 자유 향상, 경제 성장, 빈곤 타파, 새로운 법과 규칙을 포괄하는 수하르토의 철권통치 철학이다.

수하르토의 철권통치는 회교도들의 전폭적인 지지와 군인들을 위주로 한 소수의 엘리트 집단인 골카르에 의해 지탱됐다. 군인들의 친목 단체로 시작된 골카르는 비록 비영리단체라는 법적 지위를 갖고 있었지만 1967년부터 1998년까지 약 30년 동안 인도네시아 최고 집합체였다. 군인과 공무원을 포함한 250여개의 정치사회단체가 골카르의 회원들이었다. 한국의 재벌처럼 수하르토의 독점적 특혜를 받고 성장한 인도네시아 자본가 그룹인 프리부미(pribumi)도 골카르 회원들이었다. 이들은 국가의 각종 프로젝트에 우선 선정되는 특혜를 받으면서 동시에 시장에 대한 독점적 지배권을 보장받으면서 정치와 경제에서 막강한 권력을 행사하는 인도네시아 기득권층인 '1등 가족'을 형성했다. 수하르토가 몰락한 이후 골카르 회원들은 비영리단체의 법적 굴레를 벗어버리고 정당으로 탈바꿈했다. 이 과정에서 공무원들은 골카르를 탈퇴했다.

2

판차실라 미디어 시스템

미디어 시스템에는 인도네시아의 근대 정치 경제학적 특징이 그대로 묻어 있다. 식민지의 유산과 건국 이념 그리고 독재자들의 통치 행태가 그대로 인도네시아 미디어 시스템에 묻어 있다는 뜻이다. 미디어가 대중매체로서 모습을 갖추기 시작한 것은 독립 국가를 선언한 1949년 이후부터다. 다양성 속의 통일을 국가 모토로 정한 판차실라가 국가 기본 이념으로 자리를 잡는 시기와 일치한다. 이 건국 이념은 헌법과 각종 법률 그리고 권력기관에 그대로 스며 있다. 그 이념은 인도네시아의 신문, 방송 그리고 통신 시스템을 구축 운영하는 데 토대가 됐다.

하지만 판차실라 정신은 독재자들에 의해 아전인수 격으로 해석됐다. 사회 통합을 위해 언론은 정치권을 비난해서는 안 되며, 부강한 국가 건설을 위해 언론의 자유는 제한될 수 있다는 독재자의 개발언론관으로 변질됐다. 소통의 통로인 미디어가 판차실라 정치시스템을 통과하면서 지배자의 스피커로 전락해 버렸다. 이에 항의하는 기자들은 건국

이념을 어긴 반체제 인사로 낙인찍혀 감옥에 갇혔다. 통치자들은 중국어 신문 발행을 금지했다. 그들이 공산주의자라는 이유에서였다. 이 조치로 인접국인 싱가포르와 말레이시아와 달리 인도네시아에는 소수민족인 중국어 신문이 없다. 또한 국민들이 가장 많이 접하는 방송은 독재자 수하르토에 의해 완전 장악됐다. 국민의 방송이 아닌 철권통치의 스피커 노릇을 해야 했다. 그는 심지어 지상파 신설 방송 허가권조차도 그의 친인척에게 우선 배정했다. 이 같은 친인척 배려 행위는 위성방송을 포함한 통신시스템에도 그대로 적용됐다. 방송과 통신의 기기를 제공하는 다국적 기업들과 수하르토의 친인척들이 인도네시아 방송 통신 시스템을 장악하고 있다. 즉 소수의 다국적 기업과 수하르토의 가족들이 판차실라 정치시스템 안에서 미디어 카르텔을 형성하고 있다.

우선 전체주의 정권의 지도자 수카르노와 수하르토가 신문 산업에 구축한 판차실라 통제 시스템을 살펴본 다음, 방송과 통신에 대해 논해 보겠다. 수카르노와 수하르토의 신문 통제 시스템에는 세 가지 공통점이 있다. 첫째는 어떠한 신문도 인도네시아 국시인 판차실라를 비판할수 없고, 판차실라 다섯 가지 원칙 내에서 보도 논조를 유지해야 한다는 점을 분명히 했다. 그들의 두 번째 공통점은 모든 언론사는 정부의 허가를 받아야만 신문을 발행할 수 있도록 했다. 마지막 공통점은 중국어 신문 발행을 금지한 점이다. 경제권을 장악한 중국인들이 정치사회적으로 성장하는 것을 차단하기 위해서였다. 중국어 신문 금지조치에 저항하는 언론인들은 감옥에 가거나 살해됐다. 이런 화교 탄압 언론정책은 인도네시아계 화교들이 모국어인 중국어를 익힐 수 있는 기회를 원천적으로 차단했다. 이들은 인접 국가 화교들과 달리 중국어 구사가 자유롭지 않다.

하지만 수카르노와 수하르토의 신문 통제 정책이 동일했던 것은 아니다. 인도네시아 신문 시스템을 구축한 수카르노가 수하르토에 비해 언론 자유를 제도적으로 더 보장했다. 수카르노는 정부에 대한 공개적 비판을 제도적으로 보장했다. 하지만 수하르토는 그렇지 않았다. 전자는 공산주의 등 좌파적인 사상을 보도하는 언론에 대해 유화적이었지만, 후자는 반공주의 언론정책을 집행했다. 수카르노는 소수인종과 여성들의 권익옹호적인 보도에 대해 판차실라 검열을 적용하지 않았다. 수하르토는 그렇지 않았다.

구체적으로 살펴보자. 1949년 좌파 지식인들의 지지로 대통령에 선출된 수카르노는 언론에 대한 검열을 금지하고, 비판 권한을 보장하며, 잘못된 보도에 대한 반론권까지 함께 보장했다. 냉전시대가 시작된 당시에 공산주의를 찬성하는 신문과 반대하는 신문의 경쟁이 1950년대 후반까지 이어졌다. 당시 인도네시아 미국 대사 하워드 존스(Howard P. Jones)가 신문들의 이념 투쟁에 대해 우려를 표명하자 대통령 수카르노는 "그들은 공산주의자가 아니다. 착한 회교도들이다. 그들은 단지 좌파 편향적인 민족주의자일 뿐이다"라고 주장했다.

하지만 수카르노의 언론 자유 정책은 지속되지 못했다. 사상과 표현의 자유를 보장했던 집권 초반기와 달리, 그의 실정을 비판하는 언론사와 기자들을 대대적으로 탄압했다. 1965년 2월과 3월에만 29개 신문이 폐간됐다. 또한 그해 가을 163개 신문이 공산당에 우호적인 기사를 작성했다는 이유로 폐간됐다. 또한 폐간된 신문에서 일한 기자들은 공산주의자로 몰려 모두 체포되거나 살해됐다. 정확하게 얼마나 많은 기자들이 살해됐는지에 대한 공식적인 자료는 없지만, 탄압받은 언론인은 최소 50만명에서 최대 200만명까지 이른 것으로 알려졌다.

그의 이러한 언론 탄압정책은 공산당의 쿠데타를 불러왔다. 비록 공산당의 정권 전복 시도가 당시 육군 중장이었던 수하르토의 무력진 압으로 실패했지만, 수카르노는 전권을 수하르토에게 넘겨야 했다. 정 권을 잡은 초창기, 수하르토는 군인들을 신문사와 방송사에 기자나 경 영진으로 파견했다. 이들 군인 기자들은 친수하르토의 기사 논조를 강 요하면서, 공산주의와 여성주의 그리고 수카르노를 비판하는 기사를 작성 보도하도록 강요했다.

구체적으로, 수하르토가 어떻게 법을 통해 언론을 통제했는지 살펴 보자. 수하르토는 1966년 '언론법'과 1982년 '언론 출판 기업 허가법' 을 통해 신문을 통제했다. 1966년 언론법은 언론의 역할은 '신질서' 구 현의 통로가 되어야 한다고 규정하고 있다. 또한 외국인은 자국 신문을 소유할 수 없다는 규정도 첨가했다. 철권 독재자는 '전화문화'를 통해 편집국 기자들에게 보도지침이나 출판 금지 사건 등을 지시했다. 이 정 권은 또한 직접적으로 언론사를 소유하기도 했다. 대표적인 예로 전 하 르모코 공보장관은 포스 코타 출판그룹(Pos Kota Publishing Group) 지분 의 40%를 소유했다. 그는 수하르토 정권의 핵심 측근이다. 수하르토의 가족들은 3개의 민영 상업 텔레비전 방송사 외에도 민간 라디오, 신문, 잡지 등 많은 언론 기관을 소유했다.

그는 특히 신문 발행과 유통에 대한 강제규정을 만들어 언론에 대 한 직간접적인 통제권을 행사했다. 첫 번째 규정은 모든 신문사들은 출 판과 발행 허가권을 받도록 했다. 이는 기사 논조 검열이 목적이었다. 왜냐하면 출판 허가권은 공보부에서, 발행 허가권은 인도네시아 국가 정보원에서 받도록 했기 때문이다. 만약 허가권 중 하나가 거절될 경우 신문은 시중에 유통될 수 없도록 했다. 이 법률을 어길 경우 폐간할 수 있다는 규정을 덧붙였다.

또 하나의 1966년 언론 기본법의 특징은 언론협회를 통한 기자들의 취재 행위 통제 규정이다. 발행과 출판 허가권을 받은 언론사들은 소속 기자들과 노동조합원을 모두 인도네시아기자협회(Persatuan Wartawan Indonesia, PWI)에 의무적으로 가입하도록 했다. PWI는 언론계의 골카르로 비유될 수 있다. 왜냐하면 친위조직인 비영리단체 골카르를 통해 막후 정치를 했던 수하르토는 PWI를 통해 기자들을 통제했기 때문이다. PWI의 가장 큰 권한은 '프레스 카드'를 기자들에게 발급하는 것이다. 친정부적인 성향의 언론사 고위급 인사들이 회원 가입 자격을 심사한다. 모든 회원은 5년마다 회원 자격을 갱신해야 한다. 이 카드를 갖고 있어야만 기자로서 활동할 수 있다. 등록되지 않은 기자가 취재활동을 할 경우 형사처벌된다.

수하르토 정권은 1982년 '언론출판 기업 허가법'을 통해 면허 신청 조건을 복잡하고 까다롭게 만들었다. 첫 번째 추가된 조건은 발행인은 지역과 전국 기자협회에서 추천서를 받아야 한다. 또한 관할 공무원과 군인 기관에서도 추천서를 받아 첨부하도록 했다. 추가로 자금 확인서와 인쇄소 등의 추천서를 받아야 한다. 추천서의 의미는 이들 협회가 발행인에 대해 연대보증을 섰다는 뜻이다. 또한 모든 언론은 출판 허가를 받은 범위 내에서만 기사를 보도하도록 했다. 허가 조건을 벗어나서 기사를 보도할 경우 매체를 폐간할 수 있다고 규정했다. 특히 모든 언론사는 20% 이상의 우리사주를 보유하도록 했다. 이는 회사로서 연속성을 갖도록 하는 목적과 함께 금기된 주제를 보도할 경우 신문사가 폐간될 수 있다는 위협을 느낀 기자들이 논조를 톤다운 하도록 하기 위해서였다.

이처럼 엄격한 언론 통제 정책을 시행한 수하르토 정권하에서 인도네시아 신문의 종류는 크게 6가지로 분류할 수 있다. 첫 번째 범주는 수하르토 신질서를 비판하는 신문이다. 주로 대학교 캠퍼스와 길거리에 배포되는 〈하리안 카미〉(Harian KAMI)와 같은 신문이다. 두 번째 종류는 〈프도만〉(Pedoman) 같은 인도네시아 사회당 당원지다. 세 번째 범주는 정치적으로 보수적이면서 유통 부수가 많은 개신교계 〈시나르 하라판〉(Sinar Harapan)과 가톨릭계 〈콤파스〉(Kompas) 등과 같은 소수 종교계 신문이다. 다음은 〈베리타 유다〉(Berita Yudha)와 같은 군인들을 대상으로 배포되는 군인신문과 〈수아라 카랴〉(Suara Karya)와 같은 정부 정치조직의 기관지들이다. 다섯 번째로 분류될 수 있는 신문은 〈술루 인도네시아〉(Suluh Indonesia)와 같은 급진적 민족주의자 신문들이다. 마지막 부류는 〈포스 코타〉(Pos Kota) 같은 비정치적이면서 오락적인 대중지들이다. 이들 신문 중 중도 보수적인 정치보도를 하면서 세속적인 중산층의 이익을 대변하는 〈시나르 하라판〉과 〈콤파스〉 등은 상업적으로 성공하며 인도네시아 복합미디어 기업으로 성장했다. 이외에 정치적인 이념을 대표하는 신문들과 군대의 기관지 등은 상업화 시대에 적응하지 못했다.

이들 6개 신문의 주 고객은 자카르타를 비롯한 대도시에 살고 있는 중산층이다. 이 독자들의 직업은 교사, 지역사회 상공인 그리고 국공립 공무원이다. 대부분 대학 교육을 받은 이들은 신문을 읽고 정치적 의견을 낼 수 있을 정도로 시사적인 뉴스에 관심이 많다. 하지만 발행지별로 분류할 경우, 자카르타 등 대도시보다 지역에서 발행하는 신문이 더 많다.

인도네시아 방송 산업의 흐름을 읽는 핵심 키워드는 네포티즘

(nepotism·족벌주의)이다. 인도네시아의 각 경제 분야에서 전횡을 휘두르고 있는 수하르토 가족들과 연결된 사람들만이 방송사업을 할 수 있기 때문이다. 수하르토의 아내와 6명의 자녀들은 항공과 관광, 쇼핑, 택시, 은행, 자동차, 오일, 펄프, 화학, 쇼핑몰, 담배, 음식 가공, 텔레비전, 라디오, 통신 분야에 지분을 갖고 있다.

1962년 개국한 국영방송 〈티브이알아이〉(TVRI)는 대중의 이익보다는 통치권자의 이념과 이미지 홍보에 더 많이 활용됐다. 중남미 등에서 나타나는 공영방송과 정치권력의 병렬현상이 인도네시아에서 재현됐다. 이런 소수에 의한 방송 장악은 상업화 시대에 더 악화됐다.

인도네시아 신문 〈자카르타 포스트〉(The Jakarta Post)

수하르토의 친인척들이 신규 방송 사업 허가권을 모두 가져갔다. 그의 둘째아들과 맏사위가 각각 회장과 사장인 비만타라 그룹이 1989년 첫 번째 상업 텔레비전 방송권을 획득해 〈RCTI〉(Rajawali Citra Televisi Indonesia)를 개국했다. 수하르토 사촌이 1990년 두 번째 상업 방송 지상파 〈SCTV〉(Surya Citra Televisi), 같은 해 그의 장녀가 세 번째 상업 방송국인 〈TPI〉(Televisi Pendidikan Indonesia)를 개국했다. 이들 방송사는 친수하르토 성향의 뉴스보도와 시사프로그램을 내보내고 있다.

특히 수하르토 가족들은 인도네시아 위성통신 사업을 구축하면서 다국적 기업들과 함께 '버클리 마피아'를 구축했다. 이 마피아 구성원들은 수하르토 가족과 휴스전자(Hughes Electronics), 포드 항공(Ford Aerospace)과 루슨트 테크놀로지스(Lucent Technologies) 그리고 프리부미로 불리는 인도네시아의 재벌 기업들이다. 이들은 국가 소유 위성방송 회사 팔라파(Palapa)를 함께 설립했다. 자국 통신 서비스를 개선한다는 명분을 내세웠지만 사실은 서로 다른 셈법을 갖고 있었다. 외국 투자자들은 인도네시아의 천연자원을 해외로 가져가기 위해 안정적인 통신 시설이 필요했다. 군부는 섬나라로 구성된 인도네시아를 하나로 연결할 수 있는 통신시스템을 원했다. 여기에 다국적 기업들은 값비싼 통신 장비를 인도네시아에 대량 판매하면서 막대한 수익을 올릴 수 있고, 통신 장비를 유지 관리하는 데 들어가는 비용도 추가로 챙길 수 있었다. 수하르토 가족들은 국민 세금으로 또 하나의 재산을 늘릴 수 있었다. 국영 위성 방송사인 팔라파는 1990년대 민영화 과정을 통해 그의 둘째 아들에게 넘어갔다.

다시 말하면, 인도네시아 권력자들은 판차실라를 이용해 미디어 통제시스템을 구축했다. 그들은 통일된 인도네시아 건설이란 건국 이념을 악용해 언론을 탄압하고 사익을 추구했다. 방송과 통신은 정권과 가까운 국내외 소수의 마피아들에게 장악됐다. 건국 이념이 독재자들의 권력욕과 경제적 탐욕과 맞물리면서 미디어 검열 무기로 변질된 것이다.

3

언론 제국들

인도네시아 신문들은 1980년대 기업화 과정을 거쳤고, 1990년대에 들어서는 대형 신문 기업이 등장했다. 신문 재벌 기업들은 미디어 규제 완화가 진행되는 1990년 후반부터 방송, 케이블, 인터넷 분야까지 진출했다. 여기에 미디어 시장주의 정책에 힘입은 신규 자본가들이 국영 미디어 기업 민영화 과정에 참여하면서 신규 주자들도 방송과 디지털 시장에 등장했다. 그 결과, 인도네시아 미디어 시장은 재정적으로 건전한 언론재벌과 언론사 경영이 불안한 중소업체 간의 양극화가 심화됐다. 이로 인해, 사회 정의나 인권 등과 관련한 강성 뉴스보다 중산층이 좋아하는 생활 관련 기사와 개인들의 성향에 맞는 소프트 기사들이 더 많은 지면을 차지했다.

역사적으로, 1970년대 수하르토 철권통치하에서 살아남은 언론사들은 대부분 보수적인 정치 관점을 유지하면서 생활 문화 뉴스를 중점 보도하는 중도 우파 신문사들이었다. 수하르토는 1982년 개정된 언론법을 통해 이들에게 대형화의 길을 열어줬다. 신규 사업자의 시장 진입 조건을 까다롭게 하는 법률을 개정했다. 이는 사실상 신규 사업권 허가를 금지하는 결과를 가져왔다. 정권에 우호적인 신문기업들에 시장 독점적 배포 권한을 보장하고, 인수 합병을 촉진하기 위해 인수 자금 등을 저리 특혜 대출해줬다. 신문의 비판 기능을 거세할 것과 대중적이고 오락적인 뉴스에 집중할 것을 종용했다. 그 결과, 인도네시아 신문은 일간지와 주간지 등을 포함한 총 발행부수가 1978년 약 500만부에서 1980년 1000만부로 증가했고 10년 후인 1990년 후반에는 전국에 유통되는 유가 발행부수가 1100만부를 넘어섰다. 신문시장은 재정 건전성이 뛰어나고 정치권과 긴밀한 관계를 갖는 강자들과 경제적 기반이 취약하고 언론사 경영이 불안한 중소업체로 양극화됐다.

방송의 대형화는 1980년대부터다. 전 세계 경제 기조가 시장주의로 확정되면서 동남아시아 섬나라인 인도네시아에도 시장주의 바람이 방송과 통신 시장을 휩쓸었다. 그 결과, 국내외 자본가들의 합종연횡으로 복합미디어 기업들이 등장하기 시작했다. 이들 복합미디어 그룹의 오너들은 모두 정치권과 연결된 권력 복합체를 형성하고 있다. 그들은 언론의 자유를 자신들의 정치적 지도자들을 지원하는 데 자유롭게 활용하고 있다. 선거철만 되면 사주가 지지하는 정당과 정치지도자와 관련된 시사프로그램과 뉴스가 화면에 넘쳐난다.

개괄적으로 복합미디어 기업의 리스트와 관련 사업들을 간략하게 살펴보자.

- 자와 포스 그룹(Jawa Pos Group)이다. 1949년에 설립된 이 기업은 인도네시아에서 가장 오래된 신문을 발행하는 기업이다. 창업자

는 화교인 충선(Chung Shen)으로, 1949년부터 1982년까지 운영
했다. 그 이후 몇번의 인수 합병 과정을 거쳐서 2000년대부터는
고위 관료인 달란 이스칸(Dahlan Iskan)이 소유하고 있다. 달란은
인도네시아 국영 전력회사 대표와 에너지 장관을 역임했다.

- 콤파스 그라미디어 그룹(Kompas Gramedia Group)은 인도네시아에
서 가장 강력한 신문 잡지 재벌이다. 이 그룹은 다른 그룹에 비
해 상대적으로 언론의 자율성과 공정성을 위해 노력하는 언론사
이다. 〈템포〉(Tempo), 〈콤파스〉(Kompas), 〈수아라 품바루안〉(Suara
Pembaruan) 등을 발행하고 있다.

- 트랜스코프 미디어(TransCorp Media) 그룹은 인도네시아 파라그룹
계열사이다. 그룹 내에서 비디오와 영화 제작, 배급, 대중음악 등
영상 음악 사업도 함께 경영하고 있다. 이 그룹은 신용카드, 대형
유통업체, 음식물 프랜차이즈 등을 운영하고 있다. 오너는 하이
룰 탄중(Chairul Tanjung)으로 인도네시아를 대표하는 부호 중 한
명이다.

- 엠텍(Emtek's) 미디어 그룹이다. 1983년 인도네시아 국영 통신사
민영화 조치 이후 탄생한 기업이다. 주요 사업 영역은 정보통신, 영
상 미디어다. 에스시티브이(SCTV)와 인도시아르(Indosiar) 등 3개
의 지상파 디지털 방송사와 영화 제작, 보안, 텔레비전 영상, 유료
케이블, 디지털 광고 등이다. 이 기업은 에디 쿠스나디 사리아트

마자(Eddy Kusnadi Sariaatmadja)가 소유하고 있다.

- 비시 미디어 아시아(Visi Media Asia)는 바크리 그룹(Bakrie Group) 계열사다. 바크리 그룹은 농업, 통신, 금속, 은행, 보험, 무역, 부동산, 석탄 사업 등을 운영하고 있다. 이 그룹은 수하르토 정권이 국내 자본을 육성하기 위해 정  책적으로 국가 프로젝트 우선권을 보장하는 프리부미 기업 중에서 성공한 기업이다. 즉, 정경유착을 통해 자본을 축적했다. 이 그룹은 아부리잘 바크리(Aburizal Bakrie)가 소유주다. 그는 수하르토 정권 때 정치인, 관료, 군인과 경제인 연합체였던 골카르(Golkar)가 포스트 수하르토 이후 정당으로 변신한 골카르당의 대표를 역임했다. 막강한 정치력과 경제력을 가진 바크리 그룹은 재벌이다. 2004년 설립돼 인도네시아 주식시장에 상장돼 있는 비시 미디어 아시아의 브랜드는 비바(VIVA)이다. 뉴스와 오락을 주로 편성하는 지상파 에이엔티브이(ANTV), 24시간 전국적으로 뉴스만 방영할 수 있는 지상파 티브이원(TVOne), 디지털 유료 뉴스채널, 경제전문 뉴스채널 블룸버그 인도네시아, 2개의 일간지, 소셜네트워크 사이트 등 다양한 미디어 플랫폼을 소유하고 있다. 특히 비바는 2014년 월드컵 독점 중계권을 가지고 자사의 스포츠 케이블 채널에서만 경기를 방영했다.

- 1970년에 설립된 미디어 인도네시아 그룹(Media Indonesia Group)은 방송사 이외에도 전국지 〈미디어 인도네시아〉와 지방지 〈람풍 포스트〉 등 정치 시사 매체를 온오프라인으로 소유하고 있다. 이

복합미디어 기업의 소유주는 수랴 팔로(Surya Paloh)다.

- 엠엔시 그룹(MNC Group, Media Nusantara Citra)이다. 1997년 설립
돼 2007년 인도네시아 주식시장에 상장된 복합미디어 기업이다.
전체 10개의 전국 지상파 방송사 중 3개를 소유하고 있으며 18개
의 채널을 운영하고 있다. 지상파 외에도 인도비전(Indovision) 등
3개의 유료 케이블 채널, 라디오, 신문 그리고 연예기획 사업을 하고
있다. 이 기업의 최대 주주는 해리 타누수딥조(Hary Tanoesoedibjo)다.
그는 인도네시아 상업방송 도입부터 개입한 미디어 금융 전문가
다. 그는 기업금융, 에너지 그리고 미디어 분야에 사업체를 갖고
있는 젊은 사업가이자 정치인이다.

이처럼 복합미디어 기업의 등장은 인도네시아 미디어 시장구조를
과점체제로 만들었다. 정치적 권력과 경제력을 가진 기득권 세력이 미
디어 시장까지 장악하게 됨으로써 언론의 공정성은 사라지고 편향성만
판을 치고 있다. 언론사 사주들은 정치권의 킹메이커이자 정치 협력자
이다. 예를 들면 5개의 방송사를 소유하고 있는 엠엔시 그룹의 사주 해
리 타누수딥조는 2011년 수하르토 친척인 수랴 팔로가 창립한 나스뎀
(민주당)에 가입하며 정치에 나섰다. 인도네시아 군도에 140개의 신문
과 지역 방송사를 통제하고 있는 자와 포스 그룹의 사주 달란은 에너
지 장관으로 임명되기도 했다.

복합미디어 기업의 등장은 기자들의 자기 검열을 심화시켰다. 기
자들은 오너의 이해관계를 침해할 우려가 있는 기사 작성을 꺼리고 있
다. 사주의 이익을 침해하는 기사를 작성할 경우 한직으로 쫓겨나거나
해고되기 때문이다. 예를 들면, 비시 미디어 아시아 복합미디어 기업은

2008년 지역지 〈수라바야 포스트〉(Surabaya Post)를 인수했다. 그해 기자들은 사주 아부리잘 바크리가 소유한 라핀도사에서 발생한 대형 재난 사건에 대해 관리 소홀에 따른 인재임에도 비판 기사를 쓸 수 없었다. 더욱이 피해자 보상에 소극적인 사주의 행태에 대해서는 아예 눈을 감아야 했다.

미디어 대형화에 따른 가장 큰 변화는 신문 지면과 방송 화면에서 지역은 사라지고 자카르타의 이익과 관점만 부각된다는 점이다. 대형화된 미디어들이 지역의 현안보다는 수도인 자카르타 중심의 정치적 담론만을 보도하고 있다. 권력 중심지인 자바섬이 아닌 곳에 살고 있는 다른 군도 사람들의 목소리는 미디어에서 사라졌다. 또한 수도 중심의 미디어 시장구조는 지역 언론과 광고 시장을 동반 하락시켰다. 실제로 광고대행사이자 시청률 조사기관인 닐슨이 가장 큰 미디어 시장 10개 도시를 조사한 결과, 58%가 자카르타에 집중돼 있었다.

다시 말하면, 인도네시아 언론의 복합미디어화는 1980년 후반부터 등장하기 시작했다. 정치권력의 비호 아래 성장한 기존 신문사들과 신규 제조업 자본이 미디어 시장에 진입하면서 미디어 대형화가 추진됐다. 이들 복합미디어 기업 사주들은 선거에 직접적으로 개입함으로써 인도네시아 권력 구조를 좌지우지할 수 있는 막대한 권한을 행사하고 있다. 미디어를 소유한 자가 권력을 소유하는 미디어 정치가 인도네시아 정치지형을 바꿔놓고 있는 것이다.

4

———

자유 언론 위협하는 필터들

인도네시아 언론인들은 독재정권 체제를 거치면서 기사를 작성할 때 스스로 작동시키는 검열의 필터들이 있다. 이 필터들은 오랜 기자 생활을 통해 체득한 것들이다. 기자들이 자유롭게 기사를 취재하고 보도를 할 수 없는 편집국의 보이지 않는 검열의 장벽들이 기자들의 의식 속에서 녹아들어 있다. 이 경계의 선을 넘을 경우 직장이 없어질 수 있기 때문이다. 폐간된 신문사의 기자들은 정부의 취업 블랙리스트에 올라, 평생 실업자로 살아가거나 언론계를 떠나야 하기 때문이다.

가장 강력한 검열 필터는 건국 이념인 판차실라다. 기자들은 이 건국 이념에 근거해서 기사를 작성하고 보도해야 한다. 군부 독재 시절부터 이어온 오래된 유산이다. 정부 관료와 군인들이 이 이념을 근거로 보도 논조를 조절한다. 이에 대한 자세한 내용은 정부의 공식 문서 형태로 편집국에 전달된다.

두 번째 필터는 사라(SARA)다. 인도네시아어인 소수민족(Suku),

종교(Agama), 인종(Ras) 그리고 사회(Antargolongan)의 머리글자를 따서 만든 조어다. 1994년 언론법은 SARA를 다루는 신문에 대해서는 면허를 취소할 수 있다고 규정하고 있다. 사실 인도네시아에서 중국어 신문이 없는 것도 SARA 때문이다. 1959년 이래로 중국어 신문 발행을 금지하고 있다. 중국인 인구가 약 300만 정도를 차지한다 할지라도 인도네시아 정부는 중국어 신문의 발행을 허가하지 않는다. 그렇다고 해서 중국인들의 신문 소유를 금지한 것은 아니다. 언론사를 소유할 수는 있지만 중국어 신문을 발행할 수 없는 것이다. 이런 반화교 정서의 기저에는 화교에 대한 두려움이 깔려 있다. 전체 인구의 3.5%에 불과한 중국인들이 상장기업의 시가총액 70% 이상을 차지할 정도로 경제나 과학기술 분야에선 거물이기 때문이다.

세 번째 검열 필터는 신성모독이다. 인구 다수를 차지하는 인도네시아 회교도들이 소수 종교인 기독교계 언론사를 주로 공격한다. 이 검열 필터는 미디어가 대형화하고 복합미디어가 등장하는 1990년대 들어 심화했다. 예를 들어보자. 가톨릭 단체가 소유하고 있는 콤파스 그라미디어 그룹 소속 기자들은 '회교도'에 관한 주제는 잘 다루려 하지 않는다. 1990년의 악몽 때문이다. 그라미디어 그룹 계열사인 〈모니터〉는 1990년 독자들을 대상으로 인도네시아에서 가장 존경받는 인물을 설문조사했다. 가장 존경하는 인물은 수하르토 대통령 1위, 초대 대통령 수카르노 2위였다. 문제는 다음 순위 때문에 발생했다. 회교도 창시자 마호메트 순위가 이 주간지의 편집 책임자 순위보다 뒤로 밀렸다. 이 기사를 보도한 이후 회교도들이 이 신문사 사무실을 파괴했다. 그 이후 이 신문은 폐간됐고, 편집 책임자는 5년형을 선고받고 감옥살이를 해야 했다. 그의 죄목은 형사법 57조의 종교비난죄였다. 흥미롭게도 유사한 기사들을 1970년대 〈템포〉도 보도한 적이 있지만 폐간되거나 책임자가 처벌받지 않았다. 이는 같은 내용을 보도했다 할지라도, 회교도들은 소수 종교인 가톨릭 신문사만 '신성 모독'이란 이름으로 공격한다는 의미이다. 소수 종교에 대한 강한 혐오감을 반영한다.

다음으로 주의해야 하는 주제가 1등 가족(First Family)에 대한 내용이다. 1등 가족은 국가 고위 공무원들, 고위직 장성들 그리고 수하르토 가족들이다. 권위주의 정치체제에는 이들을 비판하고자 할 경우, 권력 엘리트 내부 허가를 받아야만 가능했다. 또한 군대 내부의 갈등이나 정치 지도자들의 파벌싸움에 대한 기사도 금기다. 1등 가족에 대한 검열은 정치 민주화가 이뤄진 이후에도 여전히 작동 중이다. 1등 가족들이 언론사 사주들과 권력결합체를 형성하는 경우가 많기 때문이다.

네 번째 필터는 인도네시아가 강제로 침탈한 동티모르와 서파푸아에 관한 기사이다. 군부가 독립을 요구하는 원주민들을 무참히 학살한 장면이 서방 세계의 언론에 대대적으로 보도되어도 인도네시아 지면과 화면에선 찾아볼 수 없다. 17세기부터 포르투갈 식민지였던 동티모르는 인도네시아와 호주 사이에 위치한 섬나라이다. 1975년 포르투갈이 떠나자, 인도네시아 군부가 폭력 점령했다. 1974년부터 1999년까지 동티모르인 10만명이 학살됐다. 유엔(UN)의 중재로 인도네시아는 동티모르에서 철수했다. 인도네시아가 지금까지 강제 점령하고 있는 지역은 서파푸아다. 수하르토는 1969년 이곳을 무력 점령했다. 인도네시아 군인들은 독립무장 투쟁을 전개하는 원주민들을 약 50만명 정도 학살했다.

가장 오래된 필터는 기자에 대한 직접적 폭력이다. 철권통치자 수하르토 몰락 이후 민주적이고 자유로운 언론 환경이 정착되는 듯했다.

하지만 인도네시아 기자들은 정치 민주화가 이뤄진 현장에서 공권력과 무장세력 그리고 자본의 소송에 의해 신체적·정신적 위협에 고스란히 노출돼 있다.

가장 최근에 탐사 전문기자가 주검으로 발견됐다. 2018년에 지역 인터넷 언론 신문 케마주안 라키앗(Kemajuan Rakyat) 언론사 소속 무하맛 유숩(Muhammad Yusuf)이 심장마비로 숨졌다. 그는 지역농민과 플랜테이션 팜 오일 대형농장을 갖고 있는 인도네시아 재벌 간의 갈등을 지속적으로 보도하던 중 명예훼손 혐의로 체포 구금됐다. 그런 그가 갑자기 사망한 것이다. 무하맛 유숩의 아내는 그가 만성적 질환을 갖고 있지 않았다며 부검을 요구하고 있다. 하지만 이 요구는 아직까지 받아들여지지 않고 있다.

〈표1〉에서 보이듯, 인도네시아 기자들은 지속적으로 직접적 폭력에 노출돼 있다. 인도네시아 독립언론협회가 2016년 발표한 자료에 따르면, 2010년에는 51건, 2011년 45건, 2012년 56건, 2013년과 2014년

표1 2010-2015 인도네시아 기자 위험 유형

	2010	2011	2012	2013	2014	2015
살인	4	1	–	–	–	–
취재금지	7	8	5	1	3	12
폭행	16	17	17	17	18	17
소송	6	2	2	1	1	3
장비파괴	6	5	11	3	4	4
총합	51	45	56	40	40	44

출처 : Maduki(2017, p.28)

에는 각각 40건 그리고 2015년에는 44건의 기자 피해 사례가 발생했다. 2007년과 2011년에는 6명의 기자가 살해당했고, 27명이 취재 금지를 당했으며, 72명이 신체적 공격을 당했다. 대부분의 폭행 발행 장소는 자카르타(49건), 동자바(44건), 서자바(21건) 등이다. 특히 기득권의 부패를 심층 보도하는 기자들은 살해 대상이다. 취재 금지는 인도네시아 정부의 반인권 관련 사항 등이 포함돼 있다. 기자들을 폭행하는 주체는 경찰 등 국가 공권력과 종교적인 무장단체들이었다. 소송은 반론보도와 정정보도에 관련돼 양측이 의견 대립을 보일 경우에, 장비 압수는 정치와 종교 관련 주제에서 주로 발생했다.

5

저항의 언론 전사들

인도네시아 기자들은 정치적 탄압의 시대에 언론의 자유를 지키기 위해 '지속적으로' 투쟁했다. 이것이 동남아시아 다른 나라와 구분되는 특징 중의 하나다. 비록 복합 언론기업의 등장으로 시장 검열이라는 새로운 언론 자유의 적이 나타났지만, 그들은 투쟁을 포기하지 않고 있다. 싸우지 않는 자는 자유의 실체를 경험할 수 없듯이, 인도네시아 기자들의 자유 언론 투쟁은 계속되고 있다.

　인도네시아의 자유 언론 투쟁의 역사는 1974년 말라리(Malari) 사건을 통해 본격화됐다. 말라리 사건은 수하르토 정권이 민주화를 요구하는 학생들의 요구를 폭력 진압하자 이를 보도한 12개 언론사를 폐간한 사건을 말한다. 그해 1월 15일 자카르타에 모인 대학생들은 군사문화를 거부하며 "군대는 정치에 관여하지 말고 다시 본연의 임무인 국방으로 돌아가라"고 주장했다. 이에 대해 정부는 학생들을 공산주의자로 몰아붙이며 폭력 진압했다. 군대는 원대복귀하지 않았다. 학생과 언론을 동시에 탄압한 말라리 사건은 수하르토 언론 탄압의 신호탄이었다.

그는 이 사건 이후 언론 대학살을 통해 학생신문과 진보적인 정치 신문을 말살했다. 1974년 다나카 가쿠에이 일본 총리의 방문에 항의하는 대학생과 자카르타 시민들의 반일 시위를 대대적으로 보도한 이후 〈프도만〉(Pedoman) 같은 정치적 진보 신문들은 폐간 조치됐다. 또한 폐간된 신문사의 기자들이 다른 언론사에 취업할 수 없도록 블랙리스트를 만들어 배포하고 이들을 고용하고자 할 경우 정부의 허가서를 받도록 했다. 이 같은 언론인 탄압 정책은 결과적으로 급진적 언론사들을 시장에서 고사시켰다. 시장에 남아 있는 신문들은 온건한 상업지들뿐이었다. 4년 뒤 1978년 자카르타 주요 일간지들은 대학생들이 경제개발을 내세워 화교 자금을 포함한 외국투자자들을 무분별하게 끌어들이는 고위 관계자들과 수하르토 가족들을 공개적으로 비난하며 반정부 시위를 벌인 것을 대대적으로 보도했다. 이에 대한 보복으로 수하르토 정권은 7개 일간지를 폐간했고 7개 학생신문의 발행을 취소했으며 223명의 대학생을 국가안보위반죄로 체포했다. 교육부는 '캠퍼스 정상화'라는 명분을 내세워 학교신문의 편집인과 스태프의 활동을 관리 감독했다. 즉, 인도네시아 진보적 정치 성향의 언론들과 수하르토 독재정권에 비판적인 언론들은 1974년과 1978년 정부와의 사상투쟁에서 전패했다. 그 결과 인도네시아 신문 1면에서 정부의 만행을 비판하는 기사들이 사라졌다.

1980년 초반, 폭압적인 정권은 보도지침을 통해 기사 논조의 톤을 통제했다. 수하르토는 국내외 모든 언론에 인도네시아가 무력 점령한 동티모르 사태와 그의 가족들에 대한 보도를 금지했다. 이를 어길 경우 기자는 체포되고, 해당 언론사는 폐간 조치됐다. 보도지침은 인도네시아 국가안보기구(Kopkamtib)와 공보부가 각 언론사에 특정 사건의 보도 여부, 보도 수위 그리고 표현 방법 등을 꼼꼼하게 제시한 지시서다. 예를 들어보자. 1980년 전직 군인과 정부 관리 50인이 수하르토를 비판하는 내용을 의회에 제출했다. 국가안보기구는 '50인 청원'에 관해 보도하지 말도록 각 언론사 편집인들에게 지시했다. 하지만 몇몇 언론사가 보도지침을 따르지 않고 이 사건을 보도한 뒤 폐간됐다.

이처럼 인도네시아의 정치적 자유, 언론의 자유 그리고 민중의 소리를 전달한 대표적인 사례로 시사주간지 〈템포〉(Tempo)를 꼽을 수 있다. 1971년 창간된 이 주간지는 정치적 의사 표현의 기회를 박탈당한 권위주의 독재체제하에서 민중의 의사를 반영하는 정치 시사 기사를 주로 보도했다. 지식인과 중산층이 주요 독자층이었던 〈템포〉는 폐간과 복간을 반복하면서 인도네시아 자유 언론의 상징이 됐다. 이 주간지는 1982년과 시장주의 시대인 1994년 두 차례 폐간됐다.

1990년대 〈템포〉 표지

〈템포〉 1998년 수하르토 몰락 만평

특히 1994년은 인도네시아 언론 역사에서 기록될 만한 해이다. 자유 언론의 상징인 템포를 포함한 〈데틱〉(Detik), 〈에디터〉(Editor) 등도 폐간됐다. 템포 폐간 이유는 여러 차례 보도지침을 어기고 경고를 무시하여 국가 안보와 사회 안정을 해쳤다는 것이다. 하지만 이것은 명백한 거짓말이다. 당시 수하르토 심복이자 인도네시아 최대 권력 결합체인 골카르(Golkar)의 핵심 구성원인 하비비(B. J. Habibie)가 정부의 무기 구입 과정에서 부당한 이익을 취했다는 기사 때문이었다. 당시 하비비는 옛 동독에서 무기를 구입한 이후 이를 인도네시아 군대에서 활용할 수 있도록 별도의 정보통신 장치를 설치하는 국가 프로젝트의 핵심 의사결정권자였다. 이 기사의 핵심은 수하르토 정권 세력들이 세금을 부당하게 착복하고 있다는 의혹기사였다. 20~30대 젊은층을 상대로 오락과 정치 기사를 주로 다뤄온 〈데틱〉의 폐간 이유는 범죄 기사와 일반 뉴스만을 게재하기로 한 허가 조건을 벗어나 정치적 보도를 했다는 것

1990년 〈에디터〉 표지

〈데틱〉 1990년대 표지

이었다. 당시 〈데틱〉은 자카르타에서만 15만부 판매부수를 자랑할 정
도로 인기가 있었다. 〈에디터〉는 허가 없이 편집국장을 교체했다는 이
유로 폐간됐다.

폐간된 주간지 중 〈템포〉는 정부를 상대로 발행 금지에 대한 무
효 소송을 제기해 승소 판결을 받았다. 하지만 정부는 판결에 불복하
여 대법원까지 사건을 끌고 가 승소 판결을 받아냈다. 결국 이 신문은
수하르토 정권하에서 복간되지 못했다. 수하르토 정부의 강압적인 언
론정책은 역설적으로 시민들에게 언론 자유의 소중함을 일깨웠고 기
자들에겐 독립적인 단체의 필요성을 실감케 했다. 그렇게 탄생한 것
이 동남아시아 최대 독립기자 연합체인 독립언론인연합회(Alliance of
Independent Journalists : AJI)다.

1994년 8월 7일 150여명의 기자가 인도네시아 언론인 전문 조직
을 만들었다. 당시 대표 58명은 "어떠한 형태든 언론에 대한 간섭을 배
제한다"는 자유 언론 선언문을 발표했다. 이 단체의 창설은 친정부적인
기자들의 연합체인 피더블유아이(PWI)와 저항정신을 가진 기자들 사
이의 분리를 의미했다. PWI는 항상 결정적인 순간에 수하르토 정권의
입장을 대변했다. 단적인 예가 〈템포〉의 폐간이 정당하다는 대법원 판
결에 대해 "법원 결정을 존중하며 이 결정이 언론의 자유를 결코 퇴색
시키지는 못할 것이라고 믿는다"며 "또한 정부가 언론의 자유를 지켜
주고 발전시켜줄 것이라고 확신한다"고 발표했다. 이런 체제 옹호적인
PWI 성명서에 대해 인도네시아 법률기구(Lembaga Bantuan Hukum)를
비롯한 시민단체들은 PWI를 비난했다. 진보적인 시민사회와 친정부적
인 기자협회 간의 대립을 지켜보던 인도네시아 정부는 독립언론인연
합회 결성에 주도적인 역할을 한 언론인 3명을 구속했다.

6

나가는 글

인도네시아 자유 언론을 만드는 기자들은 1994년 3개의 시사주간지 폐간 이후에도 탄압받고 있다. 공권력과 무장 종교단체에 의한 신체적 위협으로 길거리 테러를 당하고 있다. 심지어 살해까지 당하고 있다. 철권정치에서 횡행하던 취업 블랙리스트가 복합미디어 기업 시대에도 여전히 위력을 발휘하고 있다. 자유 언론을 말살하려는 세력들은 더욱 강해지고 있다. 이에 저항하는 기자들의 투쟁은 점점 더 약화되고 있다. 하지만 투쟁의 맥이 끊긴 것은 아니다. 계속해서 자유 언론 전사들이 깃발을 들고 등장하고 있다. 싸우기 위해서다. 선배들의 자유 언론 전통을 지키기 위해서다. 미약하지만 계속 자유 언론 전선을 지키고 있는 언론 전사들에게 존경을 표한다.

Anderson, M.H. (1982). Indonesia. In J. A. Lent(Ed.) Newspaper in Asia : Contemporary Trends and Problems (pp.193~160). Hong Kong : Heineman Asia.

Kakiailatu, T. (2007). Media in Indonesia : Forum for political change and critical assessment. Asia Pacific Viewpoint, 48(1), 60~71.

Hill, D.T.(1994). The Press in New Order Indonesia. Singapore : Equinox.

Masduki (2017). Assessing Indonesian journalist threats : Cases, actors and motives. Media Asia, 44(1), 25~32.

Pintak, L.& Setiyono, B. (2011). The mission of Indonesian journalism : Balancing, Democracy, Development, and Islamic values. International Journal of Press/Politics, 16(2), 185~209.

Robie, D. (2017). Indonesian double standards over press freedom endanger safety of Papuan Journalists. Media Asia, 44(1), 40~47.

Sen, K. & Hill, D.T.(2007). Media, Culture and Politics in Indonesia. Indonesia : PT Equinox.

Sussman, G. & Lent, J. (1999). Who speaks for Asia : Media and Information Control in the Global Economy. The Journal of Media Economics, 12(2), 133~147.

Tapsell, R. (2015). Indonesia's Media Oligarchy and the Jokowi. Indonesia, 99, 29~50.

Wijayanto (2017). Fearing the majority : Catholic media in Muslim Indonesia. Media Asia, 44(1), 33~39.

김미노(2001). 인도네시아 민주화와 언론. 서울 : 서강대학교 공공정책대학원 석사 논문.

변해철(2012). 인도네시아 헌법의 기본 이념인 빤짜실라(Pancasila)의 형성과정과 의미. 『토지공법연구』, 56, 421~441.